顾明远文集

池畔斋

顾明远文集

第十卷

绿叶集
站在孩子的视角谈教育

顾明远 著
滕珺 整理

北京师范大学出版集团
BEIJING NORMAL UNIVERSITY PUBLISHING GROUP
北京师范大学出版社

目　录

绿 叶 集

综 合 编

素质教育编

高中教育编

学校管理编

教 师 编

站在孩子的视角谈教育

教育理念编

素质教育编

教书育人编

教师发展编

童心与教育编

绿 叶 集[*]

---

* 顾明远：《绿叶集：顾明远教育随笔（三）》，福州，福建教育出版社，2013。

前　言

十多年前，福建教育出版社黄旭同志想编一套教育随笔，我就凑数编了一辑。因为是随手写的东西，不入主流，所以起名《杂草集》。前几天去呼伦贝尔开会，当然免不了要到大草原。才知道，牛、马、羊吃的草还都不一样，都是挑着吃，毒草是绝对不吃的。于是想到我的《杂草集》，也是有许多种"草"，里面可能有好的"草"，也可能有"毒草"。因此，读者也是挑拣着读，批判地读。

几年以前，又积累了几篇杂文，黄旭同志又说再出一辑，想起个什么名字呢？想着既非正经文章，都是不入大雅之堂的东西，所以叫它为《野花集》。出来以后居然也有几位欣赏"野花"的。一位我的老学生说，他的妻子也读了《野花集》，说，没有想到顾老师还能写散文，写游记。于是我也欣喜起来，觉得飘飘然。

今年春节黄旭同志来看我，问我有什么作品可以让他领导的出版社出版。我说，还是那些杂七八拉的东西，想出版，就叫《绿叶集》。这些东西不是"好花"，但俗话说得好："好花还需绿叶来陪衬。"我想有我这些绿色才能衬托出一些名家的好花。

编辑过程中，有些同志觉得文章太杂，想把三辑中与教育直接有关的短文集中起来，编成一部教育随笔录。但我舍不得我这"杂草集""野花集""绿叶集"三个名字，因为它们代表了我对这些东西的看法，我的思想；也不想舍弃与教育不一定直接有关的杂文，因为它们反映了我的一些社会评论、人生感悟。总之，自古文人总认为自己的文章好。我虽不是文人，但就像家庭妇女那样，舍不得家里的瓶瓶罐罐。至于有没有用，各人捡吧。

综 合 编

老调子还没有唱完*

——2012 年北京教育论坛发言

    感谢组委会邀请我来参加这次论坛，可以听到各界人士对教育的宝贵意见。至于我，因为天天与教育打交道，思想似乎有些麻木了。参加会议总要求发言，我似乎也没有什么新鲜话好说，说来说去是老调子。过去鲁迅在香港有一次演讲，题目是《老调子已经唱完》。我今天发言的题目与他相反，叫《老调子还没有唱完》。为什么没有唱完，一是因为，我已经没有什么新调子了，要我发言，只好拿老调子出来唱唱；二是因为，教育这几年虽然有了很大进步，但是学生学业负担过重、素质教育难以推行的情况并未得到根本的解决。为了孩子健康快乐成长，"老调子"还得唱下去。

    话归正传，组织者出的题目之一是"教育创新与国际化人才的培养"。我想谈点自己的看法。

    先说教育创新。什么叫教育创新？创什么新？怎么样创新？创新就是要改变一些不符合时代要求的旧的观念、旧的秩序、旧的制度。

    首先要在教育观念上有所创新。要改变陈旧的教育价值观、人才

---

* 写于2012年1月9日，在《新京报》举办的2012年北京教育论坛"教之道"上的发言，未公开发表过。

观、教育质量观。教育的根本目的是什么？是育人，使每个孩子健康地成长。无论是为了社会的发展，还是为了家庭的幸福，都需要把孩子培养成具有健全人格的人。可是现在的教育，却忘记了培养健全人格这个最根本的目的。学校为了自己的荣誉，片面追求升学率，很少考虑学生的人格培养；家长为了孩子能够考上名牌大学，只顾孩子的知识学习、考试成绩，不考虑培养孩子的健全人格；一些社会教育机构为了赚家长口袋里的钱，只顾把没有用的知识去充塞孩子的头脑。可以说大家只看到眼前的利益，谁也不认真思考一下孩子将来的前途。一个人没有健康的人格，能有幸福的人生吗？先不要说能不能成为社会主义的建设者和接班人了。去年恰逢美国爱荷华大学中国留学生枪杀导师20周年。一个学习出人头地的留学生竟然因为嫉妒自己的同学把导师和同学都枪杀了，这是不是教育的悲剧？当然这是极个别极端的例子。但是有人格缺陷的学生恐怕不是个别的。

为了竞争，让幼小的孩子背负沉重的负担，这种负担既有体力上的，也有心理上的，这是牺牲了孩子的健康去追求学业的高分，不仅伤害了学生个体，而且会伤害整个民族的健康。难道不值得我们忧虑吗？

所以我们要大声疾呼："救救孩子。"为了孩子将来的幸福，为了民族将来的兴旺，赶快把孩子从沉重的学业负担下解放出来，让他们自由地发展、幸福地生活。

教育创新需要改变陈旧的教育制度。那么我们对学生、对教师、对学校的评价制度是不是应该改一改？用学生的考试成绩排队、评价学校，评价教师的做法是不是应该改一改？我多次呼吁取消"三好学生"的评选，因为它不符合孩子身心发展规律，而且弊端越来越显现，这种制度为什么就不能改一改？至少不应该再把"三好学生"作为升学录取的标准吧。教育管理体制能否改一改？现在许多地方教育局长、校长、教师的聘任都由人事部门管辖，因此有许多不懂教育的干部进入教育局长、校长队伍。这种人事制度显然与中央提倡的教育家办学的精神不符。当然党管干部是党的组织原则。教育局也是在党领导下，不能违背党的原则，但至少要与教育部门商量共同聘任懂得教育的干部去管学校。因为地方教育局长是处级干部，因为要安排处级干部，所以乡镇长也去当教育局长。这样的制度是否应该改一改？江泽民在北京师范大学建校一百周年庆祝大会上讲："要扫除制约教育发展的一切体制性障碍。"这种不合理的聘任制度是不是该扫除？

再说教育行政部门与学校的关系。现在大家都提倡学校要办出特色，但学校有多少自主权？因此教育行政部门管得少一点，学校可能反而会办得好一些。这也有制度创新问题。

总之，大家议论议论，可能会议出许多制度应该改革创新。但是我希望真正能有所创新。现在各种教育论坛多如牛毛，但有多少论坛论完以后能落实的？值得思考。

再简单说几句国际人才的培养问题。培养国际性人才很重要。《国家中长期教育改革和发展规划纲要（2010—2020年）》中提出："适应国家经济社会对外开放的要求，培养大批具有国际视野、通晓国际规则、能够参与国际事务和国际竞争的国际化人才。"随着我国的和平崛起，我国的国际地位不断提升，许多国际事务，没有中国参加就不可能解决。但是我国在国际组织中的人才少得可怜，不如印度和巴基斯坦。举一个数字来看：2010年联合国秘书处共有职员44 134人，其中中国人只有332人。联合国安理会的常任理事国，占世界人口1/5的中国人，在联合国职员中不到1/100，不及印度。其中高级职员只有13人，而美国有49人，印度有14人。其他国际组织也很少有中国人。而国际游戏规则却都是那些发达国家的高级职员制定的。因此，要提高我国的发言权，就要培养国际化人才。

培养国际化人才要从小抓起。首先还是要提高学生的综合素质，具有热爱祖国、服务国家、服务人民的责任感。否则到国际组织中不为中国的利益服务，不就为别的国家培养人才了吗？其次要培养他们具有勇于创新的精神和解决实际问题的能力，光有书本知识是无法胜任国际组织的工作的。最后要培养他们认识世界、了解国际规律、懂得国际交往的能力和多元思维的方法。因此在我们中小学课程中就应该有国际文化、国际理解的内容。要加强教育的国际交流与合作，开展各种活动，这也是符合北京建设世界城市的要求的。具体做法我就不多讲了。

今天的"老调子"已经唱完。不对的地方，请批评。

继承与创新：中国教育现代化之路[*]

早在1993年中共中央、国务院《关于教育改革和发展纲要》中就提出，经过几十年的努力，在我国建立起比较成熟和完善的社会主义教育体系，实现教育现代化。怎样才能实现教育现代化？只有继承与创新，唯此一途。继承就是继承和发扬我国文化的优秀传统；创新就是在继承优秀文化的基础上，吸收世界一切文明的优秀成果，创造一个全新的社会主义现代教育体系。

任何国家的教育都离不开本国的本民族的文化传统。教育原本是文化的一部分，但它又有自己的特点。教育的本质就是传承文化，创新知识，促进人的发展。教育对文化起着传承、选择、改造的作用。教育传承文化，不是把传统文化一股脑儿地传下去，而是根据时代的发展、社会的要求加以选择，把优秀的、符合时代发展的有生命力的文化传授给下一代，摒弃一些不符合时代要求的腐朽的文化，这就是通常说的"取其精华，弃其糟粕"。同时还要在继承的基础上进行创造，创造具有时代精神的新文化。

中国传统文化对中国教育的影响是巨大的，其优点有以下几个方面：（1）重视教育，把教育作为立国立民之本的教育价值观。《学记》

---

[*] 写于2008年8月2日，原载《基础教育参考》2008年第11期。

开宗明义说："建国君民，教学为先。"教育就在于格物致知，修身养性，达到治国平天下的目的。（2）以伦理道德为核心的教育价值观。教育目的是为了"修身，齐家，治国，平天下"，把个人的学习同国家兴亡的命运联系在一起。因此总是把德育放在首位，教育首先要教育学生做人。（3）"有教无类"的教育思想。孔子在《论语》中说："有教无类。"（《论语·卫灵公》）后人马融解释说："言人所在见教，无有种类。"就是说，人在于教育，没有种类之分。（4）重视因材施教的教育原则。（5）学思结合的教育方法。孔子曰："学而不思则罔，思而不学则殆。"（《论语·为政》）把学和思辩证地结合起来。此外还有启发式教育原则、教学相长原则等，都是值得今天继承和发扬的宝贵教育遗产。当然，中国传统文化中也有一些落后的不符合时代要求的内容，例如，重男轻女的思想，学而优则仕的教育价值取向，重经典轻技术的思想以及提倡服从、压抑个性的教育思想，等等，需要加以分析批判。

中国现代教育制度是从引进西方教育制度发展起来的，自然渗透着许多西方文化思想。一百多年来我们接受和吸收了许多西方国家的教育思想和经验，近30年来更是各种教育思潮蜂拥而入。如何鉴别、吸纳，并使之本土化，内化为中国教育传统，是值得认真对待的问题。我们要采取传播、选择、改造的态度，对外来文化加以鉴别，取其精华，弃其糟粕，同时和我国教育传统相结合，形成新的教育传统。在当代经济全球化的背景下，教育的国际化不可避免。教育要加大对外开放力度，密切关注世界教育发展的大趋势，积极吸收人类文明的一切优秀成果，借鉴世界上先进的办学经验和管理经验，促进我国教育现代化。

记得中国近代教育家蔡元培先生在1921年考察美国教育时说过，中国孔墨教育含有三种性质：（1）专门教育；（2）陶养德性；（3）社会教育。理想的教育应包含中国传统的孔墨精神，加之英国之人格教育，德法之专深研究，美国之服务社会等。也就是在继承我国优秀教育传统的基础上，吸纳各国之所长。这个思想至今仍有重要意义。

改革开放30年来，我们重视借鉴外国的教育理论和经验，各种教育思潮蜂拥而至。近几年来我们又强调要重视我们本国的优秀教育传统，同时把外国经验和本国经验结合起来，创造新的教育传统。30年来各地各校在这方面一定会有许多经验，开展讨论和交流，定会开阔思路，促进我国教育的现代化。

教育的发展在于改革，教育的改革在于创新*

我们刚刚庆祝了新中国成立60周年。60年来我国教育取得了伟大的成绩，我们已经从一个充斥文盲的国家转变为一个人力资源的大国。今后的任务是要建设人力资源强国。建设人力资源强国，基础教育肩负着重要的任务。基础教育是为人的一生发展打基础的，基础打不好，人才怎么培养得出来？钱学森一再追问，我国为什么培养不出杰出人才？我们做教育工作的感到十分惭愧。当然杰出人才的培养不完全是基础教育的问题，还有高等教育的问题，甚至社会的问题、社会整体育人环境的问题，但不能不说与基础教育有一定的关系。因为基础教育是为人的发展打基础的。因此我们需要反思，我们的基础教育存在什么问题。

我认为当前基础教育存在的最大问题是功利主义、应试教育的干扰。由于这种干扰，我们的教育围绕考试转，全然不顾学生的兴趣和特长，不顾儿童的个性发展。造成这样的局面不能怪教育部门，不能怪校长，更不能怪老师。这是一个社会问题。但是我们并不是没有责任，并不是无能为力。我们要在我们力所能及的范围，尽力而为。

我们要有所作为，就要解放思想，敢于创新，突破传统思想的

---

* 原载《中国教师报》2010年1月11日。

牢笼。首先地方政府的思想要解放，要真正为人民负责。为什么山东省能做到的别的省就做不到？为什么成都市能做到的别的市就做不到？为什么有些学校能做到的别的学校就做不到？关键在于思想解放不解放，敢不敢于创新。我们并不反对考试和升学，但升学率是一个常数，这个地区高了，那个地区就低。如果只考虑升学竞争，就会牺牲儿童的幸福。同时改革和考试升学也不是矛盾的，是可以找到一个契合点的。这次获奖的许多地区和学校的经验也说明了这一点。

创新是要有勇气的，是要冒风险的。第一个吃螃蟹的人是要有勇气的。但一旦成功，是功德无量的。今天获奖的单位、校长、老师，你们都是有勇气的改革者，你们是改革的领头羊，我向你们致敬。

改革创新要有一个宽松的环境。特别舆论界要支持创新，支持第一个吃螃蟹的人，不要只是用挑剔的眼光来看待创新，怀疑创新。例如，北大招生改革，实行39所中学校长实名制推荐。这本来是一项改革创新的尝试，但媒体炒得沸沸扬扬，而且公布八成论者不赞成，这种势头似乎希望把这次改革的尝试扼杀在摇篮里。这种舆论环境很不利于改革创新。鲁迅1924年在北京师大附中校友会有次演讲，叫《未有天才之前》。他在演讲中讲："天才并不是自生自长在深林荒野里的怪物，是由可以使天才生长的民众产生。"又说："在要求天才的产生之前，应该先要求可以使天才生长的民众。——譬如想有乔木，想看好花，一定要有好土；没有土，便没有花木了；所以土实在较花木还重要。花木非有土不可。"他还批评一些"恶意的批评"，说："恶意的批评家在嫩苗的地上驰马，那当然是十分快意的事；然而遭殃的是嫩苗——平常的苗和天才的苗。"鲁迅讲这些话的那一年，钱学森正在附中读书，钱学森正是在使天才生长的民众中产生出来的。我们的中小学不可能使每个学生都成为天才，但要使天才有生长的土壤。因此，我希望我们大家都来做泥土，培养出美丽的鲜花和参天大树。

基础教育的传统与创新*

　　教育的发展在于改革，教育的改革在于创新。为什么年年提、月月提教育改革？因为形势在不断地变化，教育要适应形势的变化，就要不断改革创新。拿科技的进步来说，真可谓日新月异。过去专家曾经说，电子计算机8个月就要换代，现在恐怕等不到8个月了。拿经济发展来说，经济全球化带来的蝴蝶效应，美国的次贷危机迅速影响到全世界。在这样瞬息万变的世界里，教育不仅要适应这种变化，而且要促进形势的变化。怎样促进？就是要培养创新人才。教育培养出来的人才不仅要能应对各种危机，而且要能审时度势，促进危机的转化。所以各国都在不断地研究教育改革，提高教育质量。可见教育改革不仅是我们在讲，各国都在讲。

　　对于我国来讲，教育改革更有重要意义。我国是一个正在和平崛起的国家，我们要追赶发达国家，更需要创新。只有创新才能实现跨越式发展，否则只能永远跟在人家屁股后面。这就是为什么要进行新一轮课程改革的原因。我们要认清形势的发展，认识到教育改革的紧迫感。

　　从我国社会发展的形势来看，我们的社会从原来的计划经济转变为社会主义市场经济，从国外引进技术、引进资本、引进管理方式，这些

---

* 　写于2009年中秋节，原载《基础教育参考》2009年第11期。

变化都冲击着我国的传统文化。现在青少年生活在西方"三片"（薯片、芯片、大片）文化中，渐渐淡忘了我们的优秀文化传统，这是我们都很担忧的。因此我们亟须加强中华民族文化传统教育，把中华文明发扬光大，这也是我们教育改革创新的内容。

教育如何改革创新？我们一方面要坚持开放，吸收世界一切先进的教育理念、教育内容和教育方法；另一方面要挖掘我国教育的优秀传统。中国教育是在中国的文化基础上发展起来的，中国传统文化是它的核心基础。因此中国教育在实现现代化的过程中，要正确对待中国传统文化。要继承和发扬文化的优秀传统，批判和摒弃陈旧落后的思想观念。我们反对民族虚无主义认为中国的文化是落后的，不如西方先进。中国传统文化有落后的一面，特别是近代以来，中国是落后了。但中国文化从根本上讲是优秀的，它凝聚着中华民族不畏强暴、自强不息、克服天灾人祸、走向胜利的民族精神。今天，这种民族精神正在鼓舞着13亿人民走向新的时代，走向世界。

中国教育源远流长，有许多优秀的传统。从文献记载来看，我国从远古开始就在教育制度、教育内容和教育方法上有许多创新。中国教育的优秀传统可以简单地概括为下面一些重要的内容。

"有教无类"的教育思想。拿今天的思想来解读，就是要实施教育公平，使每个学生有学上，上好学。我们要办好每一所学校，教好每一个孩子，使他们人人成为社会有用之才。

道德为先的教育理念。中国传统社会是一个伦理型的社会，非常重视道德教育，教育首先要教会学生做人，做一个人格高尚的人。中华传统美德有着丰富的、系统的内容。它包含着：个人与国家的关系，如"天下兴亡，匹夫有责""先天下之忧而忧，后天下之乐而乐"等；个人与他人的关系，如"与人为善""诚信待人""己所不欲，勿施于人"等；个人自身修养的问题，如"志存高远""自强不息""富贵不能淫，威武不能屈，贫贱不能移"等；而且把个人、集体、国家联成一体，如"修身，齐家，治国，平天下"。这样一种伦理价值体系，在别的国家是很少见的。中华传统美德构成了中华民族的精神。

在道德教育方法上也有许多值得我们继承和发扬的，例如，从小让孩子养成洒扫庭院的习惯，强调自律，自我修养，知行结合，等等。

因材施教的教育原则。中国古代很重视因材施教，历代进步教育家都重视对不同的学生采取不同的教育方法。今天我们倡导教育公平，只有因材施教，给每个学生提供最适合他的教育，使每个学生都获得成功，才是最公平的。

学思结合的教育方法。孔子曰："学而不思则罔，思而不学则殆。"这不是今天我们仍要坚持的吗？

我国教育传统中还有许许多多优秀的元素，这里就不赘述了。今天我国教育要改革创新，走向教育现代化，切不能忘记我国优秀的教育传统。希望大家来挖掘讨论这些传统，促进教育向更高水平发展。

以提高教育质量来促进教育公平

不久前召开的全国教育大会，公布了《国家中长期教育改革和发展规划纲要（2010—2020年）》（以下简称《规划纲要》），为我国今后十年的教育发展绘制了一个宏伟的蓝图。全国教育工作者需要认真学习，深刻理解，努力贯彻。

《规划纲要》明确提出了今后我国教育改革和发展的20个字的工作方针，即优先发展，育人为本，改革创新，促进公平，提高质量。教育优先发展是我国社会主义现代化建设的发展战略；育人为本是教育的本质，是教育改革和发展的核心；促进教育公平和提高教育质量是教育工作的两大重点；改革创新则是实现上述核心及工作重点的制度保证。《规划纲要》经过反复讨论，征求意见，集思广益，其中有许多创新的亮点，它是解放思想的成果，是集体智慧的结晶。贯彻落实《规划纲要》仍然需要解放思想，大胆试验，勇于创新。

促进教育公平和提高教育质量是今年教育工作的两大重点。改革开放30多年来，我国解决了学龄儿童有学上的问题，今后的任务是要解决上好学、上有质量的学的问题。促进教育公平和提高教育质量就是要解决学龄儿童普遍都能享受有质量的教育的问题。

促进教育公平和提高教育质量本来是两个不同的问题。但是由于我们现在教育质量总体还不高，优质教育稀缺，教育发展不均衡，只有少部分儿童能够享受到优质教育，所以就出现了教育不公平的问题。因此要促进教育公平就要普遍提高教育质量，使人人都享受到高质量的教育。

提高教育质量就要从改革人才培养体制入手，突破传统的落后的人才培养模式。《规划纲要》指出，"深化教育体制改革，关键是更新教育观念，核心是改革人才培养体制，目的是提高人才培养水平"。要树立五大观念，即全面发展观念、人人成才观念、多样化人才观念、终身学习观念、系统培养观念。我认为，其中最重要的是人人成才的观念。树立了人人成才的观念，才谈得上全面发展、终身学习等。我国当前教育的一大弊端就是不承认人人成才，从小把学生分成三六九等，似乎一部分能成才，一部分不能成才。相信人人都能成才是教育工作者的第一信念，是实现教育公平的思想基础。

提高教育质量，就有一个质量观的问题。什么才是教育的高质量？是不是升学率越高教育质量就越高？是不是用考试的成绩来衡量教育质量？《规划纲要》中提到，"改进教育教学评价，根据培养目标和人才理念，建立科学、多样的评价标准"。我们的培养目标和人才理念是什么？《规划纲要》指出，就是贯彻党的教育方针的时代要求，重点是面向全体学生、促进学生全面发展，着力提高学生服务国家人民的社会责任感、勇于探索的创新精神和善于解决问题的实践能力。也就是要用素质教育的标准来衡量、评价教育质量。

人才培养体制改革的一个重要内容就是要推进素质教育。推进素质教育又与教育均衡发展有着密切的关系。正是由于教育发展不均衡，为了追求优质教育资源，出现了激烈的考试竞争，加重了学生课业负担，严重阻碍了素质教育的推进。这就从另一个侧面反映出教育不公影响了教育质量的提高。教育不公与教育质量不高形成了一个相互影响的循环结扣。

要解决这个结扣，就需要双管齐下。一方面要大力改造薄弱学校，扩大优质教育资源；另一方面要加强教育教学改革力度，改变人才培养模式。要改变一个错误的观念：似乎现在的名牌学校就是优质教育，不需要改革创新，薄弱学校只要向它们看齐也就可以变成优质教育。事实上名牌学校和薄弱学校都有改革创新的必要。《规划纲要》中提到的"教育观念相对落后，内容方法比较陈旧，中小学生课业负担过重，素质教育推进困难"，这些现象在名牌学校和薄弱学校都存在，都需要改革。通过改革创新名牌学校可以真正培养出全面而个性发展的创新人才；通过改革创新薄弱学校可以在质量上实现新的飞跃，不再走旧式名校的老路。

因此，推进素质教育，普遍提高教育质量是实现教育公平的基础。

办好每一所学校，教好每一个学生[*]

  《国家中长期教育改革和发展规划纲要（2010—2020年）》（以下简称《规划纲要》）提出："努力办好每一所学校，教好每一个学生。"这句话有着深刻的含义和丰富的内容。

  办好每一所学校，教好每一个学生，是教育本质的体现。教育的本质就是促进人的成长和发展，就是培养人才。学校是教育的机构，是培养人才最集中、最有利的场所。古代社会就十分重视学校的建设。我国古代很早就有学校，根据古籍记载，最早的学校有"庠""序""校"等名称，大约出现在氏族社会后期到奴隶社会早期。在西方，古代希腊斯巴达和雅典设有体操学校、文法学校、弦琴学校等。到了资本主义社会，普及教育首先是普及学校教育。因此，办好每一所学校就是普及教育要求，教好每一个学生就是普及教育的根本目的。

  办好每一所学校，教好每一个学生，是办让人民满意的教育的具体体现。胡锦涛曾经说过，"办让人民满意的教育"。怎样理解这句话？我认为，就是说我们的教育不仅要让所有学龄儿童有学上，而且要上好学，享受有质量的教育。世界全民教育的理念也提出要让社会每个成员接受有质量的教育。这就要办好每一所学校，使它成为人才成长的最肥沃的园地；就要关心每一个

---

 * 原载《光明日报》2010年4月14日。

学生，教好每一个学生，使每一个学生在学校中都能生动活泼地主动地发展。

办好每一所学校，教好每一个学生，是教育公平的最好体现。教育公平，不仅指教育机会的公平，不让一个学生因家庭经济困难而失学，保障进城务工人员子女和残障儿童受义务教育的权利，而且使每一个学生都享受教育过程的公平，都是在有质量的学校接受教育。当前我国教育不公平就表现在学校的质量不均衡，有优质学校、有薄弱学校。要实现教育过程的公平，就要合理配置教育资源，办好每一所学校。教好每一个学生，体现了教育结果的公平。教好每一个学生，并不是每个学生平均发展，而是根据学生的天赋，因材施教，使每一个学生的潜在能力得到充分的发展，健康地成长。每一个学生都获得学习的成功，就是最大的公平。

办好每一所学校，教好每一个学生，是提高教育质量的要求。我们的教育已经发展到一个新时期，即由数量的发展转变到质量的提高的新阶段。提高教育质量的前提，就是办好每一所学校。《规划纲要》文本中提到："要提高义务教育质量，建立国家义务教育质量基本标准和监测制度。"每所学校都要按照国家制定的教育质量基本标准办学，保证每一个学生都能接受良好的教育。

办好每一所学校，教好每一个学生，是全社会的责任，政府、社会、家庭、学校都有责任。首先政府要落实党的十七大提出的"优先发展教育，实现教育公平"的发展战略，合理配置本地区的教育资源，包括财物资源、人力资源（配备优秀的校长和教师），为办好每一所学校创造条件。政府要遵循教育规律，用正确的教育理念来指导和管理学校。

学校要在校长的带领下形成一个懂教育、有理想、有水平的教育共同体，充分利用现有的资源，把学校办好，办出特色，办出水平。校长是学校的旗手，他要有先进的教育理念、领导的智慧、对学校前途的憧憬，并且能够带领全校教师员工认真学习，努力钻研，不断提高教育质量。学校要以教育教学为中心，校长要亲自抓教学，深入课堂、深入教师、深入学生，把学校办成学生满意、家长满意的人才成长的摇篮。

教好每一个学生更是教师的责任。教师要建立正确的教育观、人才观、成才观、学生观。要相信学生、尊重学生，相信每一个学生都能成才。只有相信学生、尊重学生，才能教育学生；只有相信每一个学生、尊重每一个学生，才能教育每一个学生，使每一个学生都能成才。教好每一个学生，就要全面贯彻教育方针，培养学生的社会责任感、创新精神和实践能力，成为德智体美全面发展的人才。

教好每一个学生，并不是说每一个学生都得到同样的结果，不是平均主义，而是使每一个学生的潜能得到充分发展，使学生的个性得到发展。大家知道，每一个学生的天赋不同，思维方式和品质不同，兴趣爱好和特长不同，如果用一种模式去培养、一种标准去要求他，可能会抑制他的潜在的能力和特点。因此教师要以学生为本，根据学生的不同特点设计不同的培养方案，使学生得到最适于他的教育。所以我们说："给每一个学生提供最适合的教育，就是最好的教育。"

教好每一个学生，教师首先要把课上好，使每一个学生都能学懂学会。课堂上学懂学会了，就可以减轻学生的课业负担，使学生有时间思考问题，有时间锻炼身体，有时间参加社会实践，有时间参加自己喜爱的科技艺术活动，发展个人的特长。要上好每一节课，教师就要认真钻研教材，就要深入研究学生，不断改进教学方法。

教好每一个学生，家长有责任。家长是第一任教师，也是学生最亲近的人，家庭教育特别重要。家长要有一点教育知识，懂得一点儿童成长的规律；尊重孩子，理解孩子，抽出更多的时间与孩子在一起，与孩子沟通；要经常和学校联系，沟通、研究孩子的成长中的问题。

教好每一个学生，社会有责任。社会舆论、媒体、学校周边的环境对每一个学生都有影响。社会团体、个人都要以民族的未来为重，以育人为重，重视形成育人的良好环境。

把提高教育质量放在重中之重的位置[*]

去年7月中央召开了全国教育工作会议，胡锦涛和温家宝发表了重要讲话，会后发布了《国家中长期教育改革和发展规划纲要（2010—2020年）》（以下简称《规划纲要》）。今年是贯彻落实《规划纲要》的第一年。不久前胡锦涛总书记又在中央政治局学习会上对教育改革和发展提出了四点意见。中心思想是要促进教育公平，提高教育质量，办让人民满意的教育，为建设人力资源强国打好基础。

促进教育公平和提高教育质量是联系在一起的两个问题。今天我国已经普及了九年免费义务教育，不久的将来，高中阶段也将普及。因此上学难的问题已经基本解决。但为什么还存在教育不公的问题呢？就是因为存在着教育质量不均衡的问题。表现在：城乡学校教育质量好，农村地区质量差；名校质量好，普通学校质量差。因此要解决教育公平问题，还是要从提高教育质量着手，普遍地提高所有学校的教育质量。

要提高教育质量，就要遵循教育规律，遵循儿童青少年发展的规律，改革培养人才的模式和改善教育教学方法。胡锦涛指出：要着力提高人才培养水平，全面贯彻党的教育方针，坚持育人为本、德育为先，

---

* 写于2011年6月16日，本文是在首都国际教育论坛上的发言，原载《科学中国人》2011年第15期。

把促进学生健康成长作为学校一切工作的出发点和落脚点，坚持文化知识学习和思想品德修养的统一、理论学习和社会实践的统一、全面发展和个性发展的统一，强化能力培养，创新人才培养模式，注重培育学生的主动精神和创造性思维。中心思想就是提高教育质量。

2009年上海市参加了经合组织举办的学生学业质量评价项目（PISA），在65个国家和地区中获得第一名，全世界为之震惊，我们大家也很高兴。这说明我国基础教育有优势，特别是近些年来我国推行素质教育，施行新的课改，已经初见成效。但是我们也要清醒地看到，上海的教育水平不能代表整个国家的教育水平。从全国范围来讲，我们还处于65个国家和地区的中等水平，有些地区的教育水平还很低。最近媒体对上海取得好成绩讨论得很热，有些舆论甚至鼓吹这是东方教育优于西方教育的明证。殊不知，且不说上海的教育方式是不是东方式的，这次测试的方法却是用西方的理念设计的。不论是东方的还是西方的，只有遵循教育规律，坚持先进教育理念，改进培养方式，才能提高教育质量，取得好成绩。当然中国教育应该有中国的特色，中国教育优秀的传统应该发扬。但也要吸收各国之所长，改造我们旧的教育观念和与时代不符的陈旧的教育内容和方法。

提高教育质量的关键在教师。无论是《规划纲要》，还是"十二五"规划，都把加强教师队伍的建设放在突出的重要位置。当前教育的不公不只是表现在经费分配不均、学校条件设备配置不公，更重要的是教师资源配置的不公。优秀的教师都集中在大城市，农村地区，特别是边远农村地区教师的水平较低。因此要着重加强农村地区教师队伍的建设。为此，国家试行免费师范生计划，吸引优秀青年到农村从教，把重点师范大学免费师范毕业生配置到西部地区，改善那里的师资结构。但是要使农村教师留得住，国家需要改善农村教师的生活待遇和居住条件。农村条件艰苦，国家应该实施鼓励政策，艰苦地区、艰苦行业的工资应该更高一等。

国家已经制订了教师定期培训计划，财政拨出了巨额经费进行全国教师全员培训。关于教师的培训我想说点个人意见。教师培训应该分层次进行。我国1 200多万中小学教师大致可以分为三个层次：少数优秀教师，他们是教师队伍中的骨干；一般胜任教育教学工作的教师，这是教师队伍中的大多数；一部分不太合格的教师。教师培训需要对这三部分教师进行不同的培训。对于不合格的教师要让他们尽快提高成为合格教师，缺什么补什么，不能提高的启动退出机制，让他们退出教师队伍。对于大部分一般教师，要更新他们的教育观念，提高其教书育人的水平。特别要提高教师的职业道德。最近有调查表明，师生关系不融洽的达到40%。师生关系不融洽的关键是教师不能正确对待学生，有的教师歧视学生，用言语伤害学生，这都是师德问题。师生关系不融洽，何谈教育质量的提高。因此教师培训不能用"应试教育"的理念来培养教师如何提高学生的考试成绩，更重要的是让广大教师深入理解《规划纲要》的精神，提高教师的素养，更新教育观念，提高业务能力。对于一部分优秀教师要从理论和实践多方面来充实他们，培养他们教育研究的能力，使其不断吸收先进教育理念，总结反思自己的教育经验，把自己的经验上升到理论，成为真正的教育家，从而起到示范引领的作用。

提高教育质量是21世纪世界教育总的价值取向，世界各国都把提高教育质量放在教育发展的首位。美国2001年国会通过了布什政府提交的《不让一个孩子掉队》法案，2006年又宣布《美国竞争力计划》，奥巴马上台以后延续了美国近30年来教育改革对于"质量"的诉求，积极地推行"教育新政"，借助《美国复苏与再投资法》史无前例地向教育领域投入了1 000多亿美元，全面提高美国从学前教育到高等教育的教育质量。法国2004年提出了《为了所有学生的成功》纲领性文件，要求学校应该用对社会和成功的个人不可缺少的知识、能力和行为来培养所有的公民，使每个人能最大限度地施展其才智；2009年年底，法国国民教育部又公布了名为《面向2010年的新高中》的方案，要使每个学生都能获得成功的高中教育。英国2008年成立了国家卓越教育委员会，提出要建立世界一流的教育体系。日本近年来也在检讨轻松教育的政策，对教育质量提出严格的要求。

提高教育质量体现了时代的要求。当今时代，科学技术日新月异，社会变革十分剧烈，无论是国家还是个人，只有掌握人类创造的基本知识并不断更新，以及在此基础上发展个人的才智能力，才能立于不败之地。因此，像我们这样一个教育发展极不均衡的发展中国家，更要把普遍提高教育质量放在重中之重的位置，在"十二五"期间，达到促进人人成才，形成人才辈出、拔尖创新人才不断涌现的局面。

加快人才培养体制改革[*]

  《国家中长期教育改革和发展规划纲要（2010—2020年）》（以下简称《规划纲要》）把推进素质教育作为今后教育工作的战略主题，有着重大的意义，这是时代赋予我们的要求，也是我国建设人力资源强国的要求。今天科学技术日新月异，国际竞争日益激烈。国际竞争说到底是综合国力的竞争，人才的竞争，民族创新能力的竞争。只有提高全体国民素质，培养大批具有社会责任心、掌握科学文化知识的各类人才和一批能够引领先进科学技术、引领先进文化的杰出人才，我国才能进入人力资源强国的行列，才能在国际竞争之中立于不败之地。

  近年来，素质教育观念日益深入人心，并逐步转化为各地各部门的积极探索和生动实践，创造了很多宝贵经验。学生思想道德建设、基础教育课程改革、学校的阳光体育和科技艺术活动，以及招生考试制度等环节正在发生积极而深刻的变革。

  但是必须看到，推进素质教育虽然在几个方面有所突破和进展，但目前还没有从根本上扭转"应试教育"的倾向。当前教育在很大程度上还存在着片面追求升学率、中小学生课业和心理负担过重的情况；存在着重视智育，忽视德育、体育、美育，学生得不到全面发展的情况；存

---

* 原载《中国教师报》2010年12月12日。

在着只重视考试成绩，抑杀学生的学习兴趣和创造精神、实践能力的情况。原因是多方面的，有社会就业的竞争，有教育资源的分配不公，有考试制度的制约等，是经济社会发展到一定阶段产生的社会矛盾在教育上的集中反映。因此，推进素质教育是全社会的事，需要全社会共同努力。

就教育本身来讲，需要通过改革创新，特别是人才培养体制的改革来推进素质教育。《规划纲要》序言说到我国教育的问题是：教育观念相对陈旧，内容方法比较落后，中小学生课业负担过重，素质教育推行困难。人才培养体制的改革，就是要解决这些问题。

第一，要更新人才培养观念。《规划纲要》中明确指出，深化教育改革，关键是更新教育观念。要树立全面发展的观念、人人成才的观念、多样化人才的观念、终身教育的观念、系统培养的观念。教师相信每个学生，尊重每个学生，相信每个学生都能成才。什么是人才？只要热爱祖国，有社会责任心，勤奋努力，为社会做出一定贡献的就是人才。当然因为社会分工不同，人的能力不同，人才是有不同类型、不同层次的，天才是人才中的精英，是极少数人才能达到的。我们的校长、老师，包括家长都想培养英才，杰出的人才。这种追求卓越的思想可以理解。但杰出人才从哪里来？是从群众中来，是从众多的普通人才中来。教育要面向全体学生，同时也要发现有特别天赋的人才，因材施教，特殊培养。给每个学生提供最适合的教育，英才才能脱颖而出。

第二，要改善教育内容和方法，《规划纲要》中提出要学思结合、知行统一、因材施教；倡导启发式、探究式、讨论式、参与式教学，帮助学生学习。要做到这一点，也还是要解放思想，转变观念。要树立学生是主体的观念。老师要放开让学生去思考，自己去体会，自己去探索。要倡导启发式、探究式、讨论式、参与式教学，帮助学生学会学习。山东杜郎口中学创造"先学"（预习）、"同学"（师生共同学）、"再学"（再思考）、"都学"（学生根据自己的需要不同地学）的经验就体现了以学生为主体的思想。当然教师仍然要起主导作用，教师的主导作用体现在启发学生的主体性、积极性，组织学生参与学习，指导学生的学习方法和策略。教师要特别关注学习困难的学生，帮助他们克服困难。

第三，要培养学生的学习兴趣。《规划纲要》中提出，激发学生的好奇心，培养学生的兴趣爱好，营造独立思考、自由探索、勇于创新的良好环境。没有兴趣就没有学习，兴趣是学习的最强动力，历史上很多科学家、文史学家都是从小对自己的专业学习很有兴趣，然后经过刻苦努力，最终成功。所以基础教育最重要的任务：一是培养学生的兴趣和爱好；二是培养学生克服困难的意志和毅力。有了这两样，可以无往而不胜。

第四，要减轻学生过重的学业负担，把时间还给学生，使学生有时间思考，有时间参加社会实践，有时间参加喜爱的科技文体活动。《规划纲要》中提出要知行统一，坚持教育教学与生产劳动、社会实践相结合。因此要鼓励学生参加社会实践活动，包括志愿者活动。促进学生了解社会，树立爱心，增强社会责任感。这就要减轻学生的课业负担。讲到减轻学生课业负担，又是一个极为复杂的问题。《规划纲要》中指出，政府有责任，家长有责任，当然学校更有责任。学校的责任就是办好每一所学校，教好每一个学生。对教师来讲，就是要上好每一节课，教好每一个学生。如果每节课都能让每一个学生学懂学会，课外的作业负担就可以减轻，就可以腾出时间来让学生参加社会实践。

第五，要给每个学生提供最适合的教育。《规划纲要》在人才培养体制改革中还提出要因材施教。要关注学生的不同特点和个性差异，发展每一个学生的优势潜能。提出采取多种方式来培养人才。因材施教是我国教育的优秀传统。《学记》中就说："君子既知教之所由兴，又知教之所由废，然后可以为人师也。"就是说教师要懂得教育规律，什么能教，什么不能教。又说："学者有四失，教者必知之。人之学也，或失则多，或失则寡，或失则易，或失则止。"也就是说，教师必须了解学生学习的情况，学生学习的时候会有四种失误：或者贪多，或者不求进步，学得太少，或者把学习看得太容易，或者遇到困难即停止。教师只有了解了每个学生学习的不同，才能扬其长，避其短，所谓"教也者，长善而救其失者也"。所以我们提出：给每个学生提供最适合的教育，才是最好的教育，也是最公平的教育。

人才培养体制的改革当然还涉及评价制度、考试制度的改革。但最最关键还在于我们的校长、教师，当然还有家长和全社会都要更新教育观念。家长和社会观念更新了，就可以减少对学校的压力。学校校长、教师观念更新了，就能创造出许多办法来培养人才。学校通过改革创新，教育质量提高了，反过来会教育家长和社会。学校要起主导作用，引领社会舆论和教育家长。

我相信，通过改革创新一定能出现各类人才辈出、拔尖创新人才不断涌现的局面。

有差异，有特色，才有质量[*]

20世纪50年代中期在我国教育学术界有过一次大争论，就是我国教育方针除了提全面发展以外要不要提因材施教。争论并无结果，但主张不在教育方针中提因材施教的学者也并不反对因材施教。因为全面发展并非要求人人都是一个模样，一样的发展。因材施教是我国教育的优秀传统，孔子教学就很重视因材施教。《论语》中有一段故事：子路问："听到了就干起来吗？"孔子说："有父兄在，怎么能听到了就干起来呢？"冉求问："听到了就干起来吗？"孔子说："听到了就干起来。"公西华感到很奇怪，就说："子路问听到了就干起来吗，您说，'有父兄在'；冉求问听到了就干起来吗，您说，'听到了就干起来。'我有些糊涂，大胆地问问。"孔子说："冉求平时做事退缩，所以我鼓励他；子路的胆量太大，所以我要压压他。"故事说的就是因材施教。

因材施教可以从两方面来理解：一是从人的身心发展差异来讲；二是从社会对人才的需求来讲。

人生来是有差异的。一是天赋有差异。一般孩子智商为100，有的孩子可以达到120，有的只有80、90。而且每个孩子的智力结构也都不一样。有的孩子逻辑思维很强，有的孩子形象思维很发达；每个孩子的思维品质

---

* 写于2008年12月10日，原载《基础教育参考》2009年第2期。

也不一样，有的敏捷而肤浅，有的迟缓而深刻。二是孩子后天发育的环境不同。有的生在城市，有的生在农村；有的生在富裕家庭，有的生在贫困家庭。不同的环境，孩子成长过程会有很大不同。我们讲教育公平，是讲受教育权利的公平，不是说不顾各种因素而强求一律。相反，用统一的要求面对每一个不同的孩子才是最大的不公平，也是不利于每个孩子不同的发展的。几年以前我们在呼兰区开农村教育会议。会上一位清华大学的学生发言，他说，初中二年级时，父亲因为他的功课不好，让他辍学，是一位老师劝他父亲说："这娃娃喜欢画画，让他上学吧。"父亲才答应了。后来他考上了清华大学美术学院。如果当时用一个标准来要求他，可能他真会辍学了。在大家都有学上的今天，只有因材施教，才是最大的教育公平，才能使拔尖人才脱颖而出。我们今天的教育，为什么出不来创新拔尖人才？就因为我们太讲求统一，忽视差异。学校趋同，要求同一，分数第一，没有特色。没有差异，没有特色，何来真正的质量？

从社会对人才的需求来讲，也是多种多样的。现代社会不同于古代社会。古代社会只有两种人：一种是人上人，统治人的人；一种是人下人，被统治的人。现代社会是多元社会，需要各种人才。1985年《中共中央关于教育体制改革的决定》中提到，我们要培养以亿计的有文化的劳动者，以千万计的管理人员，以千万计的科学技术人员。现代社会的职业有几十万种，行行都能出"状元"。

因此，我们今天在强调教育公平的同时，不要忘记教育的差异。这种教育差异不是说办学条件的差异，而是指重视学生发展的差异，重视因材施教。学校要根据办学的历史、当地人文地理的背景、学生的差异，办出特色。学校要根据国家课程标准的要求，设计出多种课程和活动，提供学生多种选择。

给每个学生提供最适合于他的教育，就是最好的教育！

教育质量与学校特色[*]

　　现在许多校长都说要把自己的学校办出特色，这是很好的想法。确实，过去我们在计划经济时代，全国一套教学计划、一套教学大纲、一套教材，不考虑地方和学校的特点，不重视学生的个性发展，千校一面，缺乏特色。近些年来，特别是新课程改革以来，除了课程的国家标准以外，容许开发地方课程、校本课程。这就为学校办出特色创造了政策条件。但是，由于"应试教育"的猖獗，却把不少学校的特色课程纳入"应试教育"的轨道。不少学校开设特色课程或者美其名曰特色班、实验班等，都是瞅准了升学考试，使学生能在升学中获得"特色"成绩的优势。这就与把学校办出特色的教育理念背道而驰。

　　什么叫学校特色？为什么要把学校办出特色？这是由我们的培养目标所决定的。我们要培养学生的创新意识、创新能力，要培养各色各样的创新型人才，就需要学校有特色、学生有个性。如果一个模式办学校，一个模式培养人，表面上看来似乎很公平，其实对每个个体来讲是最大的不公。因为，每个学生的天赋资质、兴趣爱好、生存环境都是不相同的，用一种模式要求学生，就会削足适履或者宽不成履。对一所学校来讲也是这样，学校的环境不同，历史传统不同，也不能用一种模式

* 　写于2009年3月4日，原载《基础教育参考》2009年第6期。

套用，实际上也不可能办成一个样子。因此，把学校办出特色需要和培养人才联系起来，和学校的教育质量联系起来。

没有教育质量的特色，就不称其为特色。反过来，没有学校特色，也就没有高的教育质量，不可能培养出创新型人才。

怎样才能把学校办出特色？所谓特色，顾名思义，是指不同于一般，不是平平庸庸，而是要有所创新，具有个性，而且这种个性能够形成学校的传统，代代相传，与时俱进。因此，要把学校办出特色，就要有新思想、新思路，要结合本校的具体条件和情况，发挥优势和特长，形成自己的学校传统，并且可持续发展。这种特长可以表现在学校工作的各个方面。可以是在德育工作方面，也可以是在教学工作方面；可以是在课堂教学上，也可以是在课外活动和社会实践上；可以在办学模式上，也可以在具体的教学方法上。总之，教育是丰富多彩的社会活动，学校的特色也应该是丰富多彩的。但归根到底一条，目的是提高学校的教育质量，培养出高质量的人才。

前几年全国都在学江苏洋思中学，就是因为洋思中学办学有特色。他们进行"先学后教，当堂训练"的实验。课堂教学强调：明确学习目标；学生根据自学要求自学，教师巡视发现问题；学生汇报自学结果；讨论、指导；学生完成作业，教师当堂批改。最后达到减轻学生学业负担，提高教学质量的目的。最近大家又在学山东杜郎口中学，他们的特点是：自主学习实验。其核心就是还学生学习的自主权，使学习真正成为学生自己的事情。实行"10+35"课堂管理模式，各班教室内三面设有黑板，提供更大的空间给学生展示自我的机会。这样教师把本来属于学生自主学习的时间和空间还给学生；同时学生在学习进程中可以及时交流分享、及时反馈矫正；更重要的是学生和老师之间在心理上实现了真正的平等。

在办学思路上许多学校也很有特色。最近我参观了河南郑州第二实验中学，这是一所只有7年历史的新学校，而且办在密集的居民区里，学校总面积只有6 000平方米。但校长狠抓教师水平的提高，狠抓课堂教学质量，真是用心办学校。短短几年就被群众认可，成为小有名气的学校。

以上三所学校，两所在农村，一所虽在城市但条件很差，却都办出了特色。可见，学校办出特色，不在于条件，而在于学校的办学思想。我想，全国有许许多多有特色的学校，让他们都来谈谈他们的经验吧！

撤并学校要真正做到以人为本[*]

　　《国家中长期教育改革和发展规划纲要（2010—2020年）》（以下简称《规划纲要》）颁布一年来，全国各地积极贯彻落实，按照规划纲要的精神，规划本地区的教育发展，调整资源分配，促进教育公平，提高教育质量，呈现一片改革创新的可喜现象。

　　在区域教育规划中，许多县为了适应城乡经济社会发展需要，积极调整学校布局，合理分配资源，建设城乡一体化教育体制，这是十分必要的。调整的倾向主要是在农村中合并一些规模太小的学校或者教育质量不高的薄弱学校。调整的原因是多方面的，有些因为农民进城务工，子女随迁到城市，农村儿童人口越来越少。有些学校学生人数稀少，组不成班级，开不齐课程，教育质量不能保证。因此县教育部门采取几所村小合并为一所的办法，有的村小被取消；有的地方因为农村学校缺乏师资，教育质量差，群众不满意，为了实现城乡教育一体化，推进县域内教育均衡发展，只好把这类学校撤销，拆并到城镇较优质的学校中。同时为了便于学生上学，许多县镇办起寄宿学校。国家也鼓励寄宿学校的建设。《规划纲要》第八条就指出，"加快农村寄宿制学校建设，优先满足留守儿童住宿需求"。

---

[*]　原载《中国教育报》2011年8月26日。

在调整农村学校布局中也出现了许多新问题、新矛盾。需要认真研究解决。

其一，村小撤并以后，村里缺少了文化机构和文化气息。有些学者认为，过去村小虽然文化水平不高，但毕竟是文化机构，村小老师是村里最有知识的人，他带来社会文化信息，现在村小取消了，农村成了文化的沙漠，不利于新农村的建设。对这个问题我倒觉得无须太多忧虑。因为农业现代化的发展必然要走城镇化的道路，传统的农村将来会逐渐消失。当然，深山老林中也会保留少数村落。某些村小保留仍是必要的。新农村文化建设不只是依靠村小，还可建设文化站、图书室等机构来弥补。

其二，寄宿学校建设不够完善。许多寄宿学校设备不齐，学生住宿拥挤，有几个学生睡一张床的；有的寄宿学校没有食堂，学生要自带粮食自己做饭，影响健康。因此亟待加快寄宿学校建设。宿舍没有建设好，就不要急于学校撤并。过去作战，叫作"兵马未动，粮草先行"。后勤保障是十分重要的。应该先把寄宿学校建设好，再对学校进行调整，做到稳妥、安全。

其三，学校并合以后，学生不能就近入学，有的学生每天上学要走好几里路，有的还要走山路，学生不安全，家长不放心。有些经济较发达地区采用校车接送，这当然是好办法，但要特别重视安全。校车要由有资质的公司承包，司机要经过专门训练，不仅开车技术要好，而且服务态度要好，要用老师的基本标准来要求他，要懂得热爱孩子，会教育孩子。有些寄宿学校，学生离家较远，一周或数周才能回家一次。学校也要负责把学生组织好，使他们安全到家。有些贫困农村无力雇用校车，但可以与通车的公交车联系，负责接送离校较远的学生。总之，村校合并，一定要考虑到学生上学的方便和安全。

当前也出现一些农村群众不愿意学校撤并的情况。我觉得应该因地制宜、因时制宜，与当地群众商量，不可强制执行。《规划纲要》中明确规定，教育要以人为本，要办好人民满意的教育。学校布局一定要坚持中央制定的这个原则。

以人为本，对学校来说，就是以学生为本。有利于学生发展的事应该积极做好，不利于学生发展的事就不能做，危害学生安全的事更不能做。据报道，有一个山区县，当地初中并非薄弱校，有较好的教育质量，但县里一定要把它撤并到另一个镇的初中。撤并以后，学生回家很不方便，特别在冬天，大雪封山，学生回家非常危险。因此群众意见很大。在这种情况下，教育行政部门就应该考虑群众的意愿，否则怎么体现办好人民满意的教育？办好人民满意的教育，就要充分听取群众的意见，与群众商量共同来把学校办好。即使必须撤并的，也要把理由论证清楚，各种困难解决妥帖，然后向群众详细解释，得到群众的理解和同意，才能把事情办好。

促进教育公平，提高教育质量，调整学校布局是一个方面。更重要的是要提升农村学校的办学水平，给农村学校配备优质资源，包括物资设备和师资队伍。特别要加强师资队伍建设，让他们有自我学习、自我发展的能力。学校不宜太集中，规模太大。农村中小学以不超过千人为宜，这样便于管理，校长能够扎根到班级中。国外的中小学很少有超过千人的，特别是农村，规模都很小，几百名学生，几十名教师，学校的环境很宽敞舒适。我国许多县中，动辄几千人，有的上万人，学校像个大市场，其实是不符合教育现代化要求的。因此我希望各地在贯彻落实《规划纲要》时，坚持科学发展观，真正办好人民满意的教育。

农村推进素质教育要立足农村[*]

　　我国是一个农业大国，虽然从全国范围来讲已经走上现代化的道路，但农业现代化还刚刚开始，约70%人口在农村，"三农"，即农业、农村、农民问题仍是我国当前要着重解决的问题。解决"三农"，实现农业现代化、农村城镇化、农民现代化，关键是科学技术，基础是教育。只有依靠科学技术才能使我国的农业摆脱传统的生产方式，跨越到现代农业。但是要发展农村科学技术，就需要依靠教育来创新科技，培养人才。至于农村城镇化则是农业现代化的必然结果。农业现代化完成以后，释放大量农村劳动力进入城市，农村为了配套农业现代化而发展起来的第二、第三产业也就促进了新农村的建设，使农村城镇化。三者之间农民现代化是最根本的一环。农业科学技术要靠农民来掌握和运用，新农村要靠农民来建设。因此，农村教育就是实现"三农"最基础的环节。

　　农村教育和整个国家的教育一样，既需要普及，又需要提高。普及就是要巩固九年义务教育，大力发展农村职业技术教育，培养现代化农民；提高就是要让高等学校的毕业生能够到农村去，开展农业技术创新，培养农业科技人才。

---

*　原载《中国教育报》2008年8月4日。

农村教育如此重要，那么如何巩固义务教育成果？就是要提高义务教育的质量。当前我国教育正处于一个重要的转折点上，就是从数量的发展转向质量的提高。义务教育已经普及，但还是低水平的。有些地区国家规定的课程还不能开齐，有些地区缺乏教师，特别是体育、音乐、美术教师。因此，要巩固义务教育成果，首先需要加强农村教师队伍的建设。一方面要配齐各科教师，另一方面要提高他们的业务水平。同时要大力推进素质教育，提高学生的整体素质。推进素质教育需要结合农村实际。现在有一种趋同现象，一切都按照城市的办法，片面追求升学率，增加了学生的负担，使有些学生产生厌学情绪。要改变这种状况，就需要分类指导，结合农村和学生的实际，因材施教。我国现在接受完义务教育升入高中阶段学生的比例已经达到66%，但还有34%的初中毕业生升不了学。在农村，这个比例会更大一些。因此，农村教育就应该考虑这部分学生的出路问题。

农村教育的课程要切合农村的实际，使学生学得下去，觉得学了有用。目前农村学生的辍学，主要原因不是经济问题。尤其是在学费全免并补助书本费以后，上学的经济负担已经大大减轻。辍学的主要原因是学习负担太重，有些学生学不下去，产生厌学情绪；有些家长也因为自己的孩子学习成绩不好，觉得不如让孩子早点出去打工挣钱。所以，巩固义务教育成果，降低辍学率，就要从农村的实际出发，改革课程和教学方式，在完成国家课程的前提下，加强地方课程和校本课程建设。有些省区在农村实行毕业证书和绿色证书"双证"制度，很有成效，值得借鉴。有些人可能会担心，课程与城市的不同，会不会降低学生升学的竞争力。要解决这个问题，可以增加选修课程，使有能力的学生选学一些课程，以便与城里学生竞争。同时，农村教育应实现"三教统筹"，建立终身教育体系，使一些有志于学习的青年都会有各种机会学习。

推进素质教育遇到的另一个问题是学校发展不平衡，由于评价制度的单一，不管条件和环境，都用一个标准，都要向优质学校看齐，这就造成了各校之间的无序竞争。这对一些条件差的学校也是不公平的。因此需要改革评价制度，实行发展性评价，国外叫绩效评价。就是说评价要看原来的基础，有发展就是成绩，就值得肯定。无论对学校还是对学生都要看他有无发展。当然，作为政府，要尽量改善薄弱学校的条件，教育投入要向薄弱学校倾斜，使学校均衡发展。但是要真正实现均衡，有一个时间过程。在还没统一均衡之前，对各校的评价就要实事求是，在学校原有基础上进行评价。无论哪一类学校，只要有进步，有提高，就要加以肯定和鼓励。对学生的评价也应采取发展性评价，只要有进步，就应该肯定、鼓励。总之，评价本身并不是目的，评价是一种保证质量、促进提高的手段。所以我们常常讲"以评促改、以评促建"，评价要有利于激发学校、教师和学生的积极性。

农村教育中还有一个留守儿童的教育问题。学校要关心这部分孩子的教育，要组织一些课外、校外活动，丰富他们的生活。要帮助他们经常与外出打工的父母联系，增强孩子对父母的了解和理解。老师要把一片爱心献给他们，使他们有幸福感。

在改革中诞生，在改革中成长[*]

——祝贺北京景山学校成立 50 周年

今年景山学校创建50周年，我首先要向景山学校的师生表示最热烈的祝贺！祝贺你们培养了大批人才，祝贺你们不断创新，在教育改革中取得新成绩，为我国人才培养模式提供了新经验！

景山学校是在教育改革中诞生的。1960年成立的时候正是教育大革命以后，探索着走我们自己的路。在这之前，一直是以苏联教育为蓝本。到1958年，我们开始感到苏联教育并不是十全十美的，许多东西不一定适合中国的国情，开始进行改革，寻求建立中国的社会主义教育体系。景山学校就是在这样的背景下创办起来的。

在"文化大革命"以前6年中，景山学校开展了许多改革实验，做了许多开创性的改革，成为教育改革的先锋。"文化大革命"后，景山学校更加焕发了青春，特别是邓小平为景山学校题写"三个面向"以后，景山学校坚持高举"三个面向"的旗帜，坚定不移地走改革创新之路，取得了新的辉煌。景山学校的经验值得认真地总结。这个总结当然主要要由景山学校的教师们自己来做，才能做得深刻、真切。我作为一

---

* 写于2010年5月5日。

名关注者，而且也是同时代过来的人，当时我在北京师范大学附中工作，附中也在进行改革，改革开放初期我多次参加由童大林召开的座谈会，讨论过景山学校发展的问题。我在这里谈几点感想，不一定正确。

第一，景山学校的改革目标很明确，在创办之初就瞄准要培养高质量的全面发展的人才，拿今天的词汇来讲，就是要培养创新型人才。他们的信念要坚定、知识要丰富、要有创造精神和能力，也就是后来邓小平倡导的"四有人才"。要改变过去少慢差费的人才培养模式。改革开放以后，曾多次研究如何实现教育现代化问题，认为要把最先进的知识教给学生。所以邓小平"三个面向"的题词不是偶然的，是非常切合景山学校的实际的。

景山学校在当今"应试教育"甚嚣尘上的时候，仍然坚持素质教育不动摇，坚定不移地培养创新人才，这是难能可贵的。这就是景山的精神。

第二，是紧紧抓住课程改革这个核心，以小学的课程改革为起点。小学语文采用黑山经验，分批集中识字，用一、二年级两年时间解决识字问题；语文教学以作文教学为中心，带动阅读教学；高年级增加了文言文的分量等。数学引进了外国的教材，在师大几位老师的帮助下，自编小学数学教材。改革开放以后，更加坚持改革，在教学现代化、信息化方面开创了我国教育改革的先河。

第三，在学制上进行改革，把小学和中学连贯起来，统一调整课程，为一贯制学校创造有益的经验。

第四，景山学校有坚强的领导和领导集体。景山学校是当时中宣部直接举办和领导的，中宣部给了许多特殊政策，如学制的改革、课程教材的改革等。中宣部原秘书长童大林同志为景山学校的发展倾注了大量心血。直到前几年他生病住院之前还召开座谈会，讨论景山发展的问题。

景山学校本身也有很强的领导集体。方玄初、贺鸿琛、苏式东、陈心五、刘曼华等都是景山学校的元老，他们团结一致，为景山学校的后来发展奠定了坚实的基础。

第五，有一支高质量的教师队伍。建校之初，从北京师范大学调来了一批教师和应届毕业生。他们都受过师范教育的良好训练，懂得教育规律，有创新改革的精神。无论是整体素养，还是业务能力，都堪称一流。正是有了这支队伍，才能够高屋建瓴地把握教育改革的方向，才能具体地进行教育教学改革，包括课程教材的改革，才能坚持素质教育不动摇。

景山学校是在改革中诞生的，也是在改革中成长的。今天，我国教育正在进入一个新的历史时期。实施教育公平和提高教育质量是今后教育改革和发展的两大重点。最终的教育公平就是使每个学生的潜在能力都得到充分发挥，使每个学生都获得成功。因此提高教育质量是关键，有了质量才有公平。提高质量就要推进素质教育，培养创新型人才。希望景山学校坚持改革，在改革中求发展，在今后再创新的辉煌！

情境教育是具有中国特色的原创的教育思想体系[*]

非常感谢李吉林老师邀请我来参加她所创建的情境教育思想的国际研讨会。和与会的朋友们一起来讨论情境教育的理论和实践，丰富教育科学的宝库，并推动我国教育改革和实验，培养21世纪要求的创新人才，这实在是一件非常有意义的教育界的盛事。

李吉林老师开展情境教育的实验不是偶然的，是在改革开放以后解放思想、实事求是的思想路线指引下进行的。回顾30年前，我国教育遭到"文化大革命"的严重破坏，校舍破旧，师资缺乏，教学水平低下。在教育恢复过程中都在探索学校教学的改革。1979年4月成立了中国教育学会，翌年暑期又在大连成立了小学语文教育研究会，大家共同探讨小学语文教学的改革。就是在这个时候，李吉林老师开始了情境教学的语文教学改革实验。坚持至今已经30年，创造了一整套情境教育的理论体系。

李吉林老师自己谈到，语文本身是一种艺术，但是在学校里居然有不少小学生不喜欢语文。为什么？就是因为传统教学使"内涵极为丰富的小学语文教学，被支离破碎的分析讲解，没完没了的重复性抄写，各

---

*　写于2008年11月23日。

式名目繁多的习题，以及不求甚解的机械背诵所替代，并充塞着儿童的生活"（《李吉林文集》卷一第4页）。李吉林老师要改变这种状况。她从国外外语教学的情境教学法中得到启发。学习外语需要有语言的环境，同时需要有外国文化的情境，才能学到真正的外语。李吉林老师认为，外语学习需要情境，难道学母语就不要情境？语文是思想交流的工具，但它总是包含着丰富的内容。语文交流的是文化、是事件、是人物、是人物的思想感情。不了解语文的内涵，不了解语文表达的情境，如何能掌握语文这个文化交流工具的本质？于是李吉林老师排除一切干扰和非议，毅然决然开始情境教学的实验。她在实验中始终把语文教学视为一种艺术，使儿童不仅学到知识，而且使儿童欣赏到、感受到语文中表达的美，得到美的享受。

李吉林老师虽然借鉴了外语教学情境教学的经验，但她没有把情境教学作为一种简单的教学方法，停留在方法上，而是加以拓展。开始的时候把它形成一种语文教学模式，继而从情境教学拓展到情境教育，这时已经把它看作一种教育理念，一种指导教育教学的教育思想了。以后的实验，她又不限于语文教育，而且推广到其他学科的教育。从下面两段她自己的讲话中就可以看到她的教育思想的拓展和深化：

情境教学是充分利用形象，创设典型场景，激起学生的学习情绪，把认知活动与情感活动结合起来的一种教学模式。（《李吉林文集》卷二第7页）

我从情境教学运用于语文单科的成功经验，抽象概括出符合儿童心理特点和认识规律的带有共性的创设情境的"四为"和"五要素"。"四为"即以"形"为手段；以"美"为突破口；以"情"为纽带；以"周围世界"为源泉。促进儿童发展的五要素，即以培养兴趣为前提，诱发主动性；以指导观察为基础，强化感受性；以发展思维为中心，着眼创造性；以陶冶情感为动因，渗透教育性；以训练学科能力为手段，贯穿实践性。然后提出了情境教学向整体优化发展的设想，确定了"优化情境，促进整体发展"的总课题，逐步形成情境教育的实践基础和理论构想。（同上第359～360页）

从情境教学的探索，到情境教育的构建，再到情境课程的开发。这就是李吉林教育思想从实践到理论，又从理论回到实践的深化过程，也就是李吉林教育思想的三部曲。

李吉林的教育思想有着重要的理论价值和现实意义。其理论价值在于她不是停留在情境教学的方法上，而是运用教育学、心理学的理论探讨了儿童认知的规律，把儿童的注意、观察、思维、想象以及非智力因素都调动起来，在教学中促进儿童智能发展。这在课程教学理论中具有重大的意义。其现实意义在于对落实新课程改革，推进素质教育具有重要意义。新课程的最大特点是，课程教学不仅要传授知识，而且要培养学生的能力，培养学生对知识的认识态度和价值观。要落实新课程的目标，就需要改变传统的教学模式，以新的教育理念为指导，重视学生的主体性，培养学生自觉的对教育内容的体验。情境教育正是让学生在情境中自觉体现，自主学习，从而更深刻地理解教材，掌握知识，获得情感体验。

李吉林的教育思想和实践是在中国本土生成的，具有浓厚的中国文化内涵，是有中国特色的原创的教育思想流派。虽然她也借鉴了国外的理念，但她把它运用到自己的教育实践中，在实践中本土化，并且丰富拓展了这些理念，最后形成了具有中国特色、中国气派、中国风格的教育思想体系。与此同时，李吉林的情境教育思想又是符合世界教育发展潮流的。当今世界科学技术日新月异，多元文化互相交流。学校已经不是象牙之塔，学校必须开放办学，开阔学生的视野、培养学生创新的能力。情境教育就是跳出课堂的狭窄空间，在广阔的环境中学习，能够充分培养学生的想象力和创造性。当然，不是说不要课堂教学，而是课堂教学不囿于课堂的小范围内，把眼光放到课堂外面，放到世界的广阔天地里。

李吉林教育思想体系的形成标志着具有中国特色的、我国原创的教育思想流派的出现和成熟，也标志着我国一批当代教育家的涌现。长期以来，我们只介绍和宣传外国的教育家，把他们的学说拿来推广引用，总说没有出现我们自己的教育家。今天我们终于看到了我们自己的土生土长的教育家，看到了她的教育思想体系，看到反映她的教育思想的《李吉林文集》。其实新中国成立以来60多年的教育实践，特别是改革开放以来的30年，在思想解放、开拓创新的氛围中，蕴含着一批教育改革家，他们敢于创新，勇于实验，创造了许多教育新思想和实践新经验。李吉林老师就是其中最杰出的代表。她不仅在教育实践中创造了奇迹，培养了大批高素质的人才，而且在教育中勤于思考，努力探索，创造了一整套"情境教育"的思想体系，丰富了我国教育理论的宝库。

我们今天在这里研讨她的教育思想，一方面要学习她的教育思想，推广她的教育思想和经验；另一方面我们更要学习她热爱教育、热爱儿童、勇于探索、不断创新的精神。

第一，我们要学习李吉林老师热爱儿童，热爱教育事业的精神。李吉林老师的这种对儿童的爱不是普通的爱、普通的所谓喜爱孩子，而是建立在对教育的忠诚，对民族未来的责任，对儿童的信任的基础上的。她对青年教师讲："大家都知道祖国要繁荣昌盛，就必须提高民族的素质；而民族素质的提高，首先是通过基础教育进行的。儿童的行为习惯、道德品质、文化素养以至思想观点正在逐步形成过程中，我们必须从多方面对他们施以良好的教育和教养，为他们成为社会主义事业全面发展的一代新人打好基础。"（《李吉林文集》卷二第5页）她的情境教育的情，就体现在对儿童的情上，只有对儿童有情，才能去激发儿童的感情。没有教师的满腔热情，就不可能实施情境教育。

第二，要学习李吉林老师对教育教学的孜孜不倦的钻研精神和科学态度。她几十年如一日，勤奋工作，努力学习。她进修文学，学习教育学、心理学，不断提高自己的专业水平。她把教育作为一门科学，不断探索，从实践到理论，又用自己总结出的理论用到实践中去检验，不断升华，形成完整的教育思想体系。今天大家都在谈论教师的专业发展，不做教书匠，要做研究型教师。李吉林老师就是研究型教师的典范。教师的专业发展不能离开教育实践，短期的脱产学习是必要的，但更重要的是要在教育实践中学习，边学习边反思，把教育作为一门科学来研究，才能悟出教育的真谛。

第三，要学习李吉林老师锲而不舍、不断追求卓越的精神。教育实验研究是一项复杂而长期的工作，不能一蹴而就，需要有耐心有恒心，长期实践、探索，再实践、再探索，不断升华，才能总结出带有规律性的经验。现在有些教师把教育实验研究看作功利的工具，定一个课题，写一篇文章，评到职称，就算完成。这是成不了教育家的，也无助于教育质量的提高。我希望我们的教育实验研究要像李吉林老师那样，锲而不舍，长期坚持，必然会取得成功。

李吉林情境教育思想是极为丰富的，因为我学习得不够，体会得不深，所以说得很不全面，只是表达一点我对李吉林老师的敬意。

《超常人才教育丛书》序[*]

去年我在上海教育论坛上发言，题目是《公平而差异是基础教育的必然选择》。我认为儿童天赋是有差异的，因此，基础教育就要因材施教，根据儿童不同的天赋施以不同的教育，发挥他们的个性特长，将来成为有为的人才。基础教育不是平均教育。对每个儿童来说教育机会是均等的，是公平的，但将来的发展是不同的，有的可能成为科学家，有的可能成为艺术家，有的可能成为政治家，有的可能成为企业家。我想"超常人才教育"是不是也就是因材施教的一种形式，即把天赋聪慧的儿童施以特殊教育，使他早日成才，成为超常人才。但是有人又不同意说超常人才教育是因材施教，因为儿童小时候分不出他是什么材，因此也无法因材施教。那么，什么叫超常人才教育呢？根据心理学家林崇德教授在本书序言中所说的，"超常人才教育对象有三种：一是智力超常儿童；二是智力中等的潜慧生；三是大器晚成者"。那么，这和普通教育又有什么不同呢？智力超常儿童可以用智力测验来测量，潜慧生和大器晚成生怎么识别呢？把超常人才教育施于每个儿童，相信人人都能成才，但才有不同，这种理念是完全正确的，是每一个从事教育工作的人都应该具有的信念。但是，既然提出"超常人才教育"，那就不是一般

---

* 写于2008年8月10日。

的教育，总应该给它一个界定，把"超常人才教育"的理论梳理清楚。本丛书就是要解决这个问题。从本丛书的目录看，有论述理论的，如什么叫超常人才，怎样培养超常人才；也有介绍实际经验的，如办了20多年的中国科技大学少年班、北京八中少年班等。丛书还澄清了一些对超常教育的误解。

我对超常教育没有研究，但是我对本丛书很感兴趣。书名为《超常人才教育丛书》，是指培养超常人才的教育，而不是对超常儿童的教育。超常人才是指什么人才？是指超乎常人的人才，或者叫作优秀人才、拔尖人才。我们不仅要把智力超常儿童培养成超常人才，而且要把潜慧生、大器晚成者都培养成超常人才。只要施加科学的、合适的教育，人人都能成才。这就不只是办一些少年班、超常班了，就需要在平常教育中因材施教。虽然在儿童小时候难以分辨得出他有什么特长爱好，但在基础教育阶段中每个儿童的个性特点总是会显露出来的，只要教师用心，就会发现他们的差异。而且许多差异并非都是天生的，有些是家庭、环境等造成的，是可以早期发现的。教师要善于发现儿童的差异，因材施教，这样才不至于埋没潜慧生和大器晚成者。当然因材施教不等于超常人才教育。因材施教是一种教育原则，超常人才教育是一种教育模式，是遵循因材施教的一种特殊教育模式。如果早期就能发现聪慧的儿童，早期进行特殊教育，使他们早日成才，也是值得试验的。

现在许多父母都认为自己的孩子是天才，总想方设法让孩子进少年班、实验班、特长班，从感情上来讲是可以理解的。但还应该从理性上对孩子有一个正确的理解和恰当的期望：如果不能正确地了解儿童的实际情况，往往会揠苗助长，适得其反，使儿童厌学、逃学。因此，对待儿童教育应该实事求是，符合教育规律，切合儿童实际的教育，这才是最好的教育。本丛书中有许多这样的理念和实际案例，使我们得到很大启发。作者要我作序，我只好讲几句外行话。

把特别的爱心献给特殊教育[*]

　　上周我到辽宁省铁岭市，参观了一所特殊学校，是铁岭市新建的，校舍崭新，设备齐全。全校有81名残疾儿童，既有视觉障碍的、听觉障碍的，也有智障儿童。老师正在根据孩子的不同进行各种教育，有的在学数学，有的在学语文，有的在做各种手工。有两个十多岁的男生，正在用心刺十字绣，绣出来的作品栩栩如生。教育局长和校长执意要把他们绣好的一幅奔牛送给我。我认为这是送给我的最有价值的礼物，但我觉得受之有愧，我并没有为他们做什么事。

　　特殊教育是我国国民教育中的重要组成部分。残障儿童受教育是《世界儿童权利宣言》和我国宪法赋予他们的权利，是实施教育公平的重要内容，也是建设和谐社会的重要基础。同时特殊教育也是帮助残障儿童走进社会、独立生活的必要途径。因此重视特殊教育，对残障儿童及早地进行教育，是国家的责任、全社会的责任。30年前，也就是1979年，我在北京师范大学担任教育系系主任的时候，就开始筹备特殊教育专业，1985年我任副校长时就在北京师范大学建立了我国第一个特殊教育本科专业和特殊教育研究中心。现在全国已经有了许多专业，并且有了硕士研究生、博士研究生。这是十分可喜的现象。特别是近几年来，

---

[*]　原载《基础教育参考》2009年第8期。

各地政府在实施义务教育法的过程中逐渐认识到特殊教育的重要性，增加了投入，建设了标准的特殊学校，铁岭市的特殊学校就是一个很好的例子。

我们要对特殊教育有一个正确的认识。所谓特殊教育的特殊，是指这部分受教育者在生理的或者心理的某个方面有缺陷，阻碍着他们的发展，特殊教育就是来帮助他们排除阻碍他们发展的障碍，使他们得到与普通人一样的发展。残障儿童并非所有功能都丧失，他们往往丧失一部分器官的功能。通过教育可以弥补他们的缺陷，或者使他们的损伤的器官功能得到部分的恢复，或者培养其他器官的功能来弥补某种器官功能的不足。因此，特殊教育的目的与普通教育一样，就是促进儿童的身心健康的发展。只是他们需要更多的关爱和帮助，更多的温暖和鼓励。因此，特殊教育不是歧视教育，不是另一样的教育。当然，在教育内容上和方法上需要根据残障儿童的特殊情况采用不同的方式，但目的是促进他们的发展。特殊教育还要向他们传授知识和技能，使他们绝大多数人能回归主流社会，成长为一个自力更生，能为社会做出贡献的人才。

特殊教育的任务是帮助有残疾的儿童回归主流社会。这需要两个重要条件：一是残疾的儿童要有自信、有能力回归社会；二是社会上的普通人要尊重他们，帮助他们。这两方面都需要通过教育来实现。因此，特殊教育的任务首先要帮助他们建立自信心、自尊心、自强心。残疾大多是天生的，或者在幼年因事故或用药物不当而引发的。儿童自己没有责任，更没有选择。但发展的道路是可以选择的。教育首先要帮助他们树立发展的自信心。有了自信心他们就会自我发奋图强。这样的实例是很多的，外国有海伦·凯勒，我国有张海迪为我们做出了榜样。时任铁岭教育局李局长还送给我一本书《不屈的天使》，是一位生下来就全身瘫痪的女孩赵晨飞写的，她竟然用鼻子操纵键盘，用脸颊操纵鼠标，写出了洋洋数十万字的诗篇。读来不禁潸然泪下。这书的背后蕴藏着她多少毅力和苦练，蕴藏着多少父母以及启发她、帮助她的老师们的爱！因此残障儿童的亲人，特殊学校的老师是世上最可爱的人，是最值得尊敬的人。

除了建立特殊学校外，障疾比较轻的儿童一般在普通学校中学习。学校应该特别关爱他们，为他们制定一些特殊的课程。有些课程可以和正常儿童一起上课，有些课程可能要单独上课。从世界特殊教育的主流来讲，都主张残障儿童和正常儿童一起学习，有利于他们融入主流社会。因此，在学校中，对于正常儿童，我们要教育他们对残障儿童有爱心，懂得尊重他们，帮助他们，爱护他们，培养人道主义的同情心，这是人类最基本的品质。

我国特殊教育还不够发达。今后需要政府和全社会的更多关注。特别是要尽快培养特殊教育的教师，可以在大学生中招募一批志愿者，让他们接触残障儿童，了解特殊教育，逐渐热爱特殊教育事业。对特殊教育的内容和方法，教育部门要组织专家认真研究，并总结和推广已有的经验，使我国特殊教育有新的发展。

校训关键在实践[*]

校训是学校文化建设的重要内容，是凝聚了学校的办学宗旨、办学理念、校风、学风的精神提炼出来的。它反映了全校师生的意志和追求，指导着学校的办学方向和师生的行为。北京师范大学的校训"学为人师，行为世范"是北京师范大学在广泛征求师生意见的基础上由启功先生提出来的。内容深邃而文字简明，凝聚了启功先生在几十年教育实践中对大学办学理念的长期思考，特别是对北京师范大学办学特点的深刻理解；在措辞上也巧妙地把"师范"二字镶嵌在里面。这八个大字是启功先生智慧的结晶。由教育家、书法家启功先生把这八个大字亲笔写出来，更是内容和形式美的圆满结合，为北京师范大学创建了一块知名的品牌。

校训有了，关键在于实践校训的理念。我在学习校训中有以下几点体会。

第一，在办学思想上，要坚持教师教育的特色。"学为人师，行为世范"强调了"师范"二字。北京师范大学长期以来是培养教师的，建校百年来为中国的教育事业发展、教师队伍的建设做出了重大贡献。百年校庆时据不完全统计，北京师范大学毕业生中就有五百多名中小学校

---

* 写于2005年6月4日，6月11日修改，原载《光明日报》2005年6月29日。

的特级教师，各级学校，包括高等学校中的骨干教师更是不计其数。近些年来，北京师范大学正在向研究型综合大学迈进。这是历史发展的必然，是师范教育，或称教师教育改革转型的总趋势。目的是提高大学的整体水平，提高教师教育的质量，利用北京师范大学的学科优势，为社会培养更多方面的人才。向综合大学迈进，就要发展一些非师范性的专业，创建新的学科，从而创造新的知识和文化。这将使北京师范大学不仅为社会培养多方面人才，同时也有利于教师教育专业的发展，充实教师教育的内容，提高教师教育的学术水平。但是不能忽视北京师范大学具有的教师教育的特色，不能削弱教师教育学科的建设。创办一流大学必须要有自己的特色。现代大学，学科专业几百种，即使是综合大学也不可能门门俱全、科科一流。只有突出重点，办出特色，才能发挥优势，为社会所认可。教师教育是北京师范大学的优势所在，失去这个优势，北京师范大学难以成为一流大学。"学为人师，行为世范"的校训，为我们指明了办学的方向，我们要坚定不移地坚持这个方向。

第二，建立德育为先，教书育人的校风学风。我国的古训"大学之道，在明明德，在亲民，在止于至善""修身，齐家，治国，平天下"，都是教导我们，教育首先是育人，把学生培养成为一个道德高尚、德才兼备的人，然后才能做一番大事业。人才人才，首先是做人，加上有智慧、有才干，才能成为人才，德才缺一不可。大学生是建设国家的栋梁之材，是社会的知识群体，他们要引领社会走向文明，走向进步。如果自身不能为人师，怎能引领社会。毛泽东曾经讲过，要做人民的先生，先要做人民的学生。对于师范生来讲则尤为重要。他们将来的职业就是教育下一代，只有自己先学会做人，才能将来教育学生做人，只有自己的行为足以为人表率，才能教育学生。

第三，努力实践，身体力行。北京师范大学有严谨治学、艰苦朴素的传统，"学为人师，行为世范"的校训总结和发展了这个传统。校训突出了"学"和"行"两个方面，强调了它的实践性。"学"是为了"行"，真正要做学生的老师、人民的先生，只有不断学习，向老师学，向人民学，向社会学；并且要身体力行，努力实践，重视自己的一言一行，能否真正成为世人的表率。校训不是撑场面的，是学校师生行为的准则。因此北京师范大学师生应该时刻记住这个校训，努力学习，不断实践。

我是北京师范大学的教师，又是北京师范大学的学生。从1949年入学至今，在北京师范大学学习和工作已经有56个年头，深深感到"学为人师，行为世范"的校训对每个北京师范大学人的影响。虽然这两句话是近几年才正式提出来的，但北京师范大学的师生一直在实践着这两句话。我们的老师当年坚持真理、严谨治学的精神，至今记忆犹新。等到自己当了教师，也丝毫不敢懈怠。《论语》中说："吾日三省吾身：为人谋而不忠乎？与朋友交而不信乎？传不习乎？"我常常反思、审视自己的行为，能不能成为学生的表率？对学生我也常常用校训的精神要求他们。我时常说，学习首先要求学会做人，将来出去当老师尤其要有高尚的思想品德，要认识到自己的言行对学生的影响，注意自己言行的教育性。从教50多年来，我深切地体会到"学为人师，行为世范"是一辈子的事。今天对我来说，仍然要不断学习，努力实践。我深切感到，不仅要向别的老师学习，而且要向学生学习。特别是近些年来，由于年事已高，精力有限，读书不如学生读得多，接受新事物不如学生接受得快，因此，如不加倍学习，就有被时代淘汰的危险。

我的教育信条[*]

　　没有爱就没有教育，没有兴趣就没有学习，这是我的教育信条。教育是爱的事业，这种爱，不同于父母之爱子女。这是一种对祖国的爱、对民族未来的爱在教师身上的体现。是一种无私的爱，不求回报的爱。怎样做到真正对学生的爱？首先要相信学生，相信每个学生都能成才。其次是要理解学生，理解学生的需要——学习的需要、休息的需要、玩儿的需要、交友的需要，特别是人格尊严的需要。怎样做到理解？就要善于与学生沟通，首先要善于倾听，倾听学生的心声，同时要把老师的心声和学生交流。教育的爱是建立在师生相互信赖的基础上的。这种爱将是巨大的教育力量。

　　没有兴趣就没有学习。每个儿童天生是个好奇者，天生有创造性。教师、家长都要从小保护儿童的好奇性，逐步根据儿童的发展需要培养他们对学习的兴趣。兴趣是学生学习的最好老师，最强的动力。兴趣是可以培养的，就是在学习活动中加以培养。学生在学习中获得了成功的喜悦，就能激发他学习的兴趣。因此，教师在教学中要以激励为主，促进学生学习的成功，激发学生学习的兴趣。我常常记起教育家苏霍姆林斯基的一句话："如果一个学生到十二三岁时还没有兴趣爱好，做老师

*　写于2010年11月3日，载《光明日报》2010年11月24日，原题为《教育感言》。

的要为他担忧，担心他长大以后对任何事情漠不关心，成为一个平平庸庸的人。"因此，教育就是要培养学生的学习兴趣，甚至于专业志向，同时培养他们对专业志向的执着，克服困难的毅力。如果做到这一点，学生一定能够成才。

我不大提倡"报恩"，而应提倡责任。要从小培养孩子的责任心。对父母要尽责，对家庭要尽责，这就是要孝敬父母；对学校、对老师尽责，这就是要好好学习，尊敬老师；对社会负责，对国家和人民负责，就是要努力学习，将来努力工作，遵纪守法，为祖国和人民做出自己力所能及的贡献；对自己尽责，就要珍爱生命，珍惜时间，努力学习和工作。做到保尔·柯察金所说的："人最宝贵的东西是生命，生命对人来说只有一次。因此，人的一生应当这样度过：当一个人回首往事时，不因虚度年华而悔恨，也不因碌碌无为而羞愧；在他临死的时候，能够说，我把整个生命和全部精力都献给了人生最宝贵的事业——为人类的解放而奋斗。"

素质教育编

为每个学生提供适合的教育就是最好的教育*

　　《国家中长期教育改革和发展规划纲要（2010—2020年）》（以下简称《规划纲要》）中有这样一句话："尊重教育规律和学生身心发展规律，为每个学生提供适合的教育，培养造就数以亿计的高素质劳动者、数以千万计的专门人才和一大批拔尖创新人才。"这句话有着重要的意义和深刻的内涵，需要我们认真去理解和执行。

　　为每个学生提供适合的教育，是尊重教育规律和学生身心发展规律的要求。生理学和心理学告诉我们，人的遗传素质是不同的。普通儿童的智商是100，超常儿童的智商可达到130或140，智障儿童只能达到70、80。当然智商测量是否科学，也有疑义，不一定说明问题，但大家都承认人的天赋是有差异的。就拿人的思维品质来说，有的人逻辑思维比较强，有的人形象思维比较好；有的人思维敏捷，有的人思维迟缓；有的人思维开阔，有的人喜欢钻牛角尖等，各有不同。如果用一种模式，一种标准去培养学生，很难得到圆满的效果。从教育学来说，教育要遵循儿童身心发展规律，根据不同儿童的特点、特长、爱好来因材施教，才能获得教育成功。我国古代《学记》就说："君子既知教之所由兴，又

＊　写于2010年4月1日，原载《中国教育报》2010年4月19日。

知教之所由废，然后可以为人师也。"又说："使人不由其诚，教人不尽其材。其施之也悖，其求之也佛。"就是说，教师对学生要诚心，要了解学生的学习情况，了解他们的优势和劣势，因材施教，否则就达不到育人的目的。

为每个学生提供适合的教育才是最公平的教育。怎样理解教育公平？教育公平有入学机会的公平、教育过程的公平，而最终的公平应该是使每个儿童的潜在能力得到充分的发展，都能获得教育的成功。一个学生本来形象思维比较好，喜欢文学艺术，你偏要让他学奥数，这是不是对他最大的不公平？一个学生动手能力很强，创造意识很强，你偏要让他去学理论的学科，这是不是对他最大的不公平？有些家长明知自己的孩子学习平平，但偏要让他上重点学校、重点班、实验班，结果孩子的学习越来越跟不上，越来越自卑，结果孩子的优势消失殆尽。这就是没有找到他最适合的教育的结果。相反，如果给他提供适合的教育，他就能得到发展。2005年我们在哈尔滨呼兰区开会，一个清华大学的学生介绍他的经历，他说，他在初中时因为学习成绩不好，爸爸让他辍学，老师去做家长的工作，说："这娃喜欢画画，让他上学吧，将来可能会有出息。"爸爸答应了，后来他考上了清华大学的美术学院。这就是很典型的成功的例子。所以，为每个学生提供适合的教育体现了以人为本，人尽其才的思想。

为每个学生提供适合的教育是现代社会多元化人才结构的要求。古代社会的人才结构是二元对立的，要不是人上人，要不就是人下人。而现代社会的人才结构是多元的，现代社会需要多种多样的人才。什么人是人才？我认为，只要有社会责任感，勤奋努力，为社会做出一定贡献的就是人才。最近报道，香港大学给一位勤奋工作几十年的清洁工颁发荣誉博士学位。这是尊重人才的典型。天才是人才中的精英，极少数人才能达到。就像《规划纲要》中所写的，现代社会需要数以亿计的高素质劳动者、数以千万计的专门人才、一大批拔尖创新人才。

怎样才能做到为每个学生提供适合的教育？就要更新人才培养观念，创新人才培养模式，改进教学方法。

要更新人才培养观念。《规划纲要》中指出，要树立人人成才观念，面向全体学生，促进学生成长成才。树立多样人才观念，尊重个人选择，鼓励个性发展，不拘一格培养人才。教师和家长都要尊重学生，相信学生，理解学生。相信每个学生都有潜在的发展能力，人人都能成才。

教师要面向全体学生，研究学生，了解每个学生的特点和特长，因材施教，扬长避短，充分发挥学生的优势。有一年我参观法国巴黎郊区一所学校，发现上课时有一名学生不在教室里上课，而是在图书室里看书，校长见我很诧异，告诉我说，这名学生认为对课上的内容都理解了，向老师请求不上这节课，自己来学习，老师允许了。又看见个别的学生在做钣金工，校长告诉我说，这些孩子智力有障碍，为了他们能走向社会，学校为他们提供一些技能课。我想这就是因材施教，给每个学生提供适合的教育。

教师要注意培养学生的兴趣和爱好。没有兴趣就没有学习。从幼儿开始要保护儿童的好奇心，逐渐培养学生的兴趣和爱好，到中学阶段逐渐形成自己的志向。著名教育家苏霍姆林斯基说过，如果孩子到了十二三岁还没有自己的兴趣爱好的话，做老师的就要为他担忧，担心他将来成为一个对什么都不感兴趣、平平庸庸的人。而我国当前却缺乏这种教育思想，高中毕业报考大学时往往没有自己的志愿，只凭分数报志愿。这难道不值得我们担忧吗？

要改革人才培养模式，要以人为本，尊重学生的选择，为学生选择提供条件。为此，课程要改革，要减少必修课，增加选修课。我主张必修课要降低难度，让所有学生都能学懂学会，这样有余力的学生就可以选学他喜爱的学科，有的学生甚至可以跳级，提前毕业，有的可以到大学选学一些课程，这样才能涌现出各种杰出创新人才。

要改进教育教学方法，树立以学生为主体的思想，在教学过程中充分发挥学生的主体性、主动性、积极性。教学摒弃注入式，采用启发式，吸引学生积极参与教学。要减轻学生课业负担，把时间还给学生，使他们有时间思考，有时间实践，有时间锻炼身体，有时间参加自己喜爱的科技或文艺活动。这样我们的教育才生动活泼，我们的学生才能享受到教育的幸福。

"爱心"如何释放*

——给家长们的几点建议

教育是建设和谐社会的基石，关系到儿童的健康成长，也关系到每个家庭的幸福。因此，教育始终是社会关注的热点。当前教育竞争激烈，学生学业负担过重，忽视儿童良好品德行为的养成，损害儿童的身心健康发展，引起社会各界的严重关切。教育的激烈竞争，反映了社会的矛盾和竞争，同时也受到陈旧的教育观念的干扰。我们要正视现实，既要认识到现实社会的矛盾，又要认识到儿童成长的规律，争取每一个儿童都能健康成长，都能在社会上获得成功。

首先，要认识现代社会人才的多样性。现代社会是一个人才多元结构的社会，区别于旧社会的二元结构。什么是人才？热爱祖国，爱岗敬业，诚信负责，为社会做出一定贡献的就是人才。人才具有多样性、层次性，正如胡锦涛在全国教育工作会议上的讲话中指出的："我们要通过大力发展教育事业，努力培养造就数以亿计的高素质劳动者、数以千万计的专门人才和一大批拔尖创新人才。"当今社会，科学技术迅猛

---

* 写于2011年11月18日，在国务院参事室、中国教育学会、《光明日报》、中国教育电视台联合举办的"为孩子健康快乐成长"论坛上的发言，发表于《光明日报》2012年1月4日，有删节。

发展，经济社会不断变革，社会需要多种多样的人才，都需要各级各类学校来培养，并不是只有几所一流大学才能出人才。教育不能用一个规格、一种模式来培养人才，而是要提供多种规格和模式培养社会所需要的各种人才。

其次，要认识儿童天赋的差异性。这在心理学界已有共识。普通的孩子智商在100左右，但有些孩子的智商可以达到120，甚至130。我们应该承认有特别聪明的孩子，但这是极少数。另外，多元智能理论也给我们提供另一种认识，就是每个人都具有多种智能，但每个人的智能结构是不一样的。有的孩子语言智能比较强，有的孩子数理逻辑智能比较强，有的孩子运动智能比较强。单从思维来讲，就有形象思维和逻辑思维之分。而且思维的品质也会有许多不同。思维的品质包括思维的逻辑性、敏捷性、深刻性、开阔性。有的孩子思维很敏捷，反应很快，但不深刻；有的孩子思维比较缓慢，但能深思熟虑；还有些孩子喜欢钻牛角尖。至于非智力因素，如一个人的性格、气质，更是千差万别。因此，教育要遵循儿童发展的规律，照顾到不同儿童的差异，因材施教。

当前，不少家长在认识上存在一些误区。

认识的误区之一是，所谓"不能输在起跑线上"。过早地、不加区分地给学生增加学习的负担，施加学习压力。家长都希望自己的子女成龙成凤的思想是可以理解的，尤其是现在大多是独生子女，希望他们受到更多更好的教育，完全是合理的。但是"不能输在起跑线上"的说法是不符合儿童成长规律的，也不符合教育规律。儿童成长有一定的阶段性。超越儿童发展的阶段性，不仅不能促进儿童的成长，反而会损害他的成长。我国古时候就懂得这个道理，即不能"揠苗助长"。同时儿童生来是有差异的，用一种模式去塑造他，必然会抑杀他的特长，所以古代就强调"因材施教"。古代的教育著作《学记》中就讲道："使人不由其诚，教人不尽其材。其施之也悖，其求之也佛。"就是说教师要了解学生的学习情况，了解他们的优势和劣势，根据不同的情况指导他们的学习，否则就不会成功。《学记》又说："学者有四失，教者必知之。人之学也，或失则多，或失则寡，或失则易，或失则止。"就是说，教师要了解学生学习有四种失误：或者贪多，或者不求进取，或者学得太少，把学习看得太容易，或者遇到困难即停止。这里都是对教师说的，但也是对家长说的。家长要了解孩子的情况，顺其天性，因材施教。

要知道，每个儿童的起跑线是不同的。刘翔和姚明的起跑线能一样吗？跳高的起跑线和长跑的起跑线能一样吗？都是运动员尚且如此，不同的专业的起跑线更是不同。现在许多父母不管儿童发展的阶段性，不考虑儿童的差异，盲目地给儿童加重学习负担和压力，不仅不能让儿童健康地成长，而且会抑制他的特长，甚至会影响他的正常发展。报纸上报道了一个案例："小倩原本成绩平平，父母为了让小倩能上重点初中，从小倩四年级开始着手准备，为了及早'占坑'，孩子休闲活动时间几乎被奥数、英语以及各类补习班占满了。经过了无数次'选拔'，加上爸爸托朋友、找关系，并花了一笔不菲的赞助费，小倩终于进入了某重点中学的实验班。但孩子初中生活的艰难，却让小倩的父母始料不及。进入重点中学实验班的学生大都是各小学的'尖子生'，小倩时时都能感受到来自同学的压力。此外，重点中学课程进行得特别快，小倩跟不上课堂节奏，常常听不懂。每月一次的'月考'更是令小倩丢尽了面子，无论小倩自己怎么努力，排名永远处在倒数前几名的位置。初二时，小倩彻底对自己失去了信心。每天一睁眼心情就不好，晚上睡不着，经常做噩梦，最后连学都上不了了。父母实在没办法，想让孩子转学，但小倩又不同意，说'那多没面子，好像是被学校淘汰的'。小倩的父母左右为难，悔之晚矣。"（摘自《中国教育报》）这个例子充分说明，如果不考虑孩子的具体情况，盲目跟风，后果不堪设想。

认识的误区之二是，只重视孩子知识的增长，忽视人格的培养。现在幼儿园小学化的倾向十分严重，许多家长都要求幼儿园教识字、教数学，不注意儿童行为习惯和人格品德的养成。其实幼儿时期儿童的可塑性最大，从小培养他们良好的行为习惯和人格品德可以受用一辈子。我有一个学生，生了孩子不久就去日本进修了，过了一年半回来，发现自己的孩子很内向，很胆怯，不自信。让孩子自己做什么，就说"奶奶不让干"。她说，她用了九牛二虎之力，纠正孩子的习惯，培养她开朗自信的性格，但至今已小学四年级，还觉得没有十分理想，因此她很后悔生了孩子就出国。可见性格的培养在幼儿时期很重要。

基础教育对于儿童身心健康发展是重中之重，除了学好最基础的知识，主要是要培养他们对学习的兴趣、创造学习的能力、克服困难的毅力、开朗的性格。有了这些品质，他们的学习和将来的事业就会成功。现在大家都关注苹果电脑之父乔布斯的事迹，乔布斯也好，比尔·盖茨也好，用我们现在这种学习成绩的标准来衡量，他们都不是好学生，但他们做出了改变世界的事业。

认识的误区之三是，认为学习越多越好，练习越多越好，因此买许多课外辅导材料，上各种补习班，恨不得把天下所有题目都做过，把孩子的所有时间都占领了。其实，学习是有规律的，有方法的。关键是要教会学生学习，能够理解学习的基本概念，掌握学习的基本方法，就能举一反三。那种死记硬背、机械练习，不仅会抹杀儿童的学习兴趣，而且会抑制他的创造能力。所以我们提出首先要培养孩子的学习兴趣，学思结合，要留给孩子思考的时间。孔子说"学而不思则罔"，就是这个意思。

认识的误区之四是，认为高学历就是人才。因此家长很早就给孩子预设进名牌学校，考高分，拿高学历。其实当今社会，科学技术日新月异，社会变革日益激烈，只有学历没有能力的人很难适应今天社会的变化。社会的发展趋势必然会从"学历社会"转向"能力社会"。现在社会中许多企业招聘人员时都看重人员的综合素质和各种能力，包括办事能力、组织能力、人际交往能力、创新能力。尤其是一些高新技术领域，还需要很强的动手能力。现在我国高等教育扩招后取得高学历文凭并不难，难在有没有真本事，有没有发展的潜能。

认识的误区之五是，对学生越严厉越好。最近大家都在议论"虎妈""狼爸"，似乎他们都是用严厉的方法把孩子送进了名牌大学。我无意评论他们的教育方法。因为，进入名牌大学并非最终的结果，他们的人格特征还无法判断，人生还要靠他们自己去设计、去发展，父母是无法包办到底的。现在还难以判断他们的教育是否成功。我们有些父母常常引用我国传统的老话"不打不成器""棒子底下出孝子"等。但是现在时代不同了。这是封建社会说的话，现在是民主时代。棒子底下只能培养奴才，不能培养人才。社会学家马斯洛说，人有五种需要：生理的需要、安全的需要、社会的需要、尊重的需要、自我实现的需要。儿童也有这些需要。如果儿童合理的需要得不到满足，他就会郁闷，就会自暴自弃，或者心理受到扭曲，反过来用暴力对待父母。社会上出现暴力现象，都是因为孩子觉得生活没有意义而发生的。

所以，我建议，家长要充分了解孩子，了解孩子的需要、了解孩子的想法、了解孩子的特点，并在充分了解的基础上因势利导，顺其天性，因材施教。对孩子既不溺爱，也不苛求。要了解孩子就要善于倾听，经常沟通，互相理解，互相尊重。从小培养孩子良好的习惯，培养他自主、自信、自立、自强的精神；引导他读书、学习，对事物的兴趣和爱好；锻炼他勇于面对困难、克服困难的精神和毅力。有了这些习惯与品质，他就能自由地发展，将来自然会有幸福的人生。

上好每一节课，教好每一个学生[*]

推进素质教育，减轻学生负担，提高教育质量，培养创新人才是当前教育改革的核心和目标。要达到这个目标，首先要落实到学校的课堂上，因为教学工作是学校的中心工作，上课（这里指的是广义的上课，不一定在教室里）是教学工作的主要活动，学生在学校学习的主要活动是在课堂上。因此，对每一个教师来讲，就是要上好每一节课，教好每一个学生。如果教师在课堂上能够把每一个学生教懂教会，课后就可以少留作业，就会减轻学生的课业负担，学生就会有时间思考问题，有时间参加社会活动，有时间参加自己喜爱的科技文体活动，就能提高学生的全面素质。

要上好每一节课，教好每一个学生，教师就要有高度的责任心，认真备课，设计教学，全身心地投入到教学上。有部分教师认为"上好课"就是"讲好课"，这是一种误解。在实施新课程标准背景下，"上好课"的含义不仅是勤恳、敬业地给学生传授知识，更主要的是让学生在课堂上通过自主合作探究学习获取知识，提升能力，丰富情感，完善人格，促进全面发展。最近还听到有些家长反映，有些老师不认真上课，而让学生课后上补习班，以便收取报酬。这虽然是极个别的现象，但这

———————————

* 写于2011年2月28日，原载《中国教育学刊》2011年第4期。

反映了严重的师德问题，值得学校领导重视。

要上好每一节课，教好每一个学生，最关键的是教师要转变传统教学观念，构建符合素质教育思想的新教学理念。教师就要认真钻研教材，摸透教材的重点和难点，有计划有步骤地引导每一个学生理解教材，掌握课程标准要求的知识、技能，发展能力，丰富情感。

要上好每一节课，教好每一个学生，教师更要研究学生，掌握学生认知的规律。要了解每一个学生的特点，给每一个学生提供最适合的指导和帮助。要特别关注学习比较困难的学生，帮助他们克服困难，树立学习的信心。这就要求教师树立人人成才的教育观，不放弃任何一个学生。明确教学不是为少数学生的成长服务，而是面向全体学生，通过教师的科学指导和服务，让每一个学生主动发展，从而促进全体学生的全面发展。

要上好每一节课，教好每一个学生，教师要认真研究有效的教学方式和方法，改变旧的灌输式的教学方法，采用启发式，注重学思结合、知行统一，用最少的时间、最少的精力达到最优的教学效果。要树立学生是学习主体的教育观，充分发挥学生的主体性、主动性、积极性，培养学生的学习兴趣。没有兴趣就没有学习，兴趣是学生学习的最重要的内在动力。教师要善于发现学生的优点和特点，点燃他们的求知欲望和建立学习兴趣。

要上好每一节课，教好每一个学生，教师要用真诚的爱心来呵护每一个学生，改善师生关系。要建立民主平等和谐的师生关系。良好的师生关系是最大的教育力量。研究证实，学生对某门课程的学习兴趣和成绩好坏与师生关系成正相关。不友好的师生关系使教师和学生的距离越拉越远，容易导致学习表现差的学生产生恐惧、厌烦、抑郁的心情。只有建立良好的民主平等和谐的"伙伴式"关系，才能使学生感到教师亲切，有亲和力，从而增进师生友谊，有利于上好每一节课。教师不仅要用自己的知识和智慧影响学生，还要用自己的人格魅力影响学生。

要上好每一节课，教好每一个学生，就要求教师不断学习和反思，重视自我成长。对于教师来说，上好一节课，或许比较容易，但是要做到长期上好每一节课，恐怕就比较难。要做到这一点，就必须重视自身的专业成长，不断提升自身素质和业务水平，形成自己的教学风格。

要上好每一节课，教好每一个学生，学校应该把上好课作为工作的中心，上好课是推进素质教育的主渠道。校长要把主要精力放在领导和组织教师上好每一节课上。校长要走出会议室，走进课堂，深入教师，深入学生，了解教师和学生的需要，帮助他们解决困难，为上好每一节课提供最好的服务。

每颗种子里都有自己的设计图[*]

——记大田尧先生的讲演

前几天参加清华大学举办的素质教育论坛，主要听92岁高龄的日本教育学会前会长大田尧先生的演讲。大田尧先生一开头就讲了一个故事。他说，他在农村有一位朋友，给他剖开一个苹果，苹果核中有苹果的种子。这位朋友指着种子说，每颗种子里都有自己的设计图，他的工作是培土、施肥、浇水，使这个设计图按照设计发展成一个优质的苹果。这位朋友还说，他只施有机肥料，从不施无机肥料，完全让种子自由发芽、成长，这样的苹果才又香又甜。如果施加无机化肥，那样生长出来的苹果，就不是原来种子中设计的苹果。大田尧先生举了这个例子就说，这就是素质教育吧。他批评现在的教育完全是用成人的意志去要求孩子、同化孩子，就像给苹果施无机肥料，催它生长一样，抑杀了孩子本有的天性。他竭力抨击现在教育的功利性，忽视学生的人性。他呼吁要改变"无机化"的教育，改成"有机化"的教育，使儿童的天性得到充分自由的发展。

大田尧先生这个例子精辟极了。我们现在教育可不就是在给孩子施加有害的"无机化肥"嘛！一大堆无用的知识、僵化的培养模式、填鸭

---

* 写于2010年3月22日，原载《人民教育》2010年第9期。

式的学习方式、枯燥机械的练习、没完没了的各种补习班，把孩子压得透不过气来。特别是那种无聊的补习班就像一桶一桶的化肥往幼苗上浇灌。父母还以为能够催肥庄稼幼苗，其实是在摧残幼苗。每一个庄稼人都知道，肥料浇多了是要烧死庄稼的，但我们许多父母却不知道这个亘古不变的道理。

大田尧先生还讲到，人们只知道人的身体的生理是靠新陈代谢来发育成长、维持生命的，而不知道大脑的智力发展也是靠新陈代谢的。我们的教育就是要促进儿童智力的新陈代谢，不断获取新的知识，淘汰旧的知识，促进智力的发展。这个观点也很有创意，值得教育工作者深入研究思考。

大田尧先生讲，给孩子施有机肥料，就是要把真实的事实告诉孩子。他说他坚持反对日本教科书的审查制度（他们把日本侵略中国写成是"进入"中国），就是要让孩子了解事实的真相，这样才能真正发展孩子的天性，使中日世代友好下去。他说过去殖民主义，包括日本侵略中国和朝鲜，都是想用日本民族去同化别的民族。现在我们的教育想用成人的意志去同化孩子，都是不对的，违背天理的。

大田尧先生从微观的苹果生长说起，说到宏观的民族关系，来阐明教育的本真是促进人的天性的发展，教育要追求和谐，追求和平。

大田尧先生是中国的老朋友，最早和中国教育学会交流。1984年曾邀请我和张承先老会长访日。他毕生献给教育事业和中日友好。他访问中国已十多次。2006年88岁访问中国时，因年事已高，说可能是最后一次了。但回去以后，念念不忘中国，他说，他很想念中国。今年他毅然决心把他的生日（3月22日）搬到中国来过。在这短短的三天时间内，他做了精彩的讲演，同时还要约青年学生座谈。他说要把中日友好的种子让青年们传下去。

我们钦佩他的精神，欣赏他的智慧，我们要向他学习，同时祝愿他健康长寿！

把学习的选择权还给学生[*]

　　《国家中长期教育改革和发展规划纲要（2010—2020年）》（以下简称《规划纲要》）中指出："教育是民族振兴、社会进步的基石""强国必先强教"。教育一方面是人的全面发展的根本途径；另一方面又是提高人力资源，增强综合国力的主要途径。在科学技术迅猛发展，国际竞争日益激烈的今天，各国都把发展教育放在极其重要的位置。美国总统奥巴马在国会发表2011年国情咨文中用了很长的篇幅谈教育问题，而且4次提到中国。他说："中国和印度等国已意识到，它们在作一些变革后将能够在新世界里与其他国家进行竞争。所以，它们开始对孩子进行更早和更长时间的教育，更加重视数学和科学。它们投资于研发核心技术。"[①]我国教育自改革开放以来有了很大的发展，取得很大成绩。但是教育至今仍然是大众议论的热点，大众对教育现状并不满意。原因当然是多方面的，有的不在教育的内部，而在教育的外部，但教育内部也不是没有问题。

　　当前教育中一大弊端是学生"被教育"或"被学习"，使学生的潜能不能得到充分的发挥，也剥夺了学生自我发展的权利。《规划纲要》

---

* 　2011年6月6日，在清华大学百年校庆"基础教育论坛"上的发言。

① 　转摘自高靓：《要想赢得未来，必须赢得教育竞赛》，载《中国教育报》，2011-04-05（07）。

中提到"坚持以人为本，全面实施素质教育是教育改革发展的战略主题"。以人为本，对于学生来说，就是以学生为本，以学生的发展为本。因此，只有尊重学生的选择权，发挥学生学习的主体性和主动性，学生的潜能才能得到充分的发挥。

尊重学生的选择权，并不排斥教师的主导作用。教师是学习环境的设计者，学生学习的指导者、帮助者和学习伙伴。教师根据学生的特点和需要设计各种学习环境，并且帮助学生进行选择。

当然，学生的选择的意愿是随着年龄的增长而不断增强的。当他还在年幼时期，他不可能有自主的选择意识。但是教师要有意识地培养学生的选择意识。这就是根据学生的个性特点培养他们对学习的兴趣和爱好。我们常常讲"兴趣是学习最强的动力"，或者说"兴趣是最好的老师"。一个学生如果没有兴趣和爱好，也就没有选择。历史上许多科学家、艺术家、政治家、军事家，除了一定的历史环境促成他们成功以外，从他们自身的因素来讲，往往出于他们对某种专业的兴趣和爱好，对学习的选择和坚持。

举一个历史上最典型的例子。德国化学家李比希，1803年生于德国一个药剂师的家庭。李比希因为从小帮助父亲制造颜料、染料、化学药品而爱上了化学实验。有一次父亲要试制一种新药，让李比希到图书馆去查阅。李比希第一次看到书的海洋，他被吸引住了。他翻阅一本本化学书，才知道原来化学是一门非常丰富的科学，从此，他终身爱上了化学。有一次，他把实验带到学校，上课时突然轰隆一声爆炸。老师勃然大怒，把他从学校开除了。他只好到父亲的朋友皮尔斯先生的药房里去当学徒。但他仍不放弃化学实验，有一次实验爆炸把老板的房顶给掀掉了。皮尔斯先生不敢再雇用这个小学徒了。直到李比希17岁考上波恩大学，后来又转到巴黎，逐渐步入了化学的殿堂，进行雷酸性质和成分的研究。他在化学上有许多重大成就。后来他又研究各种无机盐对植物生长的影响，就有了今天的化肥，使农作物产量倍增。他被世人称作是农业化学的开山鼻祖。[①]

从小培养学生学习的兴趣，随着年龄的增长，他就会根据自己的兴趣爱好对学习进行选择。为什么我们要提倡高中阶段办学的多样性？就是创造条件和环境让学生自己选择。过去我国教育就像计划经济一样，全国一套教学计划、一套教学大纲、一套教科书，学校、教师、学生都没有选择的余地。今天新课改的精神，除了强调培养目标中德育为先、能力为重、全面发展外，就是要破除这个大一统，以学生为本，给学生选择的空间，使学生个性特长得到充分的发展。

尤其在高中阶段，要提倡办学的多样化，把选择权还给学生。随着高中教育的普及，更多的适龄青年进入高中学习，学生发展的差异需求越来越明显。因此实施多样化教育，把选择权交给学生，发展学生的个性和特长是对高中教育的基本要求。为了学生有自主选择权，学校就要创造选择的条件。我想有几种方式：

第一，减少必修课，增加选修课。这一条许多有条件的学校都做到了，有些学校设有几百门选修课供学生选择。有的学校甚至只要学生提出要求，就设法开设课程。我觉得这还不够。必修课也可以设立不同的层次。例如，美国有的学校高中数学就设有三个层次：普通数学、高级数学、快速学习数学，供不同程度的学生选择。普通数学是最低要求，每个学生都必修；对数学有兴趣的可以选学高级数学；有些学生数学成绩很好，但不一定喜欢数学或者不一定将来学数学，可以用较短的时间把高中必修的数学学完，腾出时间学习其他学科。我国有些学校进行分层教学，走班学习，也是提供学生选择的好办法。

---

① 摘编自李辉、钱伟刚、卓勇等：《兴趣是最好的老师》，北京，商务印书馆，2009。

第二，要转变人才培养模型，提倡探究性学习，学生可以在教师指导下，对课程标准规定的学习内容开展探究，培养学生发现问题、提出问题、分析问题、解决问题的能力。这种探究的方法，也是学生的自我选择的过程。我这里举一个例子，一位美国华裔学生写了一本书叫《我在美国读高中》，他讲了几门课的学习情况。例如，九年级的历史课，讲1898—1945年的世界史。老师布置"历史文体组合"的作业，包含9个内容：列出历史事件表、对历史人物做专访、给历史人物做讣告、写历史人物的颂文、写一部历史电影评论、写一部历史书的书评、写一幅历史画的画评、假如历史可以假设、献辞。作业封面要求：一是采用表现美国历史的艺术形式；二是镶有历史名人的名言。两个月完成。这个孩子选择的作业中历史事件是第二次世界大战时的东方战场，历史人物专访是陈纳德，对历史人物的颂文是宋庆龄等。这一门课的作业充分体现出学生的选择，对学习内容的选择，同时培养了学生查阅资料、采集信息、探究等学习方法，而不是死记历史知识。这样获取的知识，他不仅能深刻理解，而且也是最牢固的。

第三，高等学校应该参与到高中人才培养方面上来。人才培养是一项系统工程，《规划纲要》中说要树立系统培养的观念，这很有道理。兴趣爱好从小就要培养，到高中阶段就不只是培养兴趣了，还要巩固他们的兴趣，培养专业志向，培养他们坚持志向的毅力和不怕困难的精神。同时为了提前让他们进入某一门学科领域，高等学校的介入是非常重要的。美国在1975年开始在中学开设大学先修课程，是在中学里及早发现人才、培养人才的一个非常好的办法。这种办法既有利于及早发现人才，又能及早让中学生接触大学的学习方法。

大学教师要关心中学的教学，最好能联系一些中学，经常到中学走走，开开讲座。不仅能了解中学生的情况，包括思想、学习、家庭等情况；还可以把大学的情况介绍给中学生，让他们及早了解大学生的生活学习状况，将来进入大学以后就能较快地适应大学生活。

对于人才培养的方式，现在议论很多。其中一个问题是要不要提前培养超常儿童？有人赞成，认为可以早出人才；有人反对，认为儿童生下来差别是很小的，设置超常班有失公平。我个人的意见是，儿童的智力是有差异的，特别是智力的结构会有差异。有的学生逻辑思维比较强，有的学生形象思维比较好，有的动手能力比较强，教育应该为不同的儿童提供最适合的学习条件和环境，这就是我经常说的，为每个学生提供适合的教育就是最好的教育，最公平的教育。要做到这一点，就要观察、研究每一个学生，发现他的特点和特长，因材施教。但是儿童幼年时期的智力确实是差别不大的，智力超常的是极少数，因此不宜过早地确定谁是超常儿童，不要人为地把儿童分成三六九等。应该在义务教育阶段学习过程中发现智力在某一方面超常的儿童，提供条件，逐渐培养，到了高中阶段在提供学生多种选择中使他们的才能脱颖而出。可以设置一些超常班，但不宜过早，也不宜过多。并非只有超常班才能培养天才，普通班中只要把选择权还给学生，同样能够涌现出天才。

最近还有一个热点问题是"虎妈"引起的东西方教育思想、教育方法之争。有人宣扬中国式的传统教育优于西方教育。我想，这是一种误导。我们且不说"虎妈"提倡的教育方式是否可取。如果仔细读读"虎妈"写的那本书，你就会发现，"虎妈"的教育并非只是中国的传统教育方式，虽然她确实写到中国的文化传统与西方文化传统有许多不同，但她整个教育过程中渗透着美国方式，她女儿的音乐老师都是西方人，并非是中国人，更何况她的教育是在美国那样的大环境中进行的。其实东西方教育各有优缺点，应该互相学习，互相补充。中国主张严格要求，打好基础；西方强调学生自由发展，创造思维。打好基础、创造思维两者在教育中都是不可或缺的，两者结合起来，一定能创造出高质量的教育。我国现在的教育已经陷入死记硬背、机械训练的泥坑，再不要盲目地自满了。有人说我们学习西方的教育理念太多了，今天该反思了。其实真经并未学到，反思也只是浅薄的。我想还是要把人家的真经学透了，才能真正地反思，才能真正地本土化。

给每个学生提供适合的教育，把选择权还给学生，是我国教育摆脱困境的出路。

为快乐教育的实验叫好

——北京第一师范附属小学《小学快乐教育的学习方式研究》序

　　记得还是20年前，当时国家教委初等教育司陈德珍司长拿着北京第一师范附属小学开展快乐教育的实验材料，问我他们这种实验能否肯定。我说，任何教育实验都应该支持，快乐教育的实验更有意义。因为小孩子学习得不快乐，不乐于学习怎么能学得好？因此提倡快乐教育是积极的。当时全国7所小学有类似的实验研究，有的叫愉快教育。陈德珍司长把这7所学校召集起来，开了一次研讨会。这7所小学成立了协作组，每年轮流坐庄开了多次研讨会。大多数会议我都参加了，在会上发了言，写了文章，支持他们的实验研究。

　　但是对快乐教育的提法不是人人都赞成的，当时反对的意见非常强烈，特别是来自重点中学的校长和教师，反对得尤为激烈。他们认为，学习要讲刻苦，怎么能讲快乐。似乎讲快乐教育就是松松垮垮，导致质量下降。直到前不久还有人在大会上讲："我反对愉快教育！"我想，主要是因为他们并不了解快乐教育的实质，把快乐和刻苦对立起来。所以在20年以前，当快乐教育刚提出的时候，我就提出要在理论上说清楚，快乐教育的实质是什么，开展这项实验研究的宗旨是什么。关于这个问题我写过两篇文章，一篇名《"愉快教育"值得提倡》，发表在《上海教育》小学版1990年第10期上；另一篇名《"快乐教育"的实质是使学生在德智体诸方面生动活泼主动地发展》，发表在《北京教育》1992年第1、2期合刊上。文章的标题就把愉快教育的实质点出来了。

回顾20多年以前，片面追求升学率的情况已经出现。记得老教育家叶圣陶先生就曾经发表文章呼吁改变"万马奔腾独木桥"的现象。学生负担沉重，升学压力很大，缺乏幸福的童年。社会上流传着沉重的笑话，孩子问奶奶："我什么时候退休啊？"就是在这种情况下，全国学校出现了许多实验，有叫快乐教育的，有叫愉快教育的，有叫成功教育的，有叫和谐教育的。他们都有一个共同的愿望，试图改变当时教育的现状，使学生能够像早年毛泽东主席讲的生动活泼主动地发展。这样的教育理念和指导思想我们能够反对吗？只能支持和引导，使教育实验健康地发展。素质教育也是在这个背景下提出来的。当时的教育状况至今不仅没有改变，而且愈演愈烈。因此今天快乐教育仍有提倡的必要。

这里还有几个问题需要进一步重复说明：

快乐教育是一种教育理念，而非一种教育模式。快乐教育的教育学、心理学理论基础是，学生的兴趣是学习的动力。我常常讲："没有爱就没有教育，没有兴趣就没有学习。"这应该成为每一个教师的教育信条。不爱学生，何必当老师？不爱学生，学生怎么能爱老师？爱学生就要理解学生，相信学生，和学生沟通，建立起平等、民主、和谐的师生关系，也就是建立一个快乐的、舒心的教育氛围。只有在这样的环境中学生才能快乐地学习。现在教育的实际状况并不是这样。我常常听到学生抱怨老师，说老师常常训斥他们，不尊重他们。许多家长也反映，老师常常在家长会上教训家长。前几天，一位重点中学的学生对我说，他们初中一个年级分成三个班，因为不让明目张胆地分快慢班或重点非重点班，因而三个班的顺序包含着学生水平的高低。因此，老师常常在班上训斥学生，讽刺学生："像你这样的学生怎么能进我们这一班！"大家想一想，学生在老师这种态度下能快乐地、舒畅地学习吗？爱学生是和引起学生的学习兴趣联系在一起的。教育实践中常常有这样的现象，因为对老师的崇拜而喜欢老师教的学科，也有反过来的，因为喜欢老师教的学科，老师有较高的教学艺术，学生就崇拜这位老师。不论什么情况，需要有两个条件，才能引起学生的学习兴趣：一是老师的课教得好，二是老师让学生觉得有亲和感。这也是快乐教育的两个必要条件。因此，开展快乐教育，教师首先要树立正确的教育观、学生观、师生观；其次是要改进教育方法，提高教学艺术，引起学生学习兴趣。

关于快乐学习与刻苦学习的关系问题，我认为这两者不仅不矛盾，而且是互相促进的。从心理学的理论来讲，快乐和刻苦属于两种不同的心理品质，快乐是属于情感的心理品质，刻苦是属于意志的心理品质，两者没有对立矛盾的意思。刻苦的动力有多种，如有高远的理想，"志存高远"，力争做一番事业；如为了反抗压迫，身处逆境的一些伟人，靠意志的支撑，刻苦钻研，取得伟业；如为了克服某种困难，像登山运动员，在艰难的环境中攀登高峰；但也有因为兴趣、爱好而刻苦钻研。对于小学生来讲，还谈不上高远的志向、克服困难的毅力。当然这种志向和毅力都需要从小培养，但更多的还是要从培养兴趣入手，使学生感受到学习的乐趣，然后才能使他们刻苦地学习。孔子就说过："知之者不如好之者，好之者不如乐之者。"连古人都有这种思想，我们现代教育更要有这种观念。因此，把快乐教育理解为松松垮垮，不严格要求，是没有道理的。相反，快乐地学习会引导学生学习兴趣，促进学生自觉地、主动地刻苦学习。这种自觉地、主动地刻苦学习的效率恐怕要比强迫地、被动地"刻苦"学习高得多。

因此，快乐教育中学生的"自主性""主动性"就是最主要的关键词。这就要说到北京第一师范附属小学的快乐教育实验了。他们是最早开始实验的，将近20年没有间断过，而且每一个阶段都有创新和进展。"十五"教育规划时期，他们承担了北京市的教育科学研究课题"小学快乐教育的学习方法研究"。这就抓住了快乐教育的关键：学生学习方式。快乐教育的目的就是要让学生生动活泼主动地学习，也就是快乐地学习。要让学生快乐学习，就要研究快乐学习的方式。把教师的教转到学生的学的研究上，这是一大进步，是对快乐教育实验的深化。他们的实验取得了很大成功。不久前开了结题专家鉴定会。专家们给予了很好的评价。专家鉴定充分肯定了实验的意义，认为它结合了中国教育的实际，体现了新课程改革的理念，促进了学生的全面发展，促进了教师专业水平和业务能力的提高。北京一师附小的教师们把他们的经验汇编成册，有理论有实际，有各科教师的经验体会，有课堂案例分析，有学生的学习作品，内容丰富多彩。这是对教师教育的一次大检阅，也是教师的一次大提高。这是教师成长的最好方式。同时，他们的经验也一定会给广大教师以启发。

让学生在学习中得到快乐*

今年是开展愉快教育实验20周年。首先要祝贺20年来各校开展愉快教育实验所取得的巨大成绩，祝贺这次研讨会取得圆满成功。

应该说，我是最早接触愉快教育的人之一。记得1989年时国家教委初等教育司司长陈德珍送给我几份材料，有北京一师附小的、上海一师附小的，有的叫愉快教育，有的叫快乐教育，他要我提意见，能不能认可和提倡。我看了这些材料，感到学生学得主动，学得快乐，学生的学习兴趣提高了，学习的积极性、主动性提高了，学生的学业负担也减轻了。我觉得这样的实验很好，符合教育方针的要求。当时素质教育还没有今天那样叫得那么响，虽然柳斌在1987年就提出素质教育的概念，但我觉得是符合素质教育要求的。于是陈德珍就在原国家教委召开了一次愉快教育的座谈会，请开展此项实验的七所小学来介绍他们的实验。这次座谈会我也参加了，并且发了言，支持这项实验，认为，这种实验的开展不是偶然的，是许多学校和老师认识到当时小学教育中的死读书，读死书，脱离学生生活，脱离社会实际的弊端，而寻求的新出路。这种实验值得提倡，这种精神尤其值得鼓励。不久我们就在北京一师附小开了愉快教育研讨会，是不是第一届，我记不清了，以后七所学校还轮流

---

* 在愉快教育开展20周年纪念会上的发言，写于2009年4月26日。

开了研讨会，明确了实验的方向，提升了实验的理解，出版了专集。

此后，许多学者，还有几所名牌中学校长就向我质疑，好心的朋友劝我，别去讲什么愉快教育了，学习本来就是刻苦的事，不刻苦焉能成才？乍一听很有道理，历史上的名人、科学家、大师泰斗，哪一个不是刻苦学习出来的？古人说："少壮不努力，老大徒伤悲。"我们小时候，老师也常常用囊萤映雪、悬梁刺股等故事来激励我们刻苦读书。但是仔细想一想，刻苦学习并不见得不愉快！我觉得愉快和刻苦是两种不同的心理品质，它们并不矛盾。愉快地学习，对学习产生了兴趣，就能够刻苦地学习；刻苦学习的结果是取得学习成功，学生从成功中得到满足，产生了愉快。愉快和刻苦互相促进，循环往复，伴随着儿童的成长。因此我在1989年连续写了两篇文章，叫《我赞成"愉快教育"》和《愉快教育和刻苦学习》。这两篇文章至今也有20周年了。从这些争论可以看到，解放思想之难。

我一直认为，愉快教育是一种教育理念，不是一种固定的教育模式，更不是教育的目的。愉快教育的实质是贯彻教育方针，实施素质教育，使学生生动活泼主动地发展。

当前我国教育处在一个新的起点上。正如温家宝在科教领导小组会上发言说的："教学不光是课程的改革，应该是整个教学的改革……在教学中我们比较注重认知，认知是教学的一部分，就是学习。在认知方法上我们还有缺陷，主要是灌输。其实，认知应该是启发，教学生学会如何学习，掌握认知的手段，而不仅在知识本身。"又说："要围绕加强素质教育、多出人才，转变教育观念，深化教育改革。要认真思考我们为什么培养不出更多的杰出人才？"所以转变教育观念很重要，新的课改首先需要改变教育观念，同时改革人才培养方式。愉快教育的实验就是一次教育观念的转变，培养方式的改革。我经常讲这句话，就是"没有爱就没有教育，没有兴趣就没有学习"。有兴趣就会愉快，就不怕吃苦。孔子讲：知之者不如好之者，好之者不如乐之者。说明乐于学习，才能学得好，学好了得到学习的成功，就获得成功的喜悦。

很多年没有到这几所学校去了，但我知道他们的实验不仅取得了巨大的成功，而且产生了许多新经验，实验也越来越扩大，在全国得到推广。由于我最近很少接触这个问题，同时没有什么研究，所以说不出什么新鲜的意见来。我这次特地来参加会议是为了来祝贺愉快教育实验20周年，祝贺大家的实验成功！对我个人来说，也有一种怀旧的情结。年纪大了，总有一种怀旧心理。但怀旧不能恋旧，事物是发展的，愉快教育20年来一定有许多新发展，这次也是来学习大家的新经验的。我再一次祝愿研讨会取得圆满成功，更祝愿你们在今后的实验中取得更大的成功！

推进素质教育要从减轻学生学业负担做起*

"素质教育"的提出，是我国教育发展到一定阶段提出的质量要求。但是升学的恶性竞争，妨碍了素质教育的推行。学生课业负担过重已经成为中国教育的顽症，它严重地影响了孩子身心健康的发展，危害民族的未来。究其原因是教育外部、内部多种因素造成的，需要分析原因，动员全社会有针对性地综合治理。

教育外部影响素质教育的因素有如下几个方面：

第一，就业的压力引起的学习的竞争。我在成都一个座谈会上说要取消奥数班，一个小学生站起来说："顾爷爷，你说要取消奥数班，我们不上奥数班就考不上好的初中；上不了好的初中，就考不上好的高中；上不了好的高中，就考不上好的大学；上不了好的大学，毕业以后就找不到好的工作。怎么养家糊口啊？"这种话出于10岁左右的孩子之口，真是又可笑又可悲。这充分反映了家长对孩子将来就业的担忧。

第二，地方政府错误的政绩观对学校、对老师的压力。地方官员总是把升学率作为评价学校的标准，许多市县领导都给学校压指标，校长、老师苦不堪言。

---

* 写于2009年1月16日，原载《中国教育报》2009年1月18日。

第三，社会对学校缺乏科学的评价标准。往往以升学率或考试成绩作为评价学校和老师的标准。社会媒体不科学的舆论导向也起到推波助澜的作用。

第四，社会用人单位重学历，轻能力。社会许多工作岗位本来是一般学历可以承担的，但许多单位拔高用人的学历要求。有些单位还要看是否是重点大学的毕业生，有专门技能的职业学校毕业生反而不被重视。

第五，陈旧的传统的人才观。"学而优则仕""读书做官"的思想深刻地影响家长的思想，加上独生子女家长望子成龙心切，对自己的孩子的期望过高，不愿意把孩子送入职业学校、技术学校。再加上中国有一种人情文化，把孩子当作自己的私人物品，把能否升入好学校看作是与自己的面子有关的问题。因此即使考上大学，还要求考上重点大学。这种观点不改变，中国只有办清华、北大两所大学，才能满足家长的要求。

教育内部影响素质教育的因素有如下几个方面：

一是，学校发展不平衡，优质学校与薄弱学校的差距太大，各地搞标志性的学校、星级学校等加剧了学校发展的不平衡。

二是，国民教育体系不完善，结构不合理，职业教育长期得不到重视，没有建立起互相沟通的终身教育体系。过去我们批评欧洲资本主义国家双轨制，他们随着教育的发展和各类学校的沟通，这种双轨制已经逐步消解，而我国却实实在在地实行着双轨制。孩子一旦进入职业学校就难有发展的机会，所以家长不愿意送孩子进职业学校。

三是，教育内部缺乏科学的评价考试制度。缺乏考核的经常性、综合性、全面性。唯一的标准是以知识为主的考试成绩，而且中考、高考一考定终身。招生录取附加各种不合理的条件，如"三好学生"、奥数班的成绩、英语、钢琴等考试等级等，迫使家长送学生上各种补习班。

造成学校减轻了负担，家长增加许多课外的学业负担。有的学生每周最多要上六个补习班。学生不堪重负。

四是，虽然各地在人才培养模式和教学方法上有许多改革实验，但从全国范围来讲陈旧的人才培养模式没有改变。用一种模式培养学生，不重视根据学生不同的天赋特点和个性，因材施教；教学方法大多仍然是灌输式，死记硬背，机械练习，缺乏启发式，不注意培养学生的主动性、学习兴趣和有效的学习方法。

五是，教师的素质不高。这里又分两方面：一是教师的学业水平不高，有些课程讲不明白，用学生课外练习代替讲课；二是教师缺乏正确的教育观念，不懂得教育规律，不懂得儿童心理，常常用语言伤害学生，打击学生的学习积极性。

有效地推行素质教育，减轻学生学业负担，要全社会努力，从教育外部到内部消除不利因素。这是一项需要长期坚持的工作，非一朝一夕所能改变，特别是教育观念的转变要随着我国经济发展、制度的变革，有一个长期的过程。但并非无所作为，有些问题是可以立即解决的，主要是要解放思想，制度创新。

第一，各级地方政府要改变政绩观，不允许给教育局、学校压升学指标。要建立政府推行素质教育的问质制。如果在辖区内发生学生因厌学自杀、弑亲、杀师事件，要问质辖区政府首脑。为什么矿难要问责，对学生这种软刀子杀人不能问责？山东省的经验很好，省政府决定从全省范围规范各校教育行为。因为高考是在省域范围内进行的，全省都减轻学生学业负担，老师、家长就不会担心别的地区、别的学校加班加点。但这种制度要坚持，要作为政府的重要职责，花大力气监督。

第二，增加教育投入，改善薄弱学校，使区域内教育均衡发展，减少择校的压力。可以用多种办法：一是由政府投入，改变薄弱校的面貌；二是扩大优质学校资源，由优质学校兼并薄弱学校；三是引进民间资金改造薄弱学校。

第三，实行九年一贯制学校。可以一校一贯，也可以异校一贯，即一所优质初中包一所或几所小学，小学毕业生直接升入初中，免去小升初的择校竞争。

第四，规范学校办学行为，不设重点班或变相重点班，对所有学生一视同仁。有些学校对非重点班采取歧视政策，校长应负行政责任。

第五，取消升学中的附加条件。停止"三好学生"的评选。评选"三好学生"不符合学生成长的规律，不符合教育规律。学生成长发展不是线性的，是会有曲折的，有时会犯错误的。从小把学生分成三六九等，不利于人才的培养。评上"三好"的好学生会产生虚荣心、自满情绪；没有评上的会失去自信心，影响他的发展。特别是近些年来，"三好"变成"一好"，以学习分数为标准。有些地方有些家长为了给自己的孩子评上"三好"，给老师送礼者有之，用权力施加压力者有之，学生中贿选者有之，这些社会上的恶劣习气对学生的成长产生极大的负面影响。这种与素质教育背道而驰的做法为什么不废除？问题是思想不解放。要树立每个学生都优秀的教育信念。取消奥林匹克班。人人学奥数，这是摧残人才，应明令禁止。学校不能根据奥数班的成绩录取新生。奥林匹克班是为参加奥林匹克数学、物理、化学、生物竞赛而组织的集训班，本来只适合对这些学科有兴趣和有一定天赋的学生，不适合所有学生。现在为了升入名校，几乎所有学生都上奥林匹克班，不仅增加了学业负担，同时必然会压抑学生其他才能，不利于学生的发展。

第六，规范家教市场。在编教师不应从事有偿家教。校外补助机构要由物价局规定收费标准。现在许多补助机构收费过高，一般一节课要收200~400元，一般家庭难以负担。

第七，课程改革要适当降低难度，让教师都会教，所有的学生都能学会。有些学者，特别是科学家担心会影响教学质量，影响人才培养。

其实让所有学生都学懂学会，让有余力的学生有时间选学他喜爱的课程，才能真正出人才。

第八，用大力气提高教师的业务水平。教师首先要把课教好，让每个学生在课堂上都能学懂学会，这样就可以少留作业。另外一定要让教师端正教育观念，提高职业道德，不要只喜欢成绩好的、听话的学生。现在许多教师的教学态度不是循循善诱，而是对学生讽刺挖苦，很伤学生的心，家长反映也很强烈。

第九，建立现代的国民教育体系，合理的、可以互相沟通的教育结构，使学生有多种选择，"条条大路通罗马"，每条道上都能有发展的机会。当前特别要加强职业学校的建设。过去把最薄弱的学校改为职业高中，学校的风气又不好，家长当然不愿意把孩子送进这样的学校。要把职业学校办成一流的，像法国、德国那样，同时提高职校毕业生的起点工资。我想，只有这样，家长才能逐步转变观念，送孩子上职业学校。

我认为以上各条我们现在是能够做到的，只要下决心，我们的教育一定大有希望。

为成都市整治奥数班叫好*

2007年10月我在成都市青羊区教育局减负座谈会上就曾呼吁停止奥数班，我说奥数班摧残人才。我的讲话引起了媒体的关注，一度纷纷争论这个问题。今天，终于听到成都市下决心取缔奥数班，感到无比的欣慰，为孩子得到解放，重新享受幸福的童年而欣慰，为民族的未来健康发展而欣慰。这真是造福于民，造福于国家的大喜事。

为什么要取消奥数班？并不是奥数本身不好，而是人人学奥数不好，把奥数作为升学的敲门砖更不好。国际奥林匹克数学竞赛与其他国际竞赛一样，只是少数人的舞台，不是所有人都适合的舞台。

我国办奥数班起源于20世纪80年代中期，当时我国为了参加国际科学奥林匹克竞赛，原国家教委决定在北京师范大学附属实验中学、北大附中、清华附中设立奥林匹克数学、物理、化学集训班。我当时任北京师范大学副校长，负责在北京师范大学附属实验中学落实这件事，我们从各地高中一年级学生中挑选了十几名在数学上有天赋的学生到实验中学来集训，学籍还是在原来的学校。两年后他们参加国际科学奥林匹克竞赛，取得了很好的成绩，为国争了光。回来以后，得奖的学生被清

---

* 写于2009年7月7日。修改稿发表于《中国教育报》2009年8月22日，题名《奥数现该叫停了！》。

华、北大等校免试录取了。

奥林匹克数学班、物理班、化学班本来是像体育奥林匹克运动队一样是一个国家集训队。不知道从哪年开始，有些学校看到培养奥林匹克竞赛得奖学生有利于提高升学率，就开始办起奥林匹克班来。因为学数学不需要实验设备，比较容易，所以更多地出现了奥数班。许多学校为了选拔学生，要学生有这样那样的特长，这样那样的竞赛奖牌。家长为了自己的孩子能被名校录取，也就纷纷把孩子送入奥数班。于是奥数班从高中延伸到初中、小学。社会上一些教育商家看到了这里面的商机，也开始办起奥数班来。就这样，奥数班泛滥于我国大地。

奥数教育是一种特殊性质的教育，只适合于少数在数学方面有天赋才能的学生，并不适合于大多数学生。许多学生上奥数班并非出于学生的天赋或者兴趣爱好，而是被家长所迫，家长又被学校所迫。有的学校为了升学率，为了创收，要求学生上奥数班。奥数班用奇奇怪怪的题目让学生解答，学生既无天赋又无兴趣，这样的学习怎么能学得好？这样不仅增加了学生的作业负担，浪费了孩子最宝贵的时间，而且让学生受到沉重的心理压力。这实在是对学生的摧残。许多家长并不愿意送孩子上奥数班，但又怕"输在起跑线上"，所以许多学生叫苦连天，家长也是有苦难言。

奥数班早就该停了。其实叫停也很简单，就是各级政府要负起素质教育的责任来，明令禁止学校招生附加奥数班及其他各种竞赛的条件。只要有这一条，我想奥数班就会很快在中国大地上销声匿迹，学生的负担就会减下来。有些地方也有明令禁止奥数班，但由于各种利益集团的阻挠，有令不止。因此在实施禁令的同时，要争取全体教师的支持，教育我们的老师以孩子的健康成长为重，以民族未来为重，要整顿唯利是图的校外培训机构，争取全社会的支持。

希望成都市能够克服重重阻力，取得整治奥数班的成功。

亟须加强中小学生的人文教育*

最近看到报纸上屡屡报道青少年的不文明行为，反映一些中小学生缺少人文素养，不能正确对待自然、对待社会、对待他人、对待自己，往往以自我为中心。虽然这并非是当前青少年的主流，但也值得我们重视。今天在校的中小学生就是明天建设社会主义的接班人，他们的文化素养、精神面貌关系到民族的未来、国家的兴衰。因此亟须加强中小学生的人文教育。

20世纪以来，科学技术有了飞速的进步，带动着社会经济的快速发展。这种发展给人类带来了可供享受的丰富的物质财富，极大地改善了人们的生产条件和生活条件，促进了社会的变革，从而促进了社会的民主和平等。但是同时又带来了资源的浪费、环境的破坏、人的物欲增长、道德的滑坡。网络时代的到来，一方面为青少年学习带来便利，另一方面也使少数青少年沉溺于网络游戏。

在学校教育方面，由于受到"应试教育"的干扰，过早地实行文理分科，重考试成绩，忽视课程的文化内涵，使学生的人文精神缺失。因此亟须改变这种状况，加强中小学生的人文教育。

加强人文教育已经是当代教育发展的重要趋势。为什么世界各国都

---

* 写于2009年1月24日，原载《基础教育参考》2009年第3期。

重视人文教育呢？这是因为正如美国教育部前部长贝纳特所说的："人文学科告诉我们我国及其他文明世界的男男女女是如何设法对付生活中永恒不变的基本问题的。那就是：正义是什么？应该爱什么？应该保卫什么？什么是勇气？什么是高尚的？什么是卑鄙的？某些文化为什么繁荣？又为什么衰落？""人文学科能够有助于产生一种社会的精通感。"

人文教育也是我国教育的传统。我国历来重视伦理教育和文史知识的教育。我国老一辈的科学家，不论是学理科的还是学工科的，都有深厚的文史根底。正是这种文化底蕴使他们具有奋发图强、艰苦创业的精神，从而攀上科学的巅峰。

在中小学加强人文教育，首先要改变教育观念。教育的本质就是提高人的素质。人的素质的核心就是科学精神和人文精神。但是我们今天的教育，科学精神和人文精神都有所缺失。科学课程只教给学生死的知识，不告诉学生科学的价值；人文课程只教给学生空洞的道理，不培养学生的人文精神，更不会运用知识分析社会的各种现象。

要改变"重理轻文"的思想。高中过早的文理分科不利于学生人文精神的培养。当然，有一派意见认为文理分科是"因材施教"，有利于学生早期接触专业知识。但在实践中并非都是喜欢文科的才选学文科，往往是理科不太好的学生选学文科。这样不仅降低了文科学生对理科的要求，也降低了理科学生的人文教育水平。因材施教应该在文理兼顾的情况下由学生选学喜爱的课程。中学教育仍属基础教育，基础包括文理各科教学，基础打扎实了，将来他们就有发展的后劲。

要改变重知识轻价值的教育。其实任何学科都具有人文精神。科学在本质上是一种人文事业。科学的价值是认识自然、认识社会；科学技术的创造归根到底是为了解放生产力，促进人的发展；科学研究所要求的创新精神、严谨态度、团队精神等都充满着人文精神。因此，学校在教学中要挖掘学科的文化内涵。除了加强文科、艺术等人文学科教育外，在其他学科课程中也要注意培养学生的人文精神。

中小学校加强人文教育要与学校的文化建设结合起来。学校文化建设的核心是符合我国社会主义核心价值观的人文精神。学校要在一切活动中贯彻这种精神。加强学校的人文教育并非简单地增加人文学科的课时，更重要的是学校领导要有这种意识，学校老师时时把提高学生的人文素养放在心上，在学校各种活动中贯彻人文精神，使学生在潜移默化中受到人文教育。

重视中小学生的心理健康教育*

　　有一次听了一所重点中学高一年级的心理辅导课，老师让学生描述一下自己上了高中以后的心情。有一个同学说："我在初中的时候考试成绩都是第一名，到这所学校来了以后，别的同学比我的成绩好，感到有压力。"另一个同学说："我在初中的时候是班长，但到这所学校来了以后连小组长都不是，心里有失落感。"最近还有一个媒体报道，有一个女学生期中考试英语考了100分，回到家里大哭一场，妈妈问她为什么哭，是否考砸了。回答说不是。妈妈很奇怪，为什么考了100分还要哭。女儿说，因为还有一位同学也考了100分。以上这些例子都说明这些孩子心理上有一些问题，需要调节。前面那所学校高一年级的心理辅导课就是为了调节高一年级学生的心理，进行心理健康教育，很有必要。

　　任何人都会有心理问题，包括成年人。遇到高兴的事，有些人会兴奋得失态；遇到挫折，有些人会垂头丧气，闹情绪。这都是心理上的问题。有心理问题并不可怕，在于自我调节。如何才能自我调节，就要了解人的心理机制，使自己具有健康的心理品质。这就是心理健康教育的必要性。

---

* 　原载《基础教育参考》2008年第8期。

健康的心理品质是素质教育的重要内容，也是基础教育的重要任务。过去我曾说过，基础教育要打好三方面的基础，即打好儿童少年身心健康发展的基础，走向社会的基础，终身学习的基础。而身心健康发展的基础是基础的基础，有了健康的身体和良好的心理品质，才能走向社会，和别人相处；才能不怕挫折，勤奋学习，使学生的人格得到健全的发展。

心理健康教育也要从娃娃抓起。从小教育孩子正确对待他人，善于与他人沟通，理解他人，尊重他人，与他人和谐相处；正确对待自己，正确对待自己受到的表扬、鼓励和荣誉，正确对待遇到的挫折，有积极向上的思想。现在的孩子大多是独生子女，全家都宠爱着，使他们养成一种自我中心、自我封闭的心理，不能与小朋友和谐相处，不能经受一点挫折。因此，有些专家呼吁对孩子应该进行挫折教育。所谓挫折教育，就是心理健康教育的一种形式。

对中小学生进行心理健康教育可以采取多种形式：或开设课程，或开展课外活动。如开头提到的某所重点中学的心理辅导课。有的学校开设少年课程。我曾经听过一堂这样的课：每个同学自我介绍，有什么爱好，有什么性格，有什么优点等，然后记在自己的练习册里；老师还要求每个同学说出同座位的同学有什么优点，应该向他（她）学习什么。这样来启发学生和同学交流沟通。经常组织学生集体活动是开展心理健康教育的很好的形式。在活动中学生互相帮助，互相协作，共同克服某种困难，使学生思想开朗，情绪舒快，积极向上，心理健康地发展。对学生进行个别辅导也是心理健康教育常见的形式。这就需要老师关心学生，研究学生，对学生察言观色，通过和学生一起活动或座谈，了解学生心里在想什么，有什么心理疙瘩，帮助他们解开这些疙瘩。有些学校设立心理咨询室（最好叫师生聊天室），里面布置温馨，师生可以在这里敞开心扉聊天，实际上是由教师对学生进行心理辅导。

有一次我在加拿大多伦多参观一所幼儿园，那天是星期一，老师和十几个儿童围坐在地上，每个孩子手里拿着自己的名片，老师在中间地上放着三张画片，画的是三副脸孔：笑的嘴角扬起，愁苦的嘴角下撇，另一张是平平的嘴巴。老师问，小朋友在星期天过得怎么样？把自己的名片放在不同的脸孔下面。有一个孩子把自己的名片放在扬起嘴角的脸孔下面。老师问他为什么这样高兴？他说星期天爸爸带他去游乐园了，他很开心，老师和同学都为他鼓掌；另一个孩子把自己的名片放在撇着嘴角的脸孔下，老师问他为什么不高兴？他说他的哥哥病了，很为他担心，老师立即把他搂到自己怀里，安慰他，说你的哥哥很快会好起来的，小朋友们都为他祝福，他变得开心起来。这就是心理健康教育。可见，心理健康教育是随时随地都可以进行的。

对学生进行心理健康教育，首先教师要有健康的心理。要热爱每一个学生，相信每一个学生，尊重每一个学生，理解每一个学生。建立民主、平等、和谐的师生关系。教师对学生要有亲和力，使学生愿意接近你，愿意和你沟通。教师要特别注意公平地对待每个学生，不能表现出有偏爱，不能说伤害学生人格的话语。教师要言行一致，以身作则，自己有一个活泼开朗、积极向上的心情来感染学生。

对学生进行心理健康教育不仅是学校和教师的事，家长也要重视自己孩子的心理健康教育。

积极开展中小学校本德育研究[*]

育人为本，德育为先。中小学要全面贯彻教育方针，推进素质教育，培养新时期人才，就要把德育放在首位。俗话说：育才先育人。品德是人的灵魂。"人才"二字，说明既有高尚人格，又有能力才华，才能成为人才。

怎样做到德育为先？我的理解是，并非把德育孤立起来，而是要把德育贯穿在学校教育教学全过程。智育、体育、美育教学过程中都包含着品德教育，要在所有的课程中挖掘德育的内容，潜移默化地熏陶学生的思想品德。长期以来，学校的德育实效性不高，原因是多方面的，其中一个原因，就是把德育孤立起来。表现在两个方面：一是为德育而德育，急功近利，形式主义；二是脱离智育、体育、美育，脱离学校的主要的教学活动。有些老师甚至有这样的思想，认为德育是班主任的事，与任课老师无关。学生思想品德形成的过程是一个渐进式的、潜移默化的过程——他要在自己的实践活动（学习实践和社会实践）中经过冲突、矛盾、解困逐渐领悟；要从行为习惯的养成逐渐达到理性的认识，逐渐形成正确的人生观、世界观。这种思想品德不是靠一堂政治课或一个主题活动就能形成的，而是需要学校、家庭、社会共同努力，在学生

---

[*] 写于2009年9月16日，原载《基础教育参考》2009年第12期。

的实践活动中施加影响方能逐渐形成；在学校中要靠全体教师的努力，在学校一切场合施加影响，使学生在学校的整体氛围中逐渐形成良好的思想品德。课堂教学是学生活动的主要场所，是实施德育、智育、体育、美育的主渠道，因此，要把教书育人在课堂教学中贯穿始终。

什么叫校本德育？我的理解是，学校是德育工作的一个整体，需要整个学校包括每个教职工共同参与，形成一个德育氛围来影响学生的思想品德，而这种德育氛围每个学校都会有不同的特色。为此，学校要挖掘本校的德育因素，建立校本德育体系。怎样建立校本德育体系？需要研究学校的历史文化传统，学校环境的特点，包括自然环境特点和人文环境特点，需要研究学生、了解学生，了解学生的家庭环境及学生在家庭中的表现，然后制定出校本德育纲要和实施的举措。这样全校教职工都有一个共同的目标和要求，并为之共同努力。

要使德育有实效性，就需要德育有针对性，而不是空讲道理，或追求形式走过场。要使德育有针对性，就需要研究学生、了解学生，了解学生对现实世界的看法和想法。要了解学生，就要走近学生，与学生沟通，达到相互理解。

研究学校的文化传统和学校环境，一方面是为了了解学生思想产生的背景，不断改善和优化育人环境；另一方面是为了挖掘德育的资源，充分利用各方面的资源来对学生进行教育。

近些年来，德育研究越来越深入，校本德育的改革实验在许多学校中开展，取得丰硕的成果，形成了多种多样的、各具特色的操作模式。现在需要认真总结这些经验，把它们上升为理论。要探讨各种校本德育模式和特点，实践过程中遇到的问题和经验，寻找共同规律，提升为理性认识。这样就能提升德育的效能。希望大家来探讨这个问题。

学会承担责任[*]

中小学是基础教育阶段。基础教育是为学生进一步发展打基础的。一个人的发展就像盖一座大楼一样，基础打得越深越宽，大楼才能盖得越高越大。因此在中小学打好基础对一个人的发展是至关重要的。那么基础教育要打好什么基础？基础教育的内涵是什么？我认为，基础教育要为学生的发展打好三方面的基础：一是打好学生身心健康发展的基础，增强他们的体力，同时提高他们的心理品质；二是打好进一步学习的基础，学会学习，具有终身学习的理念和能力；三是打好走向社会的基础，学会与人交往、相处，承担责任。这三个方面组成了一个人的基本素质，因此，基础教育就是素质教育，以提高人的基础的、全面的素质为目的。

对于头两个基础，学校和家长都很重视，对于培养学生走向社会，学会承担责任，一般就不太重视了。往往认为学生还小，走向社会还早，因此不太重视培养学生的责任心。其实，培养学生的责任心要从小抓起。我们每一个人都生活在一定的社会中，每天都要和他人交往，只有具备责任心的人才能够对自己的事业、家庭和社会承担起应有的责任和义务。《论语》中曾子曰："吾日三省吾身：为人谋而不忠乎？与朋友交而不信乎？传不习乎？"讲的就是责任心。对事对人要讲诚信，自己

---

* 写于2008年4月23日，原载《基础教育参考》2008年第6期。

要时时学习。顾炎武说："天下兴亡，匹夫有责。"说的是对国家的责任。这些品质是每个公民都必须具备的。特别是现代社会是一个高度发达、交往频繁、互相依存的社会，不像自然经济时代那样闭塞，可以独善其身。现代社会需要每一个公民有高度的责任心。在公共生活中遵纪守法、爱护环境是每个公民的责任；在家庭中对父母敬爱、夫妻忠诚是每个家庭成员的责任；在事业中诚信交往是责任，也是事业发展的基础。社会生活中无处不存在责任。

培养学生的责任心要从娃娃抓起，要让孩子从小知道，他要为他的行为负责任。例如在家里，他承诺做的事情一定要让他完成，如早上起来自己折被子，吃完饭自己洗碗筷，玩具要自己放在应该放的地方，作业要按时完成，对老人要尊敬，与同伴交往时要讲诚信等，这都是培养孩子的责任心。在学校里，培养学生的责任心，学会承担责任，应该成为道德教育的重要内容。责任心和诚信是密不可分的。敢于承担责任的人，一定是诚信的人，是可以被人信赖的；一个诚信的人必然是敢于承担责任的人。

当前特别要重视责任心的教育。现在学校里许多孩子都有自我中心的表现。他们大多是独生子女，往往只顾自己不顾他人，似乎只有别人要对他负责，他不需要对别人负责。这样的人成年以后不可能对社会承担责任，不可能和他人正常交往，在事业上也不可能有大成就。

培养学生的责任心不是靠说教，而是靠学校的各种活动，让学生在活动中体会到对集体、对他人、对自己的责任。责任主要体现在对集体、对他人的关系上，对自己负责，实际上也是对集体、对社会负责，因为个人总是生活在集体中。所以，培养学生的责任心要在集体活动中培养。因此，责任心的教育要贯穿在学校教育教学所有活动之中。

教师以身作则，负责任、讲诚信，可以潜移默化地感染学生，是巨大的教育力量。

少一点感恩，多一点责任*

前天是西方的母亲节，我国也效仿起来，报纸纷纷报道子女向母亲孝敬祝福的消息。用西方的节日来弘扬中华孝的美德倒也是一种中西文化的融合。作为一个耄耋老人，看到许多年轻人孝敬母亲，尊敬长者成为社会风尚，自然感到特别高兴和欣慰。

但是看到某报刊登的一张照片，某所学校学生集体在操场上给母亲洗脚，却感到极不舒服。母亲节难道就是给母亲梳头洗脚？洗漱沐足本来是个人的私事，拿到大庭广众并不太雅观。这可谓母亲节的本土化了，可惜不太现代化。教育确需要某种形式或仪式。但这种形式或仪式是需要反映本质并经过精炼，有深刻内涵的。给母亲洗脚，却并不反映孝的本质，父母在健康之年是不需要子女帮助洗脚的。这只能说是一次表现，能对学生的教育起多大的效果，实在难说。

现在大家都在讲感恩教育，我不知道西方的母亲节是否就是对母亲感恩的节日，但我实在不大赞成什么感恩，我觉得应该提倡责任教育，教育每个公民都要对社会负责任，对家庭负责任，对自己负责任。

鲁迅曾经写过一篇文章，叫《我们现在怎样做父亲》，发表于1919年《新青年》月刊第六卷第六号。开篇就讲，写这篇文章，"其实是想

---

* 写于2011年5月10日。

研究怎样改革家庭"，提出一个当时"招致'圣人之徒'面红耳赤"的断语："父子间没有什么恩"。鲁迅有多篇文章谈家庭改革问题。为什么他这样热衷于家庭改革呢？因为他认为封建伦理集中反映在家庭问题上，同时子女是每个家庭的未来，扩大来讲是社会的未来，因而改革社会要从改革家庭做起。鲁迅根据进化论的观点，阐明任何生物"一，要保存生命；二，要延续这生命；三，要发展这生命（就是进化）"。要保存生命，就要摄取食品；要延续生命，就要生儿育女；要发展生命，就要教育好子女，使他们健康成长。所以父母生儿育女，是生物的本能，并非对子女有什么恩。鲁迅还认为，生物都有爱的天性。任何生物"总是挚爱他的幼子，不但绝无利益心情，甚或至于牺牲了自己，让他的将来的生命，去上那发展的长途"。他提倡"父母对于子女，应该健全的产生，尽力的教育，完全的解放"。可见父母养育好子女是一种天性、一种责任、一种爱。父母对子女的爱是最纯真的爱，是对自己生命发展的爱，是对未来的爱，绝无利益心情的爱。如果父母总想从子女身上捞点什么好处，那就连动物都不如了。

鲁迅这篇文章是批判当时家庭的封建伦理的，当然现在封建家庭已经很少了。但他讲的父母与子女关系的道理，至今还是非常有现实意义的。当前不是还有许多父母仍然把自己的子女当作私有物吗？用子女考试的成绩来满足自己的虚荣心，全不顾子女的需要与幸福，然后要求子女来报恩。

我不提倡报恩思想，并不是说子女不要孝敬父母。子女孝敬父母也是一种天性、一种责任、一种爱。现在的子女将来也会变成父母。因此，我们教育子女，要教育他们负责任，对父母有孝敬的责任、对家庭有维护和睦的责任。等到他们将来做父母，也才会孝敬你。

巴西有一个民间故事，大意是说，有一家人家祖孙四口人，祖父勤奋劳作，家庭逐渐富裕起来。但是祖父渐渐年老了，不能劳动了，吃饭时也常常把饭菜撒在桌子上，弄得很不干净。有一天孩子的母亲对父亲说，我们让祖父在另外一个小桌子上吃饭吧，父亲同意了。于是每次吃饭的时候父亲总用一个小木碗盛了饭菜让祖父在另一个小桌上吃。这样似乎都相安无事。但是有一天父母做工回来，看见孩子在门口用小刀削一块木头。父母很奇怪，问儿子为什么削木头？儿子回答说："我想削一个木碗，等你们老了，可以像祖父一样用木碗在另一个小桌上吃饭。"父母听了都愕然。

这个故事说明，我们今天孝敬父母也是为子女做榜样，将来做了父母，子女才能孝敬你。因此，提倡孝敬父母、尊重老人绝不能用报恩思想来引导。

什么叫感恩？《辞海》中没有收这个词，只收了"感激""感戴"。"感激"的解释是"有所感受而情绪激动"；"感戴"的解释是"感恩戴德"。《现代汉语规范词典》里收有"感恩"一词，解释是"要感激别人给予的恩德"。又引申出"感恩戴德""感恩图报"两词。似乎就是感恩的意思了。不由得使人想到，过去皇上赏赐臣子什么地位或实物，臣子必须马上跪下谢恩，这就是感恩戴德。那么今天上级提拔了你，你是不是也要有点感恩戴德的表示！别人给你谋了利益，是不是也要有所感恩戴德的表示！可见感恩的含义比较广泛。可能有好的意思，感激父母养育之恩；也有并不健康的意思，感激别人给你谋的利益。因此在教育中不宜提倡感恩思想，应该提倡责任教育。

不提倡报恩，当然不是说一个人不要有感激的情感。大自然给我们提供了生活的环境，我们要敬畏自然，感激自然，保护自然，这是我们的责任；与朋友交往，互相信任、互相帮助、互相感激，也是一种责任；父母对子女的养育是责任，子女对父母的孝敬也是责任，是对家庭的责任，扩大了就是对社会的责任，对未来的责任。《礼记·礼运》中讲道："大道之行也，天下为公……故人不独亲其亲，不独子其子，使老有所终，壮有所用，幼有所长，矜寡孤独废疾者皆有所养。"这里包含着做人的责任。所以新颁布的《国家中长期教育改革和发展规划纲要（2010—2020年）》中特别提到要培养学生对社会和对服务人民的责任感。

责任是对生命的敬畏，对社会的敬畏，并为之而努力维护生命，维护社会秩序。现在不少青年，不爱护公德，甚至不爱护生命，遇到一点小挫折就自杀。这是对社会不负责任，对家庭不负责任，对自己也不负责任。

责任心和诚信是联系在一起的。《论语》中曾子曰："吾日三省吾身，为人谋而不忠乎？与朋友交而不信乎？传不习乎？"这里既讲到责任又讲到诚信。为人谋忠不忠，是说尽到责任没有；与朋友交信不信，是说守不守信用问题。因此我认为责任和诚信是公民道德的核心。有了这两者，其他道德品质就能树立起来。因此，今天我们的道德教育应该在责任教育和诚信教育上下点功夫。

弘扬传统文化何必走形式[*]

9月1日全国中小学都开学了。南京几所小学一年级新生举行了别开生面的开学仪式。我们可以从电视和报纸上看到，学生穿着古代的汉服，戴着扇着两只大耳朵的官帽，手捧《论语》，在夫子庙举行开蒙典礼。看了着实让人不舒服。是读书乎，是演戏乎？这种典礼要向人们，特别是6岁的儿童传达什么样的信息？我想不通。

任何一种文化都具有双重性，即民族性和时代性。文化是一个民族或者是一个族群的生活样式，不同的民族或族群有不同的生活样式，因此文化必然具有民族性。但是文化不是凝固不变的，它随着时代的发展和进步不断变化。同时随着与其他民族的交往，各民族文化也会吸收其他民族文化融入本民族文化之中，因而民族文化不断发展和丰富。

中华民族有着悠久的历史，中华文明是世界四大文明中唯一没有中断而绵延到今天的。中华民族文化所以能延续至今当然有多种原因，但其中一个重要原因是它具有很强的包容性。几千年来经过多次与外来文化的冲突与融合，吸收了大量外来文化的因素，形成了今天这样的中华文化传统。中国古代文化传统受到的最大一次冲击是西学东渐和五四运动，使中华文化发生了质的变化，使中华文化逐渐走向现代化。在这次

---

* 写于2009年9月6日。

冲击中中华文化失去了什么？又得到了什么？失去的是"三纲五常"的封建思想，得到的是民主和科学的精神；爱国主义得到新的诠释，不再是忠于君王，而是忠于祖国。今天又遇到新一轮的文化冲击。一百多年以前的西学东渐对中华文化的冲击开始是不自觉的，今天我们已经有完全的文化自觉，我们已经建立了社会主义核心价值观，我们可以用我们自己的价值观来选择外来文化，选择一切优秀的文化因素，摒弃西方腐朽的或者不适合我国国情的文化。

毋庸讳言，这次文化冲击使我们一部分青少年失去了某些中华文化传统的精神，他们迷恋于"三片"（薯片、芯片、大片），缺少对中华文化优秀传统的了解和继承。这种情况确实令人十分忧虑。因此，大力弘扬中华文化优秀传统是十分必要的。弘扬中华文化优秀传统要从小做起，在教育中增加中华文化的元素也是非常重要的。小学生记忆力强，在小学生中普及一些中华文化的典籍，背诵一些经典的名句名篇，同时受到中华文化的熏陶，是很好的弘扬传统文化的方式，值得提倡。

但是，弘扬传统文化不是复古，读经典不一定要穿上古装，戴上官帽。这种形式不仅达不到弘扬传统文化的目的，反而冲淡了内容，有时会觉得滑稽可笑。我希望教育界搞这种形式主义的东西少一些，做实实在在的事多一点。前面讲到，文化不仅具有民族性，还具有时代性。弘扬中华传统文化也应该符合时代的要求，赋予时代精神。任何民族文化都会有优秀的因素和落后的因素，我们弘扬的是优秀的文化传统，切不要把糟粕当精华。

语文教学与课本中的鲁迅[*]

　　语文是中小学最重要的课程，是学生学习母语，了解祖国文化的重要途径，历来都受到大家的重视。现在大家对中小学的语文教学议论很多，有许多高见。我对于语文教学是门外汉，对鲁迅也缺乏研究。我只有向大家学习的权利，没有发言的资格。周令飞一定要我讲几句话，那我只好像鲁迅说的那样发表几句门外文谈。

　　我觉得当前语文教学首先要解决两个问题：一是语文的性质问题，二是语文教学的性质和任务问题。谈点个人的看法，向老师们请教。

　　语言是工具还是文化，历来有争议。从语言的起源来讲，语言是工具，是人类出现以后，人们互相交流的工具。那时候还谈不上文化，但交流总有内容，或为了捕鱼打猎，或为了祭祀崇拜。因此交流中会有思想，但还说不上是文化。等到人类进入文明以后，特别是文字出现以后，文化的现象就出现了。语言不仅表达自己的思想，还把文化带入语言。例如中国的《诗经》，它反映的不只是一般人之间的交流，而且反映人的思想感情，具有艺术意义。文字出现以后，就出现了口头语言和书面语言两种形式。特别是中国汉语，口头语言和书面语言是不一致

＊　2009年7月15日初稿，8月20日修改于北京求是书屋，在第四届鲁迅论坛暨全国中学语文鲁迅作品教学评优活动上的讲话，载《上海鲁迅研究》2009年第4期，略有增删。

的。人类先祖用的口头语言，不可能留下来，我们不知道它们的内容，可能有捕鱼打猎、祭神拜祖、生活交流等，当然，那也是一种文化，但我们无法知道。用书面语言记录下来的内容，从出土的文物以及物器上的铭文就可以看到文化的内容，人们逐渐产生了文化自觉，如《诗经》中许多诗歌都反映当时的文化；以后又出现了《楚辞》以及《春秋》《尚书》《左传》《国语》等一些历史散文。因此，语言就有了表达文化、传承文化的功能，所以我们名之为语文。语文从字面上讲，就是语言加文化。

语文不仅是交流的工具，而且是一个人发展的必要条件，是人类得以发展的条件。人的发展主要是两个方面：一是智力（包括道德、心理），一是体力。智力发展的核心是思维。语文是思维的外壳。没有语文，思维就无法进行，无法表达，当然智力也就无法发展。当然，人类先有语言还是先有思想，也还有争议。但那是讲人类起源时候的状况。一旦人类的语言发达了，人就要用语言来思考，这就促进了人的智力发展，促进了人类智力的发展。不同的语言方式就会有不同的思维方式，不同的民族语言也就有不同的思维方式。这种民族的思维方式也就是民族文化的内容。因此，中小学的语文教学，不仅是让学生掌握交流的工具，继承民族的文化传统，而且是促进学生智力发展必不可少的课程。

语文是文化的载体，这是不言而喻的。一个民族的语文是这个民族世代创造文明的结晶，它反映着一个民族的精神，民族生活的全部历史。语文本身的发展就反映这个民族的发展。正如俄罗斯伟大教育家乌申斯基所说："语言不仅表现一个民族的生命力，而且它正是民族生命的本身，民族语言一旦消失，这个民族也就不复存在了！"所以每个国家，每个民族都十分重视本国语文，本民族的语文教育。

这就要讲到第二个问题了：语文教学的性质和任务。也有两种争论：一种认为语文教学主要掌握语文工具，因此要在字、词、句、篇上下功夫，教育学生能够用语文表达自己的思想和交流；一种意见认为语文是文化的载体，语文教学要重视语文课文中的思想内容。我认为两者要结合起来。既然语文既是工具又是文化，语文教学当然两者不能偏废。但是，不同的年龄阶段应有所侧重，在低年级，在小学，更多地要重视语文的工具性，让小孩尽早掌握最基本的字、词、句、篇，能够完整地表达自己的思想，包括口头语言和书面语言。到了中学，在继续重视语文的工具性同时要教育学生理解语文的文化内涵，并且通过语文了解我国的文化精粹，特别是反映中华文明的文学作品。如果上了12年语文课下来连祖国的文学名著名篇都不知道，那怎么能谈得上语文教学的质量？

我这里讲一个小故事。1951年我到苏联去留学，有一次到书店买书，旁边一位老太太拿了一本有封面画的书问我，这画讲的是什么故事，是谁的作品？我说，我不知道。她就教训我说："这些内容连中学生都应知道。"意思是说你还是大学生呢。当时我很惭愧，当然我是中国人，没有学过俄罗斯文学。但说明苏联语文教学很重视文学的素养。苏联中学把俄罗斯语言课和俄罗斯文学课分成两门课。我国1958年以前也曾经学习苏联的做法，把语言和文学分开，后来效果不好，又合起来了。为什么？因为我国语文是合二为一的，分开来无法单独讲语言课。因为俄语的语法很复杂，动词有人称、时间的变化，宾语有六个格，学生如果不掌握基本的语法就无法与人交流，许多孩子口语掌握了，但书面语言常出错，所以苏联小学集中让学生掌握语言作为交流工具的能力。我国语文没有这个问题，我们历来是通过读课文掌握语文工具能力的。中国文字过去没有文法，我们小时候从来不学文法，只学古文如何断句。过去的古书没有标点的，一书到底，因此读古文首先要断句，到断句的地方在字的旁边画一个圈。什么主语、谓语、宾语等语法都不学，这些语法规则都是中华人民共和国成立以后学习西方语言后编出来的。当然它促进了汉语的规范化和科学化。但教学时很难把语法抽出来单独讲授。这是中国语文的特点，也是中国语文教学的特点。

为什么社会上批评语文教学的声音较多？我认为，我们没有很好地掌握语文工具性和文化性这个度。小学语文课过分重视内容的文化性，不重视字、词、句的用法。去年我听了一堂语文课，老师把课设计得很活泼，整个45分钟都是学生的活动，课很生动，学生的积极性、主动性发挥得非常好。但是关于课本中的词语，老师只在黑板上写了几个词，就再也不管了。这怎么能叫语文课，叫学生活动课还说得过去。这样上语文课，小学六年语文可能过不了关。

中学的语文课我也听过。老师把课文分得太碎。一篇课文有整体的思想内容。老师不是让学生去理解掌握课文的完整内容，不是让学生去体会课文的文化内涵，而是把课文肢解了，分成这个段那个段，找出中心句子、关键词，完全用考试的套路来讲课文。文章，特别是诗词，是要用心去体悟的，每个人对课文会有不同的体悟，甚至在不同时间场合会有不同的体会。你硬把课文拆散，让学生去背它的中心句子、段落大意，弄得学生很不喜欢语文课。2009年7月8日《光明日报》发表了北大温儒敏教授的文章，他调查了许多中学生，有的学生讲："高中语文实际上就是词句的机械记忆课、现代文阅读牵强理解课、作文应试造假课……"他说调查结果是大多数学生对中学语文教学不满意甚至反感。他认为，"语文教学应当把阅读放在首位，阅读量非常重要，有一定的量，语文素养才能上去"。我就非常同意他的意见。我看到陈金明老师接受《中国教育报》记者采访也是这个观点，提倡老师要多阅读。1983年我就写过一篇短文《阅读教学是小学语文教学的中心》（《上海教育》1983年第12期），那是讲小学语文教学，中学语文教学更应该把阅读放在首位，让他去领悟语文中的文化内涵，提高语文的素养，有了这种素养，作文也就不难了。

最后一个问题就要讲到课文中的鲁迅作品了。鲁迅的作品能不能进课堂？现在有一种观点，认为鲁迅的时代已成过去，鲁迅的作品已不受青少年喜爱；或者认为时代不同了，他们已经难以读懂鲁迅的作品。这种观点是站不住脚的，也是不符合事实的。

首先，鲁迅的作品一直为青少年所喜爱。历届课本中都选有鲁迅的作品。这不仅因为鲁迅是中国伟大的作家，还因为鲁迅的作品具有丰富的文化内涵、深刻的思想，文字优美，并且许多文章是很贴近青少年的生活，容易为青少年理解和接受的。例如《从百草园到三味书屋》《风筝》《社戏》等篇目，描写了少年时代的鲁迅是如何热爱生活，在那风雨如磐的年代里他是如何在枯燥的生活中寻找乐趣的。鲁迅生活在中国最黑暗的时代。但他总是以高昂的精神，一方面无情地批判旧世界，另一方面又热情地憧憬着新的未来，并为了美好的未来而呐喊、战斗。《阿Q正传》写的是落后的农民和辛亥革命失败的原因，是鞭挞封建社会，唤醒民众的伟大作品。只要历史背景讲清楚了，学生是能理解的。鲁迅的精神就是中国人的精神，就是中华民族的精神。它具有民族性、时代性、先进性。鲁迅作品的文字也非常优美，简练而深刻，非常值得人去体会、回味。虽然有些字句与现代日常用语已有差异，但鲁迅的作品是白话文的肇始，是现代汉语的源头。因此，无论从语文的工具性还是语文的文化性来说，鲁迅的作品都应该选入中小学语文课本之中。

其次，任何一个时代的人都不只是读本时代人写的作品。文化是依靠积累、传承发展起来的。如果一个时代只读本时代的作品，何来文化的继承和发展。中华文化源远流长，就是经过各种典籍世代相传。孔子距今已有2 500余年的历史，但《论语》至今仍作为中国文化的经典在学校中传承；唐诗宋词离今天也已经有1 000多年的时间，许多名作也选进了中小学课本。为什么离我们不到100年的鲁迅作品反而就读不懂呢？前面讲到语文是文化，为了传承文化，就有必要选择中国自古以来不同时代的代表作品。甚至不光是中国人的作品，还应该选择外国的名著名篇。鲁迅是中国现代文学最杰出的代表之一，他的作品理应在课本中有一定的地位。读懂鲁迅关键是老师，老师首先要读懂，然后指导学生阅读。鲁迅是一个时代的文化现象，他的作品代表了一个时代。把鲁迅作品放到他生活的那个时代去理解，我想学生就会很容易懂得和接受。

最后，鲁迅不仅是一名文学家，而且是思想家。他的那种反封建、反恶势力、反腐败的精神，那种敢于创新、勇于斗争的精神正是当今时代最需要的精神。语文教学就是要传达这种精神。有一点是肯定的，就是我们现在生活的时代已经与鲁迅生活的时代不同了。鲁迅是生活在中国人民遭受苦难的年代，而我们今天则生活在中华民族复兴的年代。我们的青少年生活在幸福中，对过去中国人受到的苦难很难有切身的体会。同时因为鲁迅生活在受压迫的、国民党专制很厉害的时代，所以鲁迅有些作品的文字比较晦涩，有的较夸张，有时用反语来表达他的感情，现代青少年不容易理解。正因为如此，我们在选编鲁迅作品时要选择更贴近学生生活的作品，由浅入深；在讲解鲁迅作品时尤其需要让学生理解鲁迅时代的背景、写作的背景、作品的精神实质和写作风格。应该把鲁迅作品作为一个时代的文化去理解它。这样就不能说鲁迅的作品学生不能理解了。

在当前鲁迅作品应该不应该进课本的争论中还有一种意见，认为鲁迅的战斗精神只适用于阶级斗争，现在要建立和谐社会，需要宽容，不需要斗争，也就不需要学习鲁迅的精神。这里涉及好几个问题，一是鲁迅精神的实质是什么？二是当今是不是不再需要战斗精神？三是因为时代不同了，就不需要学习鲁迅了吗？第一、第二个问题留给鲁迅研究者去回答。对于第三个问题，我在上面已经作了回答。中国文化史上不能没有鲁迅，中国文学史上不能没有鲁迅，那么作为传承文化的中小学课本中就不能没有鲁迅。有人还要问，你学了鲁迅作品，对你的人生有什么影响？这就太功利化了。我们不能说，读了某人的作品就直接受他的影响。课本中所选的作品都会有教育意义的，但这种教育是潜移默化的，不是立竿见影的。

最近听说新编中小学语文课本中鲁迅作品有所删减，引起了社会上的议论。我不太了解实际情况，出于什么原因。我觉得对鲁迅作品进行适当调整是必要的，以适应现代青少年学生的实际。但是选篇时应注意选择能够代表鲁迅精神的作品、代表那个时代的作品。有些作品可以节选，但有些作品是不能节选的，如《从百草园到三味书屋》就不可以删节。鲁迅是通过童年在百草园和三味书屋两个不同的场景和活动来反映童趣和批判旧式的教育，如果把三味书屋一段删去了，怎么能反映鲁迅写这篇文章的用意和思想？和一般描写风景的散文有什么两样？这就会有失鲁迅的原意和精神。

当前我国教育正处于历史发展的转折点上。改革开放30年我国教育有了跨越式的发展。现在要从数量的发展转到质量的提高上。提高教育质量，关键是课堂教学的质量。我们要上好每一堂课，教好每一个学生。教学既是科学，要按照教学规律进行，要钻研教材，又要研究学生，掌握学生的认知规律；教学又是艺术，一堂课的设计可以是多种多样的，正如叶圣陶先生讲的"教学有法，教无定法"。教师无时不在创造，无时不在创造自己的教学风格。这次中学语文鲁迅作品教学评优活动，就是为老师的教学创新提供一个平台，通过评优互相学习，互相借鉴，共同提高。获不获奖不重要，参与是第一位的，学习是最重要的。我预祝大家都能成功。

以上是我的肤浅看法，说得不对的地方，请大家批评。

要重视作文教学[*]

非常高兴能够来参加中学生作文竞赛的颁奖仪式。首先向获奖的同学们表示热烈的祝贺。

语言是交流的工具。人们用语言交流有两种形式：一种是口头语言；一种是书面语言。作文就是书面语言，就是用书面语言来表达自己的思想、情感，与他人交流。作文是中小学语文教学的重要内容，也可以说是语文教学的目的之一。我们为什么要学语文，就是为了能够与别人交流，不仅和现代人交流，还要会和古代人交流，掌握他们为我们留下的宝贵遗产。语文就是要教会学生用语言与别人交流。作文就是帮助学生学会运用书面语言与别人交流。语文教学要教字、词、句、篇，就是要使学生看得懂别人的文章，也就是理解别人的作文，懂得别人表达的思想感情。自己作文就是让别人了解你的思想感情。书面语言学好了，口头语言也自然会流利起来。作文集中了一个人的综合语言能力，也反映了一个人的基本素质。所以，同学们一定要把作文学好。现在有些学生不喜欢作文，原因是多方面的。我觉得有三个原因：一是缺乏生活，整天埋头在书桌上，不与社会接触，有的父母为了让孩子做作业，连家务事也不让孩子去做，没有生活，怎么能写出东西来？二是阅读量

———————

* 写于2005年1月31日。

太少，知识不够丰富，词汇也不够丰富，难以表达自己的思想感情，可见阅读与作文有很大关系。三是缺乏写作的练习和习惯，越不爱动笔越动不了笔，感到不知从何写起。因此要学会作文，不能为作文而作文，首先要有生活。要参加到社会实践中去，而且要用心去调查，去体会，觉得有所感悟，你再把它写出来，一定就是一篇好文章。其次就是要多阅读。读书会帮助你增加知识，拓宽视野，更好地去感悟生活，帮助你有写作的灵感和词汇的运用。作文其实是很容易的，只要动手写起来，写的是实事，是自己的真实感情，就会是一篇好作文。第一篇作文写成功了，一定会促使你写第二篇、第三篇。

今天全国中学生作文比赛在这里发奖，我要向获奖的同学祝贺。同时我想说，比赛不是目的，目的是促进大家来重视作文，提高我们交流的能力。同时奖额是有限的，我相信，还有许多优秀的作品没有获奖，我也向没有获奖的同学表示敬意，重在参与，你们只要坚持写下去，一定会提高作文能力，写出好的作品。

要重视音乐教育*

——在音乐教育国际论坛的致辞

首先代表中国教育学会对这次音乐教育国际论坛的召开表示祝贺，祝愿论坛圆满成功。

音乐是通过旋律和节奏创造艺术形象来表达思想感情和社会生活的一种艺术。对于教育来讲音乐是教育的一种形式，一种手段，也是教育的一个组成部分。为什么这样说？因为音乐是人类最古老的艺术，可能它要早于绘画和写字。原始社会在祈祷神灵、庆祝丰收的时候就用音乐来表达人们的思想感情。那时还没有绘画、文字。可是教育却是伴随着人类的产生就产生了。那么，当时的教育用什么手段进行呢？我想，恐怕除了口头语言外，就是用手势、舞蹈、音乐了。因此，音乐是人类社会最早的教育手段和形式。到后来，音乐成为礼仪的一种必不可少的形式。我国古代总是把音乐和礼仪结合在一起，礼、乐早就成为我国古代教育的重要内容。

到了近代，音乐是美育的重要内容，美育又是教育的组成部分。德智体美是我国全面发展教育方针的组成部分，音乐作为美育的重要内容

---

* 写于2006年5月17日。

是和德智体联系在一起的，它们互相影响，互相补充。音乐可以使学生在欣赏、享受美的愉悦中不知不觉地受到教育，它具有陶冶德性、丰富感情、激发智慧的作用，是当前推进素质教育不可缺少的重要内容。在当前中西方文化交流中，音乐教育尤为重要。我们要吸收其他国家、其他民族的文化艺术，包括音乐艺术，但更要发扬本民族的音乐艺术。音乐具有很强的民族性，它是在民族发展过程中形成的，反映一个民族的思想感情。因此发扬民族音乐就是弘扬民族文化。同时在西方文化传播中我们也需要用健康的音乐标准来选择。因此，当前研讨如何在学校中进行音乐教育，有着十分重要的意义。

当前我国教育正处在重要的转变时期。大家知道，我国在全国人民的努力下，用了短短15年的时间基本普及九年义务教育，到现在，普及率已达到98%。现在只有少数山区、交通不发达的边远地区没有普及。也就是说，在数量上我们已经普及了九年义务教育，但是在质量上这种"普九"还是低水平的，因此今后我们要下大力气来提高质量。所谓提高质量，首先国家规定的课程要能够开齐。现在许多地方虽然教育普及了，但有些课程还开不齐，特别是缺少艺术课的教师。城市里好一些，农村学校中就很缺少音乐教师，音乐教师的水平还不高，这对于我们推进素质教育是一个缺陷。因此我们要加快音乐教师的培养，在校内、校外开展健康的音乐活动，提高学生欣赏美、感受美、创造美的能力，从而提高学生的整体素质。

最后，再一次祝论坛取得圆满成功！

普通中小学也需要进行职业素养教育*

现在的教育体系把教育分为普通教育和职业教育两大类。高等教育阶段分为普通高等学校、高等职业学校。其实高等学校毕业生哪一位不进入职业市场？所以《俄罗斯教育法》把高等教育都叫作高等职业教育，这就比较科学。普通教育阶段分为普通教育和职业教育两类，有些国家是分类设置的，叫作双轨制，如德国、法国和我国。有些国家是混合设置的，叫单轨制，或叫混合制、综合制，如美国。双轨制的教育最后也要融合，两类学校的毕业生都可以根据自己的能力升入高等学校。单轨制的学校毕业生也要分化，一部分升学，一部分就业。可见双轨制、单轨制只是制度设计的不同，学生由于各种条件的制约总是要分化的，这是一般的规律。

这就要说到普通中小学教育了。我国实行的是双轨制，普通中学与职业中学是分设的。自然，职业中学的毕业生立刻走向职场，普通中学毕业生以升学为主。但事实上普通中学毕业生能够继续学习的也不是全部。据教育部《2006年全国教育事业发展统计公报》，高中毛入学率为59.8%，也就是说还有40%的初中毕业生要走入职业市场。高中毕业生报考高等学校的录取率大致是60%，也还有40%的高中毕业生要走入

---

* 写于2008年2月23日，原载《基础教育参考》2008年第4期。

职业市场。在这种情况下普通中小学的教育内容就不能只考虑升学之一途，应该在教育内容中渗透职业教育的内容。当然在普通中小学中设立许多职业课程是不合适的，这会违背普通中小学的性质，而且会两败俱伤，普通知识没有打扎实，职业能力又没有培养起来。但是给予一定的职业素养教育是十分必要的，以适应一部分毕业生就业的需要，同时这种职业素养对升学的学生也是有用的，毕竟他们最终要走入职业市场。

再从普通教育的基础性来说，普通中小学属于基础教育。基础教育打什么基础？我认为要打好三方面的基础：一是身心健康发展的基础，使学生有健康的体魄，有稳定健康的心理品质和思想品德；二是学习的基础，终身学习的基础，掌握基础知识，学会学习；三是走向社会的基础，具有高尚的公民道德，具有社会责任感，具有一定的就业意识。因此要为学生走向社会打好基础，就有必要进行职业素养教育。

在普通中学开展职业素养教育不是要另搞一套教材，不是要进行职业技能训练，而是要把它渗透到各种教育教学活动中。我想普通中小学进行职业素养教育主要有职业意识教育、职业意向教育、职业技能教育三方面内容。

第一，要告诉小学生社会上有多少职业，这些职业都是社会必需的，缺了哪一行社会都难以运转，因此各行职业都是平等的，没有高低贵贱之分，要尊重社会上每个劳动者。可以让学生认识爸爸、妈妈、叔叔、阿姨的职业，请他们谈谈对自己职业的认识，他们的贡献。这就是职业意识教育。

第二，从小培养学生的职业兴趣和爱好。现在我国中小学生只顾埋头读书，做作业，没有自己的兴趣和爱好。我们做老师的要为之担忧，担忧他们将来变成平平庸庸的人。从小培养兴趣和爱好，对他将来的事业发展会有很大的影响。许多名家，不论是科学家还是艺术家都是从小就有自己的兴趣爱好的。这就是职业兴趣、职业意向教育。

第三，开好计划内的劳动技能课，开展课外兴趣小组活动，培养学生的动手能力。任何劳动都是从使用简单的工具开始的。劳动技能课可以教会学生使用简单的工具，培养简单的劳动技能和动手能力。这就是职业技能教育。

普通中小学进行职业素养教育主要不是职业技能培养，而是素质教育的一方面，是激发学生对学习的热情、对未来的憧憬和热爱生活的思想感情，为学生一生发展奠定基础。

站在孩子的视角看世界*
——"六一"儿童节前夕访顾明远教授

仲春时节的北京，空气中还残留些许的寒意。早上8点钟之前，顾明远教授就来到了位于北京师范大学英东楼的办公室。作为北京师范大学仅有的几位资深教授之一，顾明远先生在教育、教学、科研和社会服务等领域取得丰硕成果，并多次担任国家及教育部重大项目的负责人。在繁忙的工作中，顾先生坚持每周至少来师大办公室一次，跟他的学生讨论课题研究问题，接待来访者。

临近"六一"，记者就幼儿教育的相关问题访问了顾明远先生。这位慈祥的老人已过80高龄，依旧神采奕奕，才思敏捷。说起幼儿教育的话题，顾先生娓娓道来，既分析了我国幼儿教育的现状，也语重心长地指出了存在的一些问题。

幼儿教育是让幼儿从自然人变成社会人的起始阶段

记者：我们都知道，幼儿期是人的一生中身心发展的初始阶段。随

---

* 原载《人民教育》2010年第11期，记者朱哲。

着社会的发展，人们越来越重视幼儿教育对人的一生发展的影响。您认为中国的幼儿教育要发展，其落脚点在哪里？

顾明远：中国的幼儿教育有着悠久的历史传统。古时的《颜氏家训》《朱子家训》等都是讲幼儿教育的。传统的幼儿教育是从养成教育开始的。《朱子家训》中"黎明即起，洒扫庭除"，养成好习惯，慢慢形成好行为。

教育本身是社会化的过程。幼儿出生是自然人，还不是社会人。怎么让幼儿逐步变成社会人呢？从幼儿教育开始，让他们逐渐知道自己是社会的一员，周围有父母，有爷爷奶奶，有小朋友。尤其是现在的独生子女，到幼儿园去，接受幼儿教育，是去过集体生活，是走入社会的第一步，学习与人交往，了解人际关系。幼儿教育的目标不是"德智体"，而是"体德智"。幼儿处于身体发育阶段，身体发展是最重要的，其次是德育，最后是智育。对于幼儿园来讲，最主要的是打好孩子身心健康的基础。

当孩子降临人世的那一瞬间，父母可曾想过：我的孩子在人生初始阶段要打下怎样的基础？当孩子走进幼儿园的那一刻，教师可曾想过：一个鲜活的生命在幼儿园应该得到什么？

进入幼儿期，儿童在生理和心理方面迅速发展，生活范围扩大，独立性增强，他们对周围的世界充满了好奇和探索的欲望，尤其是与同伴交往的愿望更加强烈。

因为从事比较教育研究，顾明远先生的教育视野非常宽阔，多次访问美国和加拿大，考察幼儿教育。在北美，幼儿教育有多种形式，一般有日托中心、早期教育中心、幼儿园等。北美很少有全托的幼儿园，他们不主张儿童离开父母，用他们的话说："儿童离开父母怎么成长？"不仅全托极少见，而且每天都把孩子送进托儿中心的情况也并不多见，往往是每周送一两天，或者每天送去几小时。顾明远先生问他们："既然那样强调孩子要和父母在一起，为什么又要把孩子送进幼儿园？"他们回答："要让儿童去体验集体生活，培养他们与别人交往的能力。"

记者：但是有些家长和幼儿教育者存在一个误区，认为孩子到幼儿园主要是学习知识的。

顾明远：这种现象在外国同行看来十分奇怪。20世纪80年代，我们邀请一位对幼儿教育非常有研究的美籍华人来中国参观访问。他参观我们的幼儿园之后很奇怪地发问："社会主义国家，怎么不培养儿童与同伴之间的集体主义精神呢？怎么都是讲授如何学习知识呢？"在幼儿时期，同伴关系是非常重要的。

尤其是现在都是独生子女，到幼儿园去，是走入社会的第一步，是为了体验集体生活，学习与人交往，了解人际关系。

曾有人问一位诺贝尔奖获得者："在您的一生中，您认为最重要的东西是在哪所大学，哪个实验室学到的呢？"白发苍苍的科学家回答："是在幼儿园。在幼儿园里，我学会了很多很多。比如，把自己的东西分一半给小伙伴；不是自己的东西不要拿；东西要放整齐；饭前要洗手；做了错事要表示歉意；学习要多思考，要仔细观察大自然。我认为，我学到的全部东西就是这些。"

这就是幼儿教育对人的一生的影响。心理学研究表明，6岁前是人的行为习惯、情感态度、性格等基本形成的时期，是儿童养成友爱、互助、合作、分享、谦让等良好社会性行为和人格的重要时期；幼儿的社会性发展与其将来的社会交往、情绪情感、社会适应性、学业成绩、智力发展等因素具有十分密切的关系。

3岁之前，幼儿的生活圈主要是家人，通过与家人的交往，幼儿获得最初的行为规范和生活经验，社会性和个性发展开始萌芽。3岁之后，幼儿开始表现出对周围环境中"他人"的兴趣，从婴儿阶段对家人的依恋，逐步走向独立与"他人"交往。这段时间，孩子进入幼儿园，大部分时间与伙伴、老师一起游戏，从中学习遵守规则、与他人合作、自制等良好的行为习惯和性格，将自己逐步融入到更大的社会群体中。

用大人的思想同化孩子是幼儿教育的一大误区

记者：有些幼儿园为了迎合家长的功利需求，出现了异化现象，比如幼儿教育小学化，您怎么看待这种现象？

顾明远：现在教育的土壤不是很好。先有肥沃的泥土，才能长得出好的花朵。现实是我们施了很多的无机肥，土壤都板结了，怎么能长出美丽的花朵？

我国传统的幼儿教育注重养成，培养孩子良好的行为习惯。20世纪六七十年代转而开始关注智力发展。但是在我国，由于考试压力的影响，往往把"开发智力"片面理解为"学习知识"，产生幼儿教育小学化现象。我觉得这是违背教育规律，拔苗助长的行为。

幼儿教育中是要传授知识，开发智力，但绝对不是通过学习书本的途径，而是自然习得。比如，儿童从一出生就在学习知识，认识爸爸、妈妈、爷爷、奶奶，认识周围环境等；儿童和同伴一起玩耍，就获得了和同伴交往的知识。孩子要在"玩儿中学"，从实践中、游戏中获得知识。

"不要让孩子输在起跑线上"，多么响亮的口号！在这个冠冕堂皇的借口下，为了提高幼儿园孩子录取"重点"小学的百分比，有些幼儿园把学前儿童当成小学生对待，规定孩子在幼儿园期间要认多少汉字，英语能力达到什么标准，甚至还弄出了学前奥数。节假日，孩子都是在各种特长培训班度过，极少有玩耍的时间。

这是对孩子无情的摧残。对于这种现象，顾明远先生痛心疾首，一再强调幼儿教育要在"玩儿中学"，在"游戏中学"。

心理学家认为，游戏是适合幼儿特点的独特的获得方式，也是促进幼儿心理发展的最好方式，是幼儿园进行幼儿教育的重要手段。幼儿在游戏中学习，在游戏中成长。通过各种游戏活动，幼儿的运动器官得到发展，同时，认知能力和社会交往能力也能更好、更快地发展起来。在游戏过程中，幼儿能学会表达和控制情感，学会处理焦虑和内心冲突，这些技能有助于培养幼儿良好的性格。

在幼儿教育中，人们越来越倾向于认知相互作用课程模式，主张幼儿在"做中学"或在"发现中学"，教师为幼儿提供丰富刺激的探索环境，帮助幼儿在活动中以及与伙伴的交往中，训练思维能力，促进认知发展。

记者：教师和家长在儿童成长的过程中应该充当什么角色呢？

顾明远：实施幼儿教育是为了有组织地引导儿童成长。一颗种子需要浇水、施肥，才能很快很好地发芽成长。教师和家长的角色是帮助和引导儿童成长，但是绝对不能用大人的意志要求儿童。

不要总认为孩子不懂事，其实他们有自己的理解方式。我年轻的时候，带女儿去动物园玩。出发之前，女儿答应到动物园后自己走，可是一到动物园就闹着让我抱着。为什么呢？我蹲下来跟女儿商量，一抬头才发现，从孩子的高度，看到的不是动物，而是游人的腿。她让我抱她，不是因为偷懒耍赖，而是她看不到，视野太狭窄，只有抱起来她的视野才宽广，看到许多有趣的事物。

不能想当然地用自己的想法代替孩子的思想。有的家长从小就教育孩子要上名校，学特长，这也是一种误区。每个人应该培养一种特长和爱好，但是特长是逐渐培养的，不应该是速成的，也不应该是功利的。现在的教育有一种倾向，就是大人在同化儿童，把自己的想法强加给儿童，这是不正确的。

有一位儿童教育专家做过一个实验。请一位母亲领着4岁的孩子，从王府井步行街的南头走到北头，实验人员拿着一台与孩子的头部齐平的摄像机跟着走。过了一会儿，孩子开始哭闹着让家长抱她。家长坚持让孩子自己走。走完全程之后，实验人员回放录像给母亲看，没有一句旁白。看完后，这位母亲只说了一句话："我以后要抱着孩子走。"录像中全部的镜头都是大人的腿，像是茂密的森林，孩子看不到人的脸和眼睛，有一种强烈的不安全感。

怎么才算是对儿童真正的爱？是让儿童自由发展，长大成为具有个性和独立人格的人。很多时候，家长和老师习惯于用自己的主观意志代替孩子的想法。顾明远先生非常推崇日本教育学会前会长大田尧先生的一种理念，每个种子里都有自己的设计图，培土、施肥、浇水时要让种子按照设计图成长为优秀的果实。然而教育的功利性完全是用成人的意志去要求、同化孩子，扼杀了孩子本来的天性。应该改变"无机化"教育，改成"有机化"的教育，使儿童的天性得到自由的发展。

卢梭在《爱弥儿》中写道："大自然希望儿童在成人之前就要像儿童的样子。如果我们打乱了这个次序，我们就会造就一些早熟的果实，它们长得既不丰满也不甜美，而且很快就会腐烂。"把儿童看作儿童，儿童才能成为有意义的存在，儿童的生命才能得到自由发展。

一名幼儿教师的重要性不亚于一位大学教授

记者：您认为应该如何解决幼儿教育出现的一些不良发展倾向呢？

顾明远：最重要的还是要转变幼儿教育的观念。幼儿教育对人的一生发展非常重要，幼儿教育的教师培养更重要。

一名幼儿教师的重要性不亚于甚至大于一位大学教授，因为幼儿阶段奠定人的一生发展的基础。孩子就像一棵嫩芽，碰伤一点就很难生长。我感觉最强烈的是国内幼儿教师对孩子情感的培养较少。有些幼儿教师对待孩子简单粗暴，对孩子的情感成长非常不好，培养起来的孩子还是用暴力解决问题。不是说仅仅具备一些知识就可以做幼儿教师的，要真正热爱孩子，要学会从情感、心理上培育孩子。

从根本上讲，要着力加强幼儿师范教育。我国的幼儿师范教育和幼儿教育培训体系还不是特别健全，这些方面都有待于加强。《国家中长期教育改革和发展规划纲要（2010—2020年）》中非常明确地提出，把基本普及学前教育作为战略目标；也提到要明确政府的职责；同时也强调指出，要依法落实幼儿教师地位和待遇，加强幼儿教师队伍建设，这些措施会推动我国幼儿教育事业更好地发展。

据统计，我国有专任幼儿教师近90万人，90%以上都是没有编制的民办园教师或公办园自聘教师。目前，我国有关幼儿教师教育的从业标准问题，一般在相应的师范教育"教学计划"中附带说明。

顾明远先生对访问加拿大幼儿园时的一个细节至今念念不忘。周一，孩子们来到托儿中心。老师让十几个孩子围坐在地毯上，每人手里拿着自己的名卡。地毯中央放着三张画片，画的是三副面孔：大笑、微笑、苦闷。每张画片上写着"我周末过得……"下端分别写着"愉快""好""很糟糕"。老师让孩子分别把自己的名卡放在不同的画片旁，然后让他们说出为什么。一个孩子把名卡放在"我周末过得很糟糕"的画片旁。老师问他为什么，他说他的哥哥生病了。老师立刻把他抱过来，搂在怀里安慰他，说："你哥哥的病一定会很快好起来的。"孩子眉头展开，笑了。另一个孩子把名卡放在"我周末过得很愉快"的画片旁。他说，周末爸爸带他到迪士尼去玩了，看到很多有趣的东西，其他孩子都分享他的欢乐……

在北美的幼儿教育中，教师是观察者、帮助者和设计者。老师每天要细致观察儿童，并记录下来，与家长联系，分析原因，研究措施；老师不直接要求儿童这样做或者那样做，也不包办代替，只是从旁帮助，让孩子觉得"我自己完成了作品"，从小培养孩子的自信心和自尊心；老师要为儿童设计学习的环境，还要为儿童设计特殊的环境，让孩子们在设定的环境中成长。看似儿童的自由活动毫无计划，其实每节课都是经过精心设计，让儿童在这种环境中自主、自动地活动，从而受到教育。

在日本，在整个幼儿教师教育过程中，把爱幼儿、爱教师职业的使命感与责任心的培养作为基本素质，把支持幼儿发展，提供综合性的指导能力的培养作为必需的专业素质，使其贯穿于职前、任职、职后培训的教师教育全过程。

顾明远教授立足中国，放眼世界，积极参加国际教育交流与合作，他希望其他国家的幼儿教师从业标准能为我国提供借鉴和参考。

记者："六一"儿童节快到了，您对我国的幼儿教育和幼儿教师有什么期望？

顾明远：我希望全国的孩子都能够拥有幸福的童年。幸福，是种感觉。孩子幸福的童年是能够按照自己的天性活动，满足天性的要求，不要把成人的意志强加给他。幼儿教育中存在的一些不良现象不是一时半会儿能解决的，慢慢来吧。教育是着急不来的。

幼儿教育是一块奠基石，它的功能是从小帮孩子累积人生的幸福。只要站在孩子的视角，用心研究孩子的心理，我们就能看到一个孩子独有的、精彩纷呈的世界。

保障儿童安全不能因噎废食*

军训取消、夏令营取消、运动会取消、校车取消……最近一段时间，诸如此类的事情，发生不少。起因是因为在开展这些活动时出现意外伤害事故。有些学校为此就不敢或者不愿意再组织校外的活动。

毫无疑问，孩子的安全，永远都是排在第一位的。但安全不能是躲出来的，而是需要积极面对，积极预防。中小学生参加社会实践和校外活动是素质教育的重要内容，是使学生生动活泼健康发展的重要途径。通过军训、夏令营等活动，学生可以受到各种锻炼，如吃苦耐劳、克服困难、锻炼毅力等。因此不能因噎废食。正确的做法，应该在活动前做好周密的计划，在活动时做好各种预防措施，对孩子充满热爱和关心，以防万一。

至于可能发生的一些细小的伤害，学校、家长也要有一个正确对待。记得我曾在美国的幼儿园参观，发现那里的幼儿园设备都很简陋，有钢条焊成的爬架、废轮胎堆成的小堆，孩子们在那里爬上爬下，老师让孩子拿着刀做苹果酱。在我们国内，一般不会让孩子拿尖的刀子和尖头的剪子，怕有危险。因此我就问他们老师，这些玩具有没有危险，出现一些伤害事故，家长会不会告你们。老师回答说，我们老师都在旁边

---

* 写于2010年5月21日。

看护着，一般不会出事故。如果有点磕磕碰碰，家长也会理解，他们送孩子到幼儿园来，就是为了让孩子来学习生活，来锻炼的嘛。

对比一下想想，不管是被刀划到的小伤，还是可能在军训、夏令营中出现的意外，本质都是一样的：只要上心且管理到位，就是可以预防和避免的。

那么，怎样才能更好地保护孩子？健全的制度、严格的管理，以及参与者的尽职尽责，都缺一不可。更重要的是，态度决定一切，能够正确认识"意外"，肯于积极面对，才是解决问题的前提。

高中教育编

重视初、高中教育的衔接*

　　初中和高中教育虽然同属中等教育，但是无论从学生的年龄特征，还是从教育内容、教育方法来讲都有很大差别，对这两个阶段教育的差别和衔接，需要老师和校长认真研究。过去初、高中混合设校，学校统一管理，初、高中的生态环境差别不大，初中学生往往以高中大哥哥大姐姐们为榜样，升入高中以后不会有太大的异样感。现在初、高中都分别设校，初级中学和高级中学无论在设施上还是在学校管理上差异都很大，初中生升入高中需要换一个学校环境，就会有许多困惑。做好初、高中教育的衔接就能使学生顺利地适应高中教育，健康地成长。

　　首先，做好心理上的衔接。初中学生从年龄发展来讲，属于少年期，是儿童向青年过渡的时期。生理、心理开始急剧变化，从而产生诸多矛盾，是最不稳定的时期。高中学生已经进入青年初期，生理发育渐趋成熟，心理上、社会性上向成人接近。这是一个既非儿童又非成人的"中间人"时期；智力已经成熟，出现了合理的、抽象的、怀疑的思维，但缺乏社会经验，易流于空想；感情表现强烈但还不稳定、不协调。初中学生和高中学生是人生发展的两个不同的阶段，其中既有阶段性，又有持续性，不可能机械地划出分界线。由于个体发育成长过程不同，又

＊　写于2009年2月4日，原载《基础教育参考》2009年第5期。

可能在同一个年龄时期出现不同的特征。因此，在教育教学过程中要认真研究学生，有针对性地进行引导。特别是高中一年级，初中学生进入一个新的环境，会有许多困惑。教师要及时把他们组织起来，建设班集体，使他们能够融合在一起，成为一个学习共同体。

几年以前我在南京一所中学的高一年级听了一节课，老师让学生谈谈进入高中的一些感受。有一个学生说：她在初中的时候是班长，感到自己是最棒的，现在班上自己没有当上干部，感到很失落；另一个学生说：在初中时候的学习和现在不一样，老师教得多，学生只要跟着学就行了，现在老师要求我们自己探究，感到不适应。课堂上大家对同学提出的感受开展了热烈的讨论，最后一致认为，高中学习阶段与初中学习阶段不一样，新的环境、新的老师、新的同学，每个同学都需要调整心态，适应新的环境。我觉得这种课程在高中一年级新生中进行是非常必要的，是初高中衔接的一个很有用的焊接点，这样接好了就有利于学生在高中顺利地发展。

其次，要研究学习上的衔接，包括学习内容和方法的衔接。学习内容的衔接在制定课程标准时需要认真考虑到。但高中阶段已经属于非义务教育阶段，学生学习的选择性比较大，选修课比较多。学校、老师需要在认真了解学生的基础上指导学生选择适合于他的课程。据我了解，美国许多高中都设有学习指导老师，在学生入学时就帮助学生选择课程。他们根据学生在初中时学习的各科成绩、学生对各科喜爱的程度、个人的性格特征等向学生提出选课的建议。我国在学生学习指导方面也应加强。

老师要重视对学生学习方法的指导。高中学生自学的能力、探究的能力不断增强，学习方法要更多地依赖自己的探究。特别是新课程改革以后，对学生自我探究、动手能力的要求提高；选修课跑班上课的形式也与初中不同。这些都需要老师及时指导，及早适应，顺利过渡。

最后，学校管理也需要重视初、高中的衔接。高中学生的理性增强，学校和老师对学生的管理应该更趋理性化。要听取学生对学校管理的意见，吸引他们共同参加学校的管理。初中生进入高中后可能会感到学校、老师管得少了，自主独立性强了，可能觉得管理松了，自制力不强的学生就会放松自己。老师特别是高中一年级的老师要加强对学生的引导，使学生认识到高中生已经接近成人了，应该有较高的自觉性和自我控制、自我调节的能力，培养他们的社会责任感。

　　从教育行政部门来讲，加强初中学校和高中学校的联系很有必要，可以组织初、高中互相交流、互相了解，使他们都重视初、高中的衔接，将来初中生进入高中以后能够尽快地顺利过渡。

　　初、高中衔接是教育工作中的重要课题，值得大家来研究。

跳出要不要文理分科的框框来思考[*]

高中要不要文理分科已经成为目前教育讨论的热点。据统计，目前有54%的人赞成文理不分科，有46%的人赞成文理分科，几乎旗鼓相当。但是我从讨论中发现，论者似乎都是简单地从高中分科合科的利弊得失、与高考的关系、学生的负担等方面来论争。我觉得应该跳出这个思维框框，从基础教育的任务、时代的要求、人才的培养、教学模式以及考试制度的改革等全面来思考这个问题。

首先，从基础教育的目标任务来看文理分科问题。

大家都知道，基础教育是为人的一生发展打基础的，是奠基的教育。但是基础教育要打什么基础却不是人人都明白的。许多老师和家长只把它看作为升学打基础。其实打好基础的含意是广泛的。我认为基础教育要为每一个学生的人生发展打好基础，应该包括三方面：一是打好身心健康发展的基础，这是最重要的，是其他基础的基础，没有健康的体魄和心理素质，人生难以发展。二是打好进一步学习的基础。这不只是为了升学，而且是为了不断学习、终身学习。教会他们会学习，会不断获取知识。在当今时代，由于科学技术的迅猛发展，生产的不断转型，一个人可能要多次转换职业。没有不断学习的意识和能力是难以适

---

* 写于2009年3月6日，原载《中国教育报》2009年3月9日。

应这种变化的。三是打好走进社会的基础，这就要及早培养社会责任心、与人交往和共同生活的能力。从这三方面的基础教育任务来看，文理各科都是重要的。高中作为基础教育的最高阶段，正是人生道路上最关键的时刻，是世界观、人生观、价值观初步形成的重要时期，也是逐渐树立志向、选择专业发展道路的关键时期。这个时期需要拓宽视野、夯实基础、提高素质。高中课程的设计就是考虑到中学生所需要的这些基础。较早文理分科，不利于提高学生的全面素质。特别是我国已经普及九年义务教育，许多地方正在酝酿普及高中阶段教育。因此需要改变过去精英教育时代把高中作为大学预科的做法。

其实，高中文理分科是高考逼出来的。"文化大革命"之前高考文理不分科，"文化大革命"以后一段时间也不分科。我记不清哪年开始高考文理分科了。于是学校为了追求升学率也开始分科，最初在高三才分科，后来在高二开始，而许多学校在高一就开始了。这种分科，大家想想是否有利于打好上面所说的三方面基础呢？

其次，从当今时代对人才的要求来看文理要不要分科。

当今时代科学技术迅猛发展，生产高度发达，这固然为人类带来了高度的物质财富，极大地改善了人们的生产条件和生活质量，但是也带来了环境的破坏、资源的浪费，特别是使一部分人滋长享乐主义、个人欲望无限膨胀、道德水准下降。因此，有识之士早在20世纪80年代初就呼吁人文精神的回归。英国在80年代初就首先推出STS课程，即科学、技术、社会课程，把它作为公民的必修课。要教育中学生了解科学的本质、科学和技术的关系、技术和社会发展的关系，避免技术至上主义对社会的危害。大学通识教育一直被世界著名大学所关注。像麻省理工学院这样的工程院校，通识教育占了很大的比重。大学都在强调大学生要拓宽文理知识，以提高大学生的人文素质。

科学技术的发展和社会的变革，使得科学发展一方面越来越分化，另一方面越来越综合，而总的趋势是综合。许多创新都产生在学科的交叉点上。高等教育的知识结构越来越打破传统学科的界限，跨学科、文理渗透成为高等教育发展的必然趋势。现在学习经济学、管理学、社会学都需要数理知识；工程学、建筑学等也都需要人文知识，工程、建筑等设计的项目才能体现以人为本，有人文情趣。在我国，过去高等教育以专业教育为主，基础狭窄，专业发展受到限制，一直受到学界的批评。改革开放以后，提倡通才教育，要求加强通识教育，拓宽专业面。从现实生活来讲，兼备文理知识的人，无论是就业或转岗，还是组织能力及与人交往都具有优势。许多大科学家都提倡文理兼容，钱学森还说过，他的成就得力于音乐。

大学尚且要文理结合，高中就分科是否违背时代的精神？有些论者赞成偏科，常常举一些特殊例子，特别是老一辈大师级人物来说明。但是要知道，现在时代不同了，如果作家不了解点自然科学知识，恐怕很难创作出反映当代科技创新的英雄人物来。

最后，看看大家在讨论中的几点担心。

在讨论中大家有几点担心，怕政策不配套，怕其他措施跟不上。大致有以下几个问题：

第一，据说85%的高中生赞成文理分科，反对改变现状。这不能怪他们，他们是从现实的高考和学业负担来考虑的，他们怕文理不分以后会增加课程，增加高考科目，从而增加学业负担。这种担心是可以理解的。我们在调查中许多老师就说，文理分科是高考逼出来的，高考不分科，高中文理分科就会消失。这话有一定道理。因此，改革要配套。不能孤立地决定分科还是合科。改革的最终目的是要提高学生的素质，减轻学业负担，把时间空间还给学生，便于学生发挥自己的爱好和专长。因此，课程要改革、高考制度要改革、教与学的方式要改变。将来国家要建立基础教育的质量标准，每个学生必须达到这个标准，然后选考专业需要的科目。高考制度的改革也要考虑到学生志愿和高校的要求，真正选拔文理各科的优秀人才。高考制度改革的方案正在制订中，将来会征求各方面的意见。

第二，担心课程面面俱到，要求太统一，不能照顾到学生的天赋、兴趣和爱好。有的论者认为，人的天赋是有差异的，人的智力结构也是多元的。有的适合学文科，有的适合学理科，有的适合学艺术。这个意见是很有道理的，文理不分以后不能对学生一刀切，都统一要求，不照顾学生的个性发展。这就与改革的宗旨相违背了。改革的目的就是要以人为本，发展个性，培养具有创新精神和实践能力的创新型人才。因此，高中课程需要认真改革，现在正在改革中。改革的方向就是降低难度，减少必修课，增加选修课，使学生有选科的很大自由和空间。同时，现在的文理分科主要是围绕高考分科，并不能真正照顾到学生的天赋、兴趣和爱好。相反，过早的文理分科压抑了学生的兴趣和爱好。例如有些理科学生，很喜欢文科类知识，想学习但没有时间，如果以后再想转科已经来不及了；同理，文科学生想搞些理科活动，没有时间，再想转向理科恐怕更是不可能的事。

第三，许多论者引用有些外国的经验。但是大多数国家普通高中是不分科的，如美国。有的国家虽然分科，但不是简单地分成文理二科，而是多种选科。例如法国，普通高中第一年学生接受相同的教育，不分科，但有选修课，高中后两年分5个方向：A（哲学与文学）、B（经济与社会科学）、C（数学与物理）、D（数学与自然科学）、E（数学与技术）；英国高中称第六学级，已经是大学的预科了。上海中学校长唐盛昌撰文提到，对知识领域简单地分文理科是不科学的。他提到国际文凭组织IB课程由6个学科群组成：母语或第一语言类、第二语言类、人文与社会科学类、实验科学类、数学与计算机科学类、艺术科学类，共计99门课程科目，且大部分科目又分为"标准级"和"高等级"等不同水平由学生选择（详见《中国教育报》2009年2月18日第3版）。可见，各国高中的制度也是不一样的。我国需要结合我国的国情和传统来设计高中的制度。

由此，我想不能简单地决定高中文理分科或者不分科。我个人是赞成不分科的，赞成文理兼容，有利于提高学生的整体素质。但是不分科不等于学生都学习一样的课程，要减少必修课，增加选修课，给学生选择的自由空间。如果一定要分科，那也不能简单地分为文理二科，而是要多种分科，提供学生多种选择，同时要加强文理基础知识教育，真正打好人生发展的基础。

示范高中要成为推进素质教育的模范[*]

　　高中阶段是学校教育最重要的一个阶段，它不仅起到承上启下的作用，而且是青少年世界观、人生观开始逐步形成的阶段。因此，许多国家都把高中阶段的教育放在十分重要的位置。高中的办学模式多种多样。欧洲一般采用双轨制，即把普通中学和职业中学分开设置；美国采用的是综合制，即在同一所中学里设置普通课程和职业课程，由学生自由选择。我国高中采用的是双轨制，分别设立普通高中和职业高中。但是我们与欧洲的双轨制又有所不同。欧洲普通高中取得毕业会考资格就可以免试进大学，我国普通高中毕业还需要参加高等学校入学考试竞争入学。按最近几年入学的统计，高校录取率占参加高考人数的60%左右，因此还有40%的普通高中毕业生不能进入高等学校，如果加上没有参加高考的毕业生，恐怕有一半需要直接走入社会。因此，我国高中的办学模式，除了双轨制以外，普通高中如何办好，也需要认真研究。恐怕不能只顾升学之一头而不顾其他学生的出路。这个问题今天先不在这里讨论。

　　今天我想谈谈当前我国普通高中办学的几个问题。我觉得有几个思想上的误区，值得我们思考。

---

[*]　写于2008年2月3日。

误区之一是学校办得越大越好。过去高中，一般只有千把名学生，现在有3 000名学生的学校已经是小学校了，一般都在5 000人左右，有的甚至上万人、几万人。这固然是由于扩大高中招生和扩大优质资源带来的问题。但我认为这不符合中学办学的规律。中学生是在夯实基础，奠定世界观、人生观的重要时期。中学生需要校长、老师的亲切关怀和呵护。学生多了，校长老师不容易都照顾到，学校的管理也增加了难度。苏联著名教育家苏霍姆林斯基在帕夫雷什中学担任校长23年，他亲自教一门课，担任班主任，研究学校的每一个学生，他曾系统地研究了3 700多名学生。我们的校长能做得到吗？有一次我参观一所高中，得知该校学生有17 000多人。我问有多少教师？校长答有约800人。我想，这位校长恐怕连老师都认不全，怎么认识这么多学生？怎么领导教师去钻研课堂教学？中学校长应该走进课堂去，走进教师中，走进学生中，才能把学校办好。这样，学校办学规模应该适当，不宜太大。

　　误区之二是学校建得越豪华越好。学校是文化的殿堂，校园的建设重在文化品位。但我国有些学校的建设只追求豪华而不追求文化。有的学校校门盖得像巴黎的凯旋门，有的学校校门长达几百米，有的高中占地几千亩。这都是中国人好大喜功的陋习的表现。学校是育人的地方，学校的一草一木、一砖一石都要有育人的意义。豪华的校舍首先给学生一种奢侈的印象，与我国崇尚节俭的传统文化不相符合。我曾经在法国参观过著名的巴黎高师，他们的校门比普通家庭的大门大不了多少，但该校却是世界著名学府。希望我们的学校少一点奢华，多一点朴实。

　　误区之三是设备成为优质学校的标志。一讲示范性高中，首先想到的是有多少电脑，有多少投影设备，有没有塑胶跑道。这些现代化装备都是需要的，但不是唯一的。中华人民共和国成立以前我们上的高中设备是非常简陋的，有的连实验室都没有，但照样培养出众多人才。当前我国大师级人才如钱学森、季羡林等都是在中华人民共和国成立前简陋的设备条件下培养出来的。关键在于教师的水平。有高质量的教师才是优质学校的标志。当然，时代不同了，先进的技术，特别是信息技术正在改变着教学过程。但先进的技术需要教师恰当地运用。听说现在许多教师离开电脑就不会上课了。这是一个问题。教学是一门艺术，艺术在于创造。每一堂课的情境都不会是一样的。这就需要教师运用创造性的教学艺术。把课都做成课件往往会束缚教师的临场创造。我自己就有这个体会，过去也常常用幻灯片讲课，后来发现太束缚思维，束缚临场的发挥，现在我就少用了。同时，用课件来教学有时会缺乏教学的情趣。我小时候学几何，老师用粉笔在黑板上画图，一笔画一个很圆很圆的圆，同学都"哇"的一声惊奇不已，师生的感情就融合在一起。光用先进技术来教学就失去了这种情趣。因此，优质学校还是要重视优质教师队伍的建设。

误区之四是把办些特长班当作学校的特色。常常听见校长讲，全面发展+特长=特色。因此许多学校办起特长班，什么英语班、音乐班、舞蹈班、奥数班等。大家都办特色班，学校还有什么特色？学校要办出特色，所谓特色，顾名思义，是指不同于一般，不是平平常常，而是有所创新，具有个性，而且这种个性能够形成传统，代代相传。因此要把学校办出特色，就要有新思想、新思路，要结合本校的历史传统、特殊环境、优势特点，办出个性。

误区之五是把课外活动作为素质教育的主渠道。有的学校课堂教学是应试教育，课外活动是素质教育，分得很清楚。有人来考察参观素质教育，就让他们看学生的课外活动，蹦蹦跳跳，热闹一番。至于课堂教学是否精彩，学生负担是否适当，则并不重要。这是本末倒置。课外活动确实很重要，是活跃学生生活、补充课堂教学的不足、培养学生兴趣特长的好形式。但课堂教学应是素质教育的主渠道。因为课堂教学是有目的有计划有组织地贯彻教育方针的活动，是按照国家课程标准进行的。学校工作首先要把课堂教学组织好。

现在各地都在建设示范高中，主要是统筹优质高中资源，使高中均衡发展，提高普通高中的教育质量，在普通高中里起示范作用。那么，示范高中就应该带头全面贯彻教育方针，成为推进素质教育的模范。

课程建设与学校文化特色[*]

　　新的课程改革中课程设置分为国家课程、地方课程、校本课程。为
什么要这样设置？新课标明确指出：改变课程管理过于集中的状况，实
行国家、地方、学校三级课程管理，增强课程对地方、学校及学生的适
应性。首先，要适应地方的实际。我国幅员广大，区域发展不平衡，城
乡发展有差异，用统一的课程要求全国，就会脱离地方的实际。例如西
部农村地区，办学条件较差，师资水平不高，而且大部分毕业生要走向
社会，或者留在农村务农，或者进城打工。基础教育课程就应该结合地
方的实际，使他们学有所得，学有所用。其次，要适应学校的实际。学
校办学历史不同，环境条件各异，如果统一课程，学校就办不出特色。
设置校本课程就是给学校设置课程的自主权。学校可以根据学校的传
统、师资条件，发挥自己的优势，办出特色。最后，也是最重要的，是
要适应学生发展的需要，因材施教，充分发挥学生的潜在能力。校本
课程灵活多样，可以任学生根据自己的爱好和特长选修，使人才脱颖
而出。

　　新课改赋予学校课程管理的自主权。学校如何用好这个权利，是值
得校长和老师认真研究的问题。课程是学校教育的核心，学校的办学理

---

*　写于2008年8月4日，原载《基础教育参考》2008年第12期。

念及一切价值观都会反映到课程中、课堂上。因此，校本课程的建设要和整个学校建设联系起来，也就是要和学校办学思路、长远的规划联系起来，和学校的文化建设结合起来，办出特色。有些学校把校本课程简单化，有什么教师就开什么课，如有舞蹈老师就开舞蹈课、有书法老师就开书法课；有些学校甚至把校本课程变成应试教育的课堂延伸。这都是不正确的，是对学校特色的一种误解，需要纠正。

课程建设要和学校文化建设结合。那么，什么叫学校文化？学校文化是经过长期发展历史积淀而形成的全校师生（包括员工）的教育实践活动方式及其所创造的成果的总和。包含了物质文化（校园建设）、制度文化（各种规章制度）、精神文化和行为文化（师生的行为举止），而其核心是精神文化中的价值观念、办学思想、教育理念、群体的心理意识等。

学校文化建设主要表现在教育目标上，即培养什么人，怎样培养的问题。教育目标又集中反映在课程上、教学上。选择什么课程结构、如何开发课程的内容、怎样进行教学，达到课程目标的要求，是学校文化建设的重要内容。对于国家课程来说，不存在重新设置问题，但如何完成国标的要求，充分发挥课程的文化内涵是学校课程管理的重点。对于校本课程的设计，就要充分考虑学校发展的长远目标，结合学校的历史传统、现实条件、学生特点，加以规划，形成学校的特色。

学校文化建设说到底是校风的建设。什么是校风？校风是指一个学校的思维方式、治学态度。校风表现在学校的方方面面。表现在领导班子身上就是有没有先进的办学理念（包括课程建设的理念），有没有人文管理的精神，有没有组织团队不断学习、不断进步的规划；表现在教师身上就是有没有敬业爱生的精神、教书育人的品质，能不能建设校本课程和充分完成课程目标；表现在学生身上就是有没有刻苦钻研的态度、开拓进取的创新精神等。这一切都与课程建设有关。

校本课程建设特别要考虑到学生的需要，因材施教。我们相信每个学生都能成才，但才有不同。因为每个人的天赋不同，有的生来喜欢艺术，形象思维很强；有的生来喜欢数学，逻辑思维很强；有的喜欢摆弄机械，动手能力很强。爱迪生一生有2 000多项发明专利，但只有小学文化。我们不是说可以少学文化，而是要设计适合学生发展才能，而不是压抑他的才能的课程。这就是我们要提倡的课程文化。

学校管理编

校长应有什么品质[*]

大家都说，有一个好校长，就有一所好学校。有人不同意，认为把校长看得太重了，办好一所学校还要靠良好的教师队伍呢！但是我还是同意，有一个好校长，就有一所好学校的说法。当然，办好一所学校要有多种条件，人、财、物都要齐备，缺一不可。但是学校的人、财、物由谁来统领？由校长。办好一所学校最重要的当然是要有一支优秀教师队伍，但这支队伍谁来统领？还是由校长。因此校长是学校的领头人，是学校的旗手，他要带领师生完成党和国家交给的培育人才的任务。如果校长有先进的理想和高尚的人格魅力，能够凝聚全校师生的力量，那他就是学校的精神领袖。有了他，学校就能蒸蒸日上地发展。我国历史上有许多好校长，他们都把学校办得有声有色，如北京第二实验小学的陶淑范、霍懋征，上海育才中学的段力佩，天津的韦力等。

既然校长这么重要，校长应该具备什么样的品质？最近出现一种舆论，认为校长要职业化、专业化。我不大明白校长职业化、专业化是什么意思。如果说，校长除了要有一般教师的教学专业能力外，还需要有组织工作的能力、公关的能力，这也无可非议。但是如果说校长不一定需要有教学专业能力，专门做校长就可以了，就叫校长职业化、专业化

---

* 写于2007年12月24日，原载《基础教育参考》2008年第2期。

了，我却很不赞成。校长首先应该是一名优秀教师，才能成为一名优秀的校长。因为学校的任务就是教书育人。校长自己不会教书，天天泡在会议室里，或者成天跑上跑下搞关系，怎么能带领全校教师搞好教学？诚然，现实生活中当校长不会搞关系不行，不开会也不可能。但校长切不能忘记了自己最中心、最本质的工作，就是带领全体教师提高教育教学质量。为此，我建议我们的校长要走进课堂，走到教师、走到学生中去，如果有条件的话最好兼一门课。苏联教育家苏霍姆林斯基在农村帕夫雷什中学当校长23年，一直没有离开过课堂，而且还担任一个班的班主任。他天天和学生在一起，研究了3 700多名学生的成长过程。所以他成了世界知名的教育家。我们要在学校中出教育家，也需要有苏霍姆林斯基那样的精神和作风。

当然，一名优秀教师不一定能做好校长。校长还要有其他的能力和品质。

第一，校长要有办学的理念和思路。校长需要根据教育发展的形势、学校的历史、学校所处的地位，不断提出学校发展的思路，引导全校教师共同研讨学校发展的愿景，使学校可持续地向前发展。学校发展要有奋斗目标。这个奋斗目标不是指上面布置的要求，而是指学校自己根据学校具体情况制定的目标。这样的目标也不能光靠校长一个人想出来，而是要由校长和教师共同研讨出来，这样才能真正成为学校发展的愿景，才有生命力。

第二，学校的中心工作是教育教学。因此校长的主要精力要放到教育教学工作上。这就要求校长要走进课堂，走到教师中去，虚心向老教师请教，了解老师的想法，和老师一起研究如何改进教育教学。只有了解了教师的工作状况，校长才能掌握学校的全局，才能提出办学的思路。

第三，校长还要走到学生中去。学校的一切工作最后都要落实到学生身上。因此，不仅老师要了解研究学生，校长也要了解学生，研究学生，了解他们的需要，了解他们的学习情况，关心他们的生活和思想。老师要和学生打成一片，校长也要和学生打成一片，成为学生的朋友。校长不仅要了解在校生，还应跟踪学校的毕业生，了解他们的发展，听取他们对学校的改进意见。同时校长还应该联系一批不同职业的学生家长，了解学生在家庭中的学习和生活，听取家长对学校工作的意见。

总之，校长是学校的旗手，是师生的精神领袖。这种旗手和精神领袖作用不是靠校长的权势，靠校长发号施令，而是要靠校长高尚的品格、丰富的学识、教育的智慧、亲和而开放的作风。也就是靠校长的人格魅力。

校长要带领全校师生为一个共同愿景而奋斗，就要带领全体教师学习，把学校建设为一个学习共同体，在学习中求发展，在学习中创新。这是校长最重要的使命，也是现代学校文化建设的核心。

学校管理体制创新是提高教育质量的保证[*]

学校是一个由教师、学生、管理人员组成的共同体，是一个自组织系统。要使学校有效地运作起来，就必须统筹处理好人、财、物的关系，使各方面都处在最佳的状态协调运转。其中人的因素是第一位的，调动人，即师生的积极性和主动性是校长的主要职责。

怎样才能调动全校师生的积极性和主动性？就需要解放思想，转变传统的管理理念，实行管理体制创新。传统的管理理念是把学校分成管理者和被管理者，校长和行政负责人是管理者，教师和学生是被管理者；从师生关系来讲，教师是管理者，学生是被管理者。层层管理，缺乏全校师生员工的共同愿景和积极性。现代管理理念是全员管理，即全校师生员工都参加学校的管理，实现学校管理的民主化、公开性和公正性，学校重大问题的决策要通过民主讨论，形成共识，使每个师生员工都明确学校的奋斗目标和各自的职责。

学校是教育机构，是育人的场所。学校管理要与学校的办学目标

---

* 写于2008年8月1日。发表于《基础教育参考》2008年第10期，原题是《创新管理体制，提高教育质量》。

和办学思路相一致。中小学教育是基础教育，主要任务是提高学生的整体素质，这种管理就强调人文管理，重视调动师生的主体性，使学校充满生气。如果学校的办学目标是为了追求升学率，学校管理就会以分定人，分分计较，使全校师生处于压抑被动的地位，学校必然会死气沉沉。

新的课程改革把中小学课程目标定在：使学生形成积极主动的学习态度，获得基础知识与基本技能的过程同时成为学会学习、形成正确价值观的过程。新的课程改革给学校留有校本课程的空间，同时要求改变教学的模式，提倡自主探索和学习，并相应地改革学生学习的评价制度。这些改革都要求学校在课程和教学管理上进行改革和创新。学校的课程管理就不能像传统教学那样按照上级的统一要求、统一教材，要求教师采用统一教案、统一方法、统一模式。应该充分发挥教师的自主创造性，鼓励他们开展教学实验，创造教学的新经验。

要改革教学评价制度。不能用统一的标准，尤其不能用学生的考试成绩来评价教师和学生。要采用绩效评价，或者叫发展性评价的方式，鼓励师生的进步。只要在原有的基础上有进步、有发展就应鼓励。这种评价才显得公平、令人信服，才能发挥教师和学生的主动性和积极性。

学校行政领导要转变管理思想。学校行政领导既是领导者，又是服务者。领导者要用民主的方式与全校教职员生共同决策学校发展的重大问题，引导广大师生为实现学校的奋斗目标共同努力；服务者是为广大师生开展教育教学工作、提高教学质量提供最佳的条件和环境。

学校内部管理要建立一种最佳的机制。所谓机制，就是一种调节各种关系的杠杆。学校内部管理的机制是什么？就是全校师生的共同愿景和激励制度。学校内部管理体制的创新就是建立这样一种机制，在民主讨论的基础上形成学校办学的共同愿景，然后互相鼓励，不断进步。

　　建立学校内部管理机制的动力何在？在于学习，分析新情况，学习新理论，研究新问题，创造新经验。在学习中就会转变旧观念，就会统一思想，形成共同愿景；通过学习，就会解放思想，创造新的经验和成绩。所以说：教育的发展在于改革，教育的改革在于创新，教育的创新在于学习！

学校教学管理要以校风学风建设为统帅[*]

大家都认识到，管理是一个单位正常运行，保证质量和效果的重要手段。一个单位如果没有管理，就会像一台机器只有零件，没有组装，运作不起来。学校也是这样。学校管理中尤以教学管理为中心，因为学校的中心任务是教学，学校各方面的管理都要为教学服务，保证教学工作的正常运行。

按照教育管理学的要求，学校教学管理包含课程管理、教学计划进程管理、教学设备管理、学生学籍管理、教师教学管理、评估考试管理等，这在任何一本教育管理的教科书上都能找到，无须我在这里赘述。我想说的是，学校管理和学校教学管理不能只是制度的管理，还要有一种精神为统帅。学校教学管理是学校文化建设的重要部分。学校文化建设包含了校风学风建设、制度建设、校园环境建设、行为习惯建设。这其中校风学风建设是核心，是统帅。学校教学管理也要以校风学风建设为统帅，这样教学就有了灵魂。

什么是校风学风？校风学风是指一个学校的思维方式、治学态度。从思维方式来讲，就是学校怎么办，办成什么样子，有什么办学思路。

---

* 写于2008年5月25日，原载《基础教育参考》2008年第7期。

治学态度表现在教师怎么教，学生怎么学的问题。学校教学管理首先要解决培养什么样的人，怎样培养的问题。这个问题解决了，教学管理才有方向，有目标。如果学校的办学目标是培养有创新精神和实践能力的人才，教学管理就会鼓励教师在教学中改革创新；如果学校的办学目标是追求升学率，教学管理就会限制教师在教学中改革创新，处处用考试的要求来束缚师生的手脚。

当然，教学管理的制度建设也很重要，有了制度就会有条不紊，按部就班，职责分明。但制度建设必须和办学理念相结合，并且以办学理念为指导。教学管理的制度建设要营造一种让师生感到充满生气、积极向上、愉悦舒畅的教与学的环境。

学校教学管理的重心应当放在课堂上。课堂教学是教学的主战场（当然不限于在教室中教学）。在课堂上，学生获取知识，培养能力，形成正确的世界观、人生观；在课堂上，教师不断提高自己的教育教学能力，不断提升自己的人生价值。为了不断提高课堂教学质量，教学管理就要鼓励教师不断学习，努力钻研，认真备课，精心设计。为此，教学管理者，特别是校长、教务主任要走进课堂，与老师共同研究，改进教学。教学管理要把组织教师学习放在重要位置。学习教育方针，学习教育理论，研究教材和研究学生，不断提高教学能力。现在有些学校的领导天天泡在会议上、应酬中，不听课，不与教师交谈，用指示、用公文、用制度来管理教学，这种管理只能流于形式，难以有好的效果。

当前课堂教学管理中有一个误区，即只强调规范，不提倡自由创新；只重视统一要求，不重视个性发展。有些学校对教师备课上课的要求很严格，教案写得越详细越好，上课要严格按照教案执行。这样把本来具有教师鲜活行为的教学活动束缚在一种形式中，必然会压制教师的创造性。要知道，教学既是科学，又是艺术。教学当然要遵循教学的规律，但更重要的是创新。因为教学的主体和对象都是人，都是鲜活的不断变化着的人。每堂课都会有不同的情境，教师的艺术就在于教师能对不同的教学情境灵活应对。每个教师都有不同的性格气质，都有自己的教学风格。教学管理者要鼓励教师开拓创新，创造自己的风格。因此，教学管理要克服形式化、模式化，在规范中有自由，在统一中有个性。我这里并非否定制度管理的重要性。但教学管理制度的建设只是教学管理的最低要求，是正常教学秩序的保障。要提高教学质量，更重要的是靠教师思想水平的提高、业务能力的提升。管理是一种制度，更是一种文化。学校是文化的殿堂，更需要用人文精神来管理，来引导。因此，学校教学管理要以校风学风建设为统帅，校长、主任与教师一起在课堂上，在教学中，在共同学习和研究中进行。这就是学校教学管理与其他企事业管理最不同的特点。

学校要重视教育资源库的建设[*]

办好一所学校有几个主要要素：一是教师队伍，二是校舍设备，三是信息。过去，学校的信息主要是指教学大纲、教科书；现在，学校信息是多方面的，有课程标准、教科书，还有各种图书资料、声像资料、电子信息等。尤其是进入信息化、网络化时代，信息来源更是多种多样。网络技术在教育领域中的应用，使教育方式和学习方法发生革命性的变化。从教学内容来讲，老师光是照本宣科已经不能满足学生的需要，学生可以从各种渠道获得比教科书中更多的信息；从学习方法来讲，现在讲究探究学习，这就需要给学生提供丰富的信息资源；同时在当前网络十分发达的时代，学生可以利用网络与老师和同学个别交流，共同研讨。总之，信息化、网络化使教育资源极大丰富。

信息不等于是知识，信息有知识性的，也有非知识性的，甚至有害的。因此学校要整理、管理这些信息，教育学生正确处理各种信息，使它有利于师生的教与学。学校建立教育资源库就十分重要。学校教育资源库的建设就是根据学校的培养目标、课程标准把各种信息整合起来，运用信息技术制成各种可供随时使用的软件，成为一个丰富的库房。高质量的丰富的教育资源库有助于教育教学过程多样化、个性化、社会

---

* 写于2009年2月1日，原载《基础教育参考》2009年第4期。

化。教育资源库中的软件，不是固定的课件，而是课件中的零部件，可以拿来组装成完整的课件。建设和管理得好的资源库甚至可以在上课时随时提取，这就极大地丰富了课堂教学。学校联网以后，学生可以在网上索取他所需要的学习资料，进行个性化学习。学校教育资源库可以和其他学校资源库联网，做到资源共享，实现教学过程社会化。学校教育资源不只限于教学资料，还应包括学校各项活动的信息、教师教育教学活动的信息、家长的信息等。这些信息都是教育资源，都可以用来支持教育教学活动。当然教育资源库的核心应该是运用于课堂教学和学生社会活动的软件。

建设教育资源库需要对教育信息加以整理、分类、整合、管理，使教育资源的内容科学、构成有序、便于操作。学校教育资源库的建设既要有专人负责，又要依靠广大教师共同努力。学校全体教师都要关心教育资源库的建设，为资源库提供信息资料，把自己采集到的信息和自己制作的课件提供给学校资源库，做到教师之间资源共享。学校要有专人管理教育资源库。首先要重视教育资源信息的采集，摒弃一切有害于学生身心健康发展的信息；其次是做好整理、分类工作，使资料信息便于使用；最后是要主动与教师、学生交流，了解他们的需要和运用资源的情况，及时改进工作。

对于信息技术我是外行，但我认为，当今信息时代，学校建设基于信息技术的教育资源库非常重要，是实现教育现代化必经之路。现在许多学校都建立了教育资源库，他们一定有许多经验，也会遇到不少问题，让我们来交流这些经验，研讨存在的问题，把学校教育资源库建设好。

学校后勤工作要为教书育人服务[*]

办好一所学校，少不了后勤人员财物的管理。后勤工作人员，包括勤杂工，都是教书育人的幕后英雄。没有他们的辛勤劳动，学校一切工作都无法正常运作。因此，校长的学校管理应该把后勤管理放在重要的位置上；全校师生也都要关心学校的后勤工作，尊重后勤工作人员的劳动。

学校后勤管理包括人员、校舍校园、设备、经费的管理。人员管理主要指后勤人员的组织和管理；校舍校园管理是指校舍的维修，教室、实验室、活动室的配置和装备，校园的建设等；设备管理主要是指仪器设备、图书资料的配置和管理；经费管理是指学校的财务制度的建设、经费的支配等。许多学校把仪器设备和图书归之于教学管理。但仪器设备、图书的添置、维修等往往也离不开后勤部门。所以一般学校都把后勤工作组成总务处。所谓总务处，顾名思义，学校之总管也。其实学校的教育教学工作与后勤工作是密不可分的。除了校长要全面负责外，各部门都需要互相配合，互相支持，学校工作才能高效地运转。

学校后勤是十分繁杂细微的工作，需要建立一套科学的管理办法。我对后勤管理没有经验，只想从教育的角度对学校后勤管理提几点原则

---

*　写于2008年3月23日，原载《基础教育参考》2008年第5期。

性的想法。

第一，学校后勤管理需要明确工作的指导思想。这就是要以人为本，为教育教学服务。后勤管理的主要对象是财与物，但心里却要装着教师和学生，处处为他们着想，为教师的教学创造便利的条件、舒适的环境。我在学校工作的时候常常遇到后勤部门只考虑自己的方便，不积极想办法解决教师困难的现象。你想开展学生的课外活动，他会说没有场地；你想向他借什么用具，他会问你学生损坏了怎么办，等等。这就是没有树立正确的工作定位。学校是教育的场所，学校后勤管理首先要明确为教育教学服务的定位，树立为教师、学生服务的思想。

第二，学校后勤工作要与学校的办学思想、文化建设相一致。一个学校要办出自己的特色，就要有自己的办学理念，根据学校的性质任务、优势特长、历史传统建设学校的文化。学校后勤工作不能只顾管好钱和物而不问学校的办学理念，而是要关心学校的大政方针，关心学校的文化建设，配合学校的办学理念，把钱和物用到发挥学校优势最需要的地方，使学校的一草一木都能体现学校的文化，都能对学生起教育作用。

第三，学校后勤工作人员要树立教书育人的思想。学校是育人的场所，因此学校任何人员都有育人的任务。后勤工作人员虽然不直接上课堂，但他们的一言一行必然会影响到学生，他们包括勤杂工在内，都应该是教育者。所以后勤工作人员也要以身作则，遵守学校的规章制度，为人师表，处处注意自己的言行。许多学校的老职工都能做到这一点。校长对学校后勤人员管理中，要特别重视年轻成员的教育工作，教育他们全心全意为教育教学服务，为教师服务，做学生的榜样。

第四，学校后勤要重视节俭办学，反对铺张浪费。要把钱用到改善教育教学、教师和学生的学习生活条件上。近些年来，学校经费较前几年已有较大增长，许多学校建设了新校舍。这是大好事。但却有少数学校不注意节约，校舍追求豪华，校门盖得像凯旋门，这就没有必要。有些学校重视教师的生活环境建设，用很少的钱盖个咖啡小屋，教师休息的时候可以在这里喝杯茶、聊聊天，温馨舒适，这就很值得提倡。以上两种做法就反映了两种后勤工作的指导思想。前者应该反对，后者应该发扬。

学校后勤工作繁杂细微，可以反映在学校的每个角落，我们走进每一所学校都能在各方面的细节中发现学校后勤工作的优劣。就拿学生骑的自行车的存放来说，有的学校秩序井然，有些学校则到处都是，杂乱无章，这就反映了学校的后勤管理，它也会反映到学生的行为习惯上。所以，后勤管理科学与否不仅关系到学校能否高效地运作，而且直接关系到学生的成长。因此校长要十分重视学校的后勤管理。

教师编

新时期的教师职业道德*

伟大教育家夸美纽斯曾经说过，教师是太阳底下最光辉的职业。为什么？因为他是人类自身得以延续和发展的一种职业。任何职业都有基本的职业操守，也就是通常说的职业道德。但是作为一名教师来讲，其职业道德却与别的职业不同。爱岗敬业应该是任何职业最起码的要求，但教师的爱岗敬业有着特别的意义。因为，第一，教师的职业不同于其他任何职业。其他职业的工作对象往往是物，是机械的无生命的物质，而教师的工作对象是人，而且是生动活泼的正在成长中的儿童、青少年，他们有主观能动性，有自身发展成长的规律。第二，其他职业的工作大多要使用某种工具作用于对象，即使是医生，也有听诊器或手术刀，唯独教师主要是依靠教师本身的知识魅力、人格魅力来影响学生。第三，其他职业可以允许产生废品或次品，而教师的职业不允许出现次品，更不能出现废品，教师要把每个学生都培养成才。第四，其他职业总是为今天的社会服务，而教师的职业是为未来社会服务，培养未来社会的领导人才、建设人才。教师是人类知识的传授者、智慧的启迪者、情操的陶冶者、心灵的铸造者。

师德是古老的话题，但师德不是静止的、凝固的，师德的内涵是动

---

* 写于2008年11月20日，原载《基础教育参考》2009年第1期。

态的、发展的。因此教师职业道德是在不断发展的，教书育人、为人师表的基本精神不会变化，但其内涵却要随着时代的发展不断丰富，并与时代精神紧密联系。

当今世界，科学技术高度发达，知识积累日新月异，学生学习渠道多元，学生价值观念多样。因此当代教师已经不是知识的唯一载体、道德的唯一化身。教师的角色正在起着巨大的变化，因而师德的内容也正在变化。

我国新时期教师的职业道德可以归纳为三个方面：

一是对国家的责任，对社会的责任。教师是一名教育者，同时又是一个公民。因此他首先要充满对祖国的爱、对人民的爱，拥护中国共产党的领导，拥护社会主义事业，遵纪守法。教师要忠诚于党和人民的教育事业，努力贯彻国家的教育方针。这是教师热爱祖国、热爱人民的具体表现。

二是对本职工作的责任，要敬业爱生、教书育人、为人师表。教师要勤奋努力，乐于奉献。在业务上精益求精，在教书育人中体现自己的人生价值。

三是对自身发展的要求。教师要履行自己的职责，成为一名优秀的教师，就要努力学习，终身学习，不断提高自己的思想水平和业务能力，逐渐形成自己的教育风格。

教师要热爱学生，没有爱就没有教育，这是每个教师应有的信念，也是师德的核心。但是怎样才算是真正爱学生？在当今时代，热爱学生首先要信任学生，理解学生，与学生沟通。要以学生为本，充分发挥学生的主体性。过去的师道尊严已经不能被学生所接受，也起不到教育的作用。

教师要精心备课，把人类的宝贵知识传授给学生。但是已经不是单纯地传授死的知识，主要是要启发学生的学习兴趣，没有兴趣就没有学习。要引导学生进入未知世界，学会学习，教会他们获取知识、处理信息的正确方法，启发他们的智慧。

教师要教书育人，为人师表，成为学生的表率，首先要学为人师，行为世范。要注意自己的修养，保持高尚的道德情操，注意自己的一言一行，用自己的人格魅力影响学生。

终身学习是未来世界每个人的生活必需。教师尤其要有终身学习的意识，不断充实自己，才能引导学生不断学习，不断发展。教育是一门科学，需要教师学习钻研教育理论，掌握青少年儿童成长的规律，掌握教育教学的规律。教育又是一门艺术，需要教师根据不同的学生，因材施教；需要根据不同情境，采取不同的方法，灵活多样，不断创新，在学习和创新中形成自己的教育风格。这样才能成为一名有理论、有思想、有创新、有风格的教育家。

做一名让人民满意的教师[*]

今年迎来第25个教师节，喜逢共和国建国60周年。60年来我国教育取得了伟大的成绩，从一个充斥文盲的人口大国，迈进了人力资源大国的行列。作为一名人民教师，我感到无比光荣，但同时又感到担子沉重。党的十七大提出要建设人力资源强国，教育要为全面建设小康社会奠定人才基础，教育工作者责任重大。

当前，我国教育正处在从数量发展到质量提高的转折点上。全面推进素质教育，提高教育教学质量是当前的迫切任务。完成这个任务要靠全社会的支持，更要靠全体教师的努力。2007年教师节前夕胡锦涛在全国优秀教师代表座谈会上说："教师是人类文明的传承者。推动教育事业又好又快发展，培养高素质人才，教师是关键。"又说："尊重教师是重视教育的必然要求，是社会文明进步的重要标志，是尊重劳动、尊重知识、尊重人才、尊重创造的具体体现。"教师是如此重要，受到全社会的尊重，那么教师怎样才能做到值得让大家尊重呢？我想最重要的是，教师要不断学习，努力提高教书育人的能力，特别是要加强师德修养。去年教育部和中国教科文卫体工会全国委员会联合颁发了《中小学教师职业道德规范》。我们要努力实践这个规范，做一名让人民满意的教师。

＊　写于2009年教师节前夕。

爱岗敬业、关爱学生是教师职业道德最集中的体现。爱岗敬业，就是要求教师对教育事业具有强烈的责任感和深厚的感情。教师要始终牢记自己的神圣职责，忠诚于人民的教育事业，把个人的成长进步同社会主义伟大事业，同教育事业的发展联系在一起，不断钻研教育教学业务，提高业务能力和水平，努力提高教育质量。关爱学生，就是要求教师有热爱学生、诲人不倦的情感和爱心。爱是教育的基础，没有爱就没有教育，关爱学生是教师的天职。教师对教育事业的爱、对学生的爱，不同于父母对子女的爱，这种爱体现了对人类的爱、对民族的爱、对未来的爱，是不求回报的无私的爱。所以教育的爱是伟大的爱。

我国绝大多数教师都是爱岗敬业，关爱学生的。他们辛勤耕耘在教育第一线，为我国社会主义建设培养了众多人才。但是随着教育改革的深入，学生思想的不断变化，教育实践中出现了许多新问题。有一部分教师对教育教学工作产生倦怠感，有一部分教师对学生缺乏爱心，甚至有的教师用各种办法伤害学生，师生关系的紧张已经在学校成为较为普遍的现象，这不能不引起大家的关注。

确实，现在教师受到的压力很大。社会种种矛盾压在学校和教师身上。升学的压力、安全的压力，特别是升学的压力使教师们透不过气来。因此有些教师把自己受到的压力转到学生身上。在应试教育的压力下，老师受到的心理压力是很沉重的，许多老师心情烦躁，总觉得学生不听话、不争气，于是给学生施加压力，造成师生关系的紧张。有一些教师有错误的观念，认为爱学生就要严格要求。许多老师认为，把书教好，严格要求就是最好的爱。常常会听到老师说："布置这么多作业就是为你好。"但是学生并不领情，有时甚至产生反感。还有的老师认为，严厉才能使学生听话，对学生的缺点或错误不是耐心教育和容忍，而是采取简单粗暴的办法；有的老师对学生不公平，只爱好学生，不爱有缺点的学生，处理问题总是偏袒好学生，从而引起一部分学生的不满。凡此种种都说明一个问题，就是有一部分老师的教育观念还有待转变，师德还有待提高。

爱岗敬业、关爱学生，首先，要树立以学生为本的思想，处处为学生的健康发展着想。其次，要懂得学生的年龄特征和发展规律。青少年儿童是长知识、长智慧、长身体的时期，他们还不成熟，他们的愿望和能力还不平衡，有时会犯错误；青少年儿童的发展也不是线性的，会有曲折，了解了这些特点我们就不会事事责怪他们。再次，要理解学生，理解学生的需要，青少年儿童活泼好动，富有好奇心，他们有求知的需要，有玩耍的需要，有探究的需要，有交友的需要。老师要了解他们的多种需要，尽量满足他们合理的需要，学生就会反过来理解老师，尊重和完成老师的要求。最后，老师要相信每一个学生，同时注意培养学生的自信心。切忌把学生分成三六九等，那样容易使一部分学生感到老师不信任他，看不起他。这些学生往往对老师敬而远之，采取不信任的态度。在这种状态下，老师要想教育他是很难的。信任是相互的，只有老师信任学生，学生才能信任老师。其实，良好的师生关系是最巨大的教育力量。老师热爱学生，学生热爱老师，师生之间还有什么矛盾不能解决呢？

改善师生关系就要求教师研究教育策略，提高教育技能。教育是一门科学，要遵循教育规律；教育又是一门艺术，需要讲究教育技巧，运用教育智慧，灵活地处理各种矛盾。教师的人格魅力会影响师生关系。"学为人师，行为世范"，教师的一言一行都在学生的眼中，学生会时时评价老师。因此教师要不断提高自己的素养，注意自己的行为举止。教师行业的特点就在于教师的教育手段是和教师的人格融为一体的，教师是用人格影响学生的人格，用心灵塑造学生的心灵。在纪念教师节时，我们不能忘记自己所肩负的责任，不断地提高自己的师德水平，做一名让人民满意的教师。

爱岗敬业，奉献教育事业[*]

——对《中小学教师职业道德规范（2008年修订）》第二条"爱岗敬业"的解读

一、爱岗敬业是教师的神圣职责

新修订的《中小学教师职业道德规范》把爱岗敬业放在突出地位。胡锦涛在2007年8月31日的全国优秀教师代表座谈会上发表重要讲话，对全国广大教师提出了"爱岗敬业、关爱学生，刻苦钻研、严谨笃学，勇于创新、奋发进取，淡泊名利、志存高远"的殷切希望，把爱岗敬业放在第一位。爱岗敬业是对教师本职工作的基本要求，是教师对社会、对学生的基本责任。任何职业都有基本的职业操守，都需要爱岗敬业。但教师的爱岗敬业有着特别的意义。因为，第一，教师的职业不同于其他任何职业。其他职业的工作对象往往是物，是机械的无生命的物质，而教师的工作对象是人，而且是生动活泼的正在成长中的儿童青少年，他们有主观能动性，有自身发展成长的规律；第二，其他职业的工作大多要使用某种工具作用于对象，而教师更重要的是依靠教师本身的

---

* 作于2008年。

知识魅力、人格魅力来影响学生；第三，其他职业可以允许产生废品或次品，而教师的职业不允许出现次品，更不能出现废品，教师要把每个学生都培养成才；第四，其他职业总是为今天的社会服务，而教师的职业是为未来社会服务，培养未来社会的领导人才、建设人才。教师是人类知识的传授者、智慧的启迪者、情操的陶冶者、心灵的铸造者。

教师要理解爱岗敬业的重大意义。正如上海特级教师于漪所说的："教师的责任非比寻常，它寄托着祖国的期望，人民的嘱托。国家将自己的未来，托付在教师肩上，这是对我们教师极大的信任；家家户户把自己的希望，交付给教师培养，这是对我们教师的高度信赖。教师的责任大如天，使命重如山，一个肩膀挑着学生的现在，一个肩膀挑着祖国的未来。今天的教育质量，就是明天的国民素质。"因此爱岗敬业是教师的神圣职责。

二、淡泊名利、志存高远，忠诚于人民的教育事业

教师爱岗敬业就是忠诚于党和人民的教育事业，热爱教育事业。当今世界，科学技术日新月异，国际竞争日益激烈，人才资源是提高综合国力和国际竞争力的决定性因素。中国的未来发展，中华民族的伟大复兴，归根结底要靠人才。而人才培养的基础在教育。因此每个教师要充分认识到教育对社会发展的基础性、先导性、全局性的地位和作用，充分认识到发展教育事业是我国建设人力资源强国，建设创新型国家，加快推进社会主义现代化的必然选择，志存高远，树立崇高的教师职业理想、坚定的职业信念和献身教育事业的决心。我国伟大的人民教育家陶行知就是抱着教育救国的目的，从美国哥伦比亚大学师范学院毕业以后毅然回国，多次辞掉大学教授的职务，脱下西服革履，穿上草鞋布衣，投身平民教育和乡村教育。他的精神一直鼓励着中国的广大教师。

教育是未来的事业，儿童是民族的未来。教师要把一个不懂事的孩子培养成国家栋梁、民族的脊梁，要付出毕生的精力。教师工作是平凡的，每天上课下课、备课、批改作业，为学生解惑排难；但教师的职业又是伟大的，教师要把儿童这个幼苗培育成参天大树。古人说："十年树木，百年树人。"说明创造物质是比较容易的，塑造人，铸造人的精神要经过几代人的努力。因此教师要满怀对学生的真心关爱，以学生的发展为本，甘为人梯，乐于奉献，用心灵和汗水一点一滴地滋润学生的心田，把全部精力和满腔热情献给教育事业。

特级教师、"北京市十大杰出青年"、北大附中副校长张思明老师为我们做出了榜样。张老师多次面临机会和诱惑的选择，但他始终坚守中学教师的岗位。他曾这样写道："我常听到我的同学和已工作的学生这样的劝告：'你怎么还在中学呀？也不赶紧换一些地方……'出国学习结束时，还有待在国外学习和挣钱的机会；研究生毕业后，师大和一些教育科研单位也有意让我去那里工作。但我想重新选择也许会挣到'大钱'或给我带来地位的升迁，但它仅仅是一种'也许'。我现在有着实实在在的工作和事业，虽然它如此平凡、毫不显赫，但它却能给我人生的各种体验，给我看得见、摸得着的成果，让我有发挥才能的舞台和机会。我的事业的基础离不开中学、离不开北大附中。"

的确，在市场经济的条件下，社会上有各种诱惑，对教师是极大的挑战。只有对儿童有真情的热爱，对教育有坚定信念的人，才能淡泊名利，志存高远，终身献给教育事业。我国教育界有许许多多这样的教师。

南京行知小学杨瑞清老师1981年晓庄师范毕业，立志做陶行知一样的人，主动要求到最偏僻最艰苦的农村去教书，要让农村的孩子也享受到最好的教育。他在农村到现在已经工作27年。他说："农村教师可以不进城，可以不提拔，也可以不发财，但是不可以不自信，不可以不快乐,不可以不成长。"他躬身实践,勤于读书,27年来读书笔记就有150本之多。《走在行知路上》一书就是他的教育思想和实践的结晶。

还有胡锦涛看望过的北师大附中朱正威老师、温家宝看望过的北京实验二小霍懋征老师,他们热爱学生,严谨笃学,爱校如家,退休以后还在为新课程改革编写教材,到各地传播自己的教育经验,培训新一代教师。他们把毕生精力献给教育事业,是我们教育战线的榜样。

三、勤恳敬业,严谨笃学,不断提高教育质量

教师有了崇高的职业理想、坚定的职业信念和献身教育事业的精神,就要体现在日常的工作中。教师要对工作高度负责,勤恳敬业,严谨笃学,做好教师的本职工作,并且精益求精,不断提高教育质量。

第一,教师要认真执行国家的教育方针,推进素质教育。这就是要把德育放在首位,以培养学生的创新精神和实践能力为重点,使学生在德智体美诸方面全面发展。

教学是学校的中心工作。我国古代教育家韩愈就说,教师的任务是"传道、授业、解惑"。就是要教学生做人的道理,把文化知识传授给学生,帮助他们解决在做人和学习中遇到的困惑。因此教师要认真执行国家制定的课程标准,认真备好每一节课,上好每节课,保证每节课的有效教学;认真批改作业,认真辅导学生,为学生解惑排难。四川汶川地震灾区的老师们不仅舍己救人,舍家为校,全力抢救和照料危难中的学生,而且在余震不断的情况下为学生搭建遮风避雨的帐篷,设立临时课堂,组织复课,不顾心中的伤痛,认真备课上课,恪尽教书育人的职守,令全社会为之感动。

第二,教师要认真钻研教材,掌握教材的重点和难点,不断提高自己的教学能力和教学质量。在教学中教师不仅要传授知识,而且要重视

培养学生的创新精神和实践能力，教会他们自己学习，自己获得知识的能力。当今世界，科学技术迅猛发展，知识不断更新，老师不可能，也没有必要把人类全部知识教给学生，只有把学科的最基础的知识结构教给他们，更重要的是教会他们学习的方法。所谓"授之以鱼不如授之以渔"。教师要克服只重眼前不重未来、只重分数不重能力的倾向，以提高学生素质为自己的工作目标，不用分数给学生排队。

第三，教师要认真研究学生。每个学生都是独特的个体，各不相同。他们的天赋素质有差异，兴趣爱好各不同。每个学生的智力结构都不一样，有的学生语言交流能力比较强，有的学生逻辑数理智力比较强，有的学生形象思维比较强；学生所处的环境也各不相同，有的家庭富裕，有的家庭贫困，有的父母双全，有的单亲家庭；学生在不同时间不同场合的反应也会有不同，如早上和下午学生的情绪可能会不一样，学生有时会遇到病痛或者家庭的事故，就会有异常的表现。教师要用心观察学生，根据不同的学生、不同的情况，灵活运用不同的方法，对学生提出不同的要求，使他们始终保持高昂的精神状态；同时注意发扬他们的特长，扬长避短，使他们潜在的智力得到充分的发展。正如山东省临朐县辛寨镇白沙小学吕学平老师所说的："做任何事情前都先考虑学生的感受。只有教师放下'师道尊严'的架子，对学生多一些关心，少一些冷漠；多一些谅解，少一些苛责；多一些公平，少一些偏见，才会赢得他们的喜欢和爱戴。"

第四，教师要更新教育观念，不断创新，改善教学方法，采用启发式，反对注入式，加强社会实践活动，培养学生的创造性思维能力，使学生生动活泼主动地发展。学生既是教育的对象，又是教育的主体。一切教育影响都要通过学生自身的主体活动才能内化为学生的知识、智慧和能力。教师的主导作用更多地体现在启发学生的主体性、主动性和积极性上。学生有了主体性、主动性和积极性，就会自己动脑筋，自动地去探索研究，同时才能培养学生的创造精神和能力。特别是当今信息网络时代，学生可以从各种媒体获取知识，教师已经不是唯一的知识载体。有时学生获得的知识是教师不知道的。因此，教师要虚心向学生学习，教学相长。但教师有责任指导学生正确的学习策略和方法，使学生不至于在汹涌澎湃的信息浪潮中迷失方向。教师要努力减轻学生的学业负担，使学生有时间玩儿，有时间锻炼身体，有时间接触社会，有时间思考，有时间从事自己喜爱的学习活动。教师要精心备课，上好每堂课，使师生用最少的时间、最少的精力获得最好的教学效果，实现教学的最优化。

第五，教师要关照每一个学生，对每个学生负责，相信每个学生都能成才。不能只喜爱学习成绩好的学生，不要把学生分成三六九等。对学习有困难的学生要特别关照，因为他们特别需要老师的帮助，因此教师要花更多时间对他们进行个别辅导和帮助，要多鼓励，少批评，增强他们的自信心。北京海淀区中关村四小在2008年教师节举行"教师职业精神研讨会"，会上李宏春老师说，她发现班上总有孩子不能按时完成作业，她开始研究，先和孩子一起分析出不能按时完成作业的原因，再帮他们找到解决问题的办法，让同学间互相提醒，与好朋友结对子等，既解决了学生不能按时完成作业的问题，又教学生学会欣赏他人、鼓励他人的良好品质。

要注意培养学生的学习兴趣。学生中可能会有个别的偏才，要注意保护他的爱好，发挥他的特长。没有兴趣就没有学习，兴趣是学习最好的动力。学生对某门学科有了兴趣就会刻苦钻研，努力学习，将来就可能在某些专业上有所发明，有所创造，有所发展，成为拔尖创新人才。

我国教育实践中有许多老师勤恳敬业，勤于钻研，创造出许多新鲜的教育经验。北京实验二小霍懋征老师毕业于北京师范大学数学系，但她成为小学语文教学的专家，当然她也曾是小学数学教学的专家。这一方面说明霍老师在数学、语文方面都有深厚的基础，另一方面也说明霍老师无论在哪个工作岗位都深入钻研，认真总结。她把语文教学视为老师的艺术，她的课堂教学生气勃勃，师生配合默契，活生生是一堂艺术课。江苏特级教师李吉林也是一个典范。她几十年如一日，勤奋工作，勇于创新，把教育作为一门科学，不断探索，创造了具有中国特色的"情境教育"的理论体系。这些教师都是爱岗敬业的模范。

英雄教师的丰碑*

第24个教师节即将来临。今年的教师节有着特别的意义。四川地震灾区的老师们为我们谱写了一曲可歌可泣的英雄赞歌，让教育界为之震撼，让全社会为之震撼。

在这次地震中，我们的教师充分表现了敬业爱生的崇高的教师道德精神。他们舍己救人，坚强不屈，在巨震面前毫不畏惧，奋不顾身抢救生命。有这样一批教师，当在废墟中找到他们的遗体时，都是屈着身躯，背扛着千斤楼板、万斤横梁，身下却护着自己的学生；有的教师已经撤离，但听到楼里还有学生时，又冲了进去，把学生救了出来，自己却永远被压在楼板下。他们把生让给学生，把死留给自己。这是什么精神？这就是舍己爱生的教师道德精神！

有这样一批教师，在大震面前临危不惧，毫不犹豫地投入到抢救学生生命的战斗中，他们不顾自己的孩子和亲人被压在楼里，却先救学生。他们一面忍着身体、心理的伤痛扒着、挖着，一面喊着："孩子别怕，老师来救你了。"这是什么精神？这就是无私无悔的教师道德精神！

有这样一批教师，在大雨中手撑着雨布，挡着淋漓的雨水，让孩子

---

* 写于2008年7月28日。

睡个安稳觉。这不仅是几只手在支撑着，是一种精神在支撑着。是什么精神？就是教师敬业爱生的精神！

有这样一批教师，他们在失去亲人的悲痛中，在余震不断、惊魂未定的情况下，最先想到的是如何创造条件让孩子们上学。于是帐篷学校出现了，临时辅导班出现了，他们想方设法让学生复课学习。几千名学生在异地的安全地区得到安置。教师们时刻不忘自己的职责：敬业爱生！

教师，这是一个很平凡的职业。在平时，他们就是备课、上课、批改作业，工作十分烦琐，显得十分平凡。教师，又是一个崇高的职业，伟大教育家夸美纽斯把它誉为"太阳底下最光辉的职业"。因为它教书育人，把一棵棵幼苗培育成参天大树，为人类的未来培养人才。因此敬业爱生是教师的天职。敬业就是忠诚于党和人民的教育事业，兢兢业业，把每个学生都培养成才；爱生就是爱护每个学生，使他们的身心不受任何伤害，得以健康成长。这种爱是无私的爱，是不求回报的爱，是对民族的爱、对人类的爱的具体体现。为了这种爱，他们可以把自己的一切奉献给学生，奉献给国家的教育事业。这次四川汶川地震就充分显现了教师这种敬业爱生的崇高精神。四川大地震震出了英雄教师的群体，这不是个别教师，而是千万名教师，充分说明我们的广大教师恪守教师的天职，是值得广大家长信赖的，是值得全社会尊敬的。

让我们向灾区的英雄老师们致敬，向他们学习，不断提升敬业爱生的精神境界。灾区的英雄老师们将是树立在我们心中的永远的丰碑！

同时，我们也要向工作在敬业爱生岗位上的所有老师致敬，祝他们节日快乐！

一面爱的教育旗帜——霍懋征老师[*]

中国当代著名教育家霍懋征老师走了。教育界失去了一面爱的教育旗帜，我们失去了一位长者和朋友。听到这个消息，无限哀痛。

霍懋征老师毕业于北京师范大学，是我们的老校友。她毕生耕耘在小学教育园地，敬业爱生，矢志不渝，为祖国的教育事业倾注了全部的爱和心血。她师德高尚，学业精通，勇于创新，追求卓越，是世人的师表，教师的楷模。从教60余年，她不仅为国家培养了大批卓越人才，而且创造了一套小学教育的理论和经验。

霍老师教育经验的精髓是什么？我常常在思索。我的粗浅的认识有以下几点：

第一，霍老师对儿童充满着爱。她提出"没有爱就没有教育"。霍老师的这种爱不是普通的爱，不是普通的所谓喜爱孩子，而是建立在对教育的忠诚、对儿童的信任的基础上，是一种无私的爱、不求回报的爱。霍老师认为儿童是民族的未来、祖国的希望，她把育人作为她的天职。她相信每一个儿童，相信他们将来都能成才，"只有不会教的老师，没有教不会的学生"，这就是霍老师的教育信条。

第二，霍老师爱岗敬业，勇于创新。她把教育教学作为一门科学，孜

---

* 写于2010年2月21日。原载《小学语文》2010年第3期。

孜不倦地钻研，研究理论、研究教材、研究学生，不断改进教育教学方法，使它尽善尽美。霍老师毕业于北京师范大学数学系，但她成为小学语文教学的专家。当然她也曾是小学数学教学的专家。这一方面说明霍老师在数学、语文方面都有深厚的基础，另一方面也说明霍老师无论在哪个工作岗位都深刻钻研。教学经验不是凭空从天上掉下来的，也不是随着教龄的增长自然增长的，而是要不断钻研教材，不断反思自己的教学行为，总结提高，上升为理性认识，才能成为成熟的经验和理论的。霍老师的经验之所以具有普遍意义，就在于经过她的钻研提炼，上升为普遍的理论。

第三，霍老师把教育教学视为一种艺术。语文本身就是一种艺术。但是在日常学校生活中居然会有不少学生不喜欢语文。这说明，有些教师没有把语文视为艺术，更没有把教育教学视为艺术，把课讲得枯燥无味。霍老师却相反，她把语文视为艺术，把语文教学视为老师的艺术。她重视学生的主体作用，充分调动学生的主动性和积极性。我听过她的课，课堂里生气勃勃，师生配合默契，活生生是一堂艺术课。每一册语文课本，一般只有二十多篇课文，但是霍老师每学期可以让学生学到上百篇课文。这样，学生负担重吗？学生非但不觉得负担重，而且越发喜欢语文课。这就是霍老师的教学艺术。有人会说，实验二小都是好学生，一般学校的学生未必接受得了。且看霍老师的做课。她到各地去讲学，不仅要介绍她的教学经验，还要在那里做课。即在当地学校任意一个班上讲一节课，给当地老师观摩。结果是任何一节课都上得同样生动活泼。为什么？这就是霍老师的艺术。这种艺术不是一般的技巧，而是从霍老师的心灵表现出来的，她的心是和儿童相通的。

我认识霍老师是在"文化大革命"以后不久。我在北京师范大学教育系担任系主任，请她来给学生做报告。她那次报告给我们师生留下了深刻的印象：她对儿童的热爱、对教学的钻研，她的教学艺术、生动的语言，都深深扣动了我们每一个人的心弦。后来我们又到北京第二实验小学去听她讲课。听她的课可以说是一种艺术的享受。为了把她的教学经验传播出去，我和北京师范大学教务处的同志策划了把她的课拍成电视，这就是《月光曲》一课电视片的由来。这部片子曾经在全国发行了一百多部，反响也非常强烈。

此后，我们就经常见面了。1980年成立了小学语文教学研究会。霍老师以及斯霞老师、袁镕老师、李吉林老师都是研究会中的著名专家。我曾担任过一届研究会的副会长，但只是做一些组织工作，研究会中唱主角的主要就是霍懋征等几位老师。她们为小学语文研究做出了很大贡献。特别是霍懋征老师，经常到全国各地讲学讲课，把自己的经验毫无保留地介绍给年轻的老师。霍老师还特别关心西部边远地区、少数民族地区的教育，她古稀之年还奔走于西南、西北贫困地区传经送宝。她献身于教育事业的精神，值得每一位教师学习。

1986年原国家教委成立了全国中小学教材审定委员会，我和霍老师都被聘为这个委员会的委员。委员会每年都要审查一次教材，于是我们每年都要见一次面。小学语文的审查委员恰好都是上面我提到的几位全国著名的小语老师，再加上华东师大、华中师大等高校的几位专家。每次我都会参加小学语文组教材审查，因为我在那里可以学到许多东西。霍老师她们对各种教材的审查是既严格又宽容。所谓严格是一丝不苟，字字句句对学生负责，对教育负责，不容许有一点点不利于学生成长的东西留在教材里；所谓宽容是对于各派的意见，各种体系和选材，只要有利于学生语文的学习，有利于他们健康的成长，都会被保留下来，绝对不拘泥于一家一派。每参加一次教材审查会，有如参加一次小学语文教学研讨会，使我受益匪浅。

霍老师曾有一部教育论文集叫《真、善、美的丰碑》，这再贴切不过了。这种"真善美"不仅表现在她的课堂艺术上，而且表现在她的整个教育生涯中：她追求自己的工作的真善美，她要把学生培养成真善美。真善美就是霍老师的人生追求，也是我们学习的榜样。

养成良好教育习惯，促进教育和谐发展*

　　教育改革中很少听说教育习惯的改革和养成。其实教育习惯在教育中是至关重要的。良好的教育习惯可以促进教育和谐发展，不好的教育习惯可以伤害师生关系，或者影响到学生的行为表现。我曾经在中学里担任过教导主任和校长，我发现，班主任的行为习惯对班级的影响很大。有的班主任做事干脆利落，从不拖拉，他带的班级在组织活动时也很干练，有条不紊；可是有的班主任做事拖拉，给班干部布置任务不明晰，这个班级的作风也就拖拖拉拉，秩序混乱。可见老师行为习惯对学生的影响。

　　"习惯"按照《辞海》的解释是：在长时间里逐渐形成的行为方式。每个人都会有自己的行为方式，但都需要养成良好的行为习惯，克服不良的行为习惯。一个人除了个人的生活习惯以外，还有职业习惯。不同的职业有不同的职业习惯。教师职业当然应该有教师的职业习惯。教师与其他职业不同，教师的职业对象是生动活泼成长着的青少年儿童，教师的职责是教书育人，是要用自己的知识和人格去影响学生；学生是最具有模仿性的，常常会模仿老师的行为习惯。因此，教师的行为习惯就

＊　写于2009年7月8日。原载《基础教育参考》2009年第9期。

很难分清什么是生活习惯，什么是职业习惯，它们都会影响到学生的成长。当然，教师在注意和反思自己的行为习惯时应该分清自己的生活习惯和职业习惯。

先说教师的职业习惯，我觉得最重要的一点是要有爱孩子、热情对待孩子的习惯。教师一进校门就要满腔热情地和孩子们相处，注意和每个孩子打招呼，注意尊重每个孩子，也让每个孩子尊重别人，养成关心人、和谐相处的教育习惯。现在有些老师对学生漫不经心，学生向他打招呼，他却爱理不理，很伤学生的心。有的老师还动不动就呵斥学生，甚至当着学生的面训斥家长，这种行为对学生的影响极坏。这种不良的教育习惯应该尽快改正。

教师的职业习惯，很重要的是表现在敬业上，认真备课，上课时一丝不苟，认真批改作业；在课堂上认真对待每个学生的提问和回答，养成尊重学生、有问必答的习惯；按时上课，老师要稍稍提前到达教室，这样就会影响学生，学生一般就不会迟到；按时下课，不拖堂，不影响学生课间休息。有些老师不认真备课，上课效果不好，或者不认真批改作业等，这不仅影响到教育质量，而且会给学生一种做事可以马虎的印象。

至于教师生活习惯可以影响到学生的方面就很多很复杂了，包括生活起居、行为举止、待人接物、服饰仪表等方面。教师也是普通人，都会有普通人的不同的行为爱好，因此不能要求千篇一律，但应要求他们处处注意为人师表。例如教师的服饰，现在大多数学校都有校服，整齐美观，但老师下班以后总会有自己爱好的穿戴，但既是老师，就要考虑到在校外的行为也会影响到学生，因此平时穿戴也需注意整洁大方。其实学校倒不一定要穿整齐划一的校服，只要整洁大方，反而会多样化、个性化，五彩纷呈。

可以说，教师的行为习惯，无论是在学校教育教学工作上，还是在平时生活习惯上，无时无刻不在影响学生。因此老师要常常反思自己的行为习惯。人无完人，每个人都会有缺点，有错误。教师也是普通人，也会有缺点，有错误。问题是要有自知之明，不断反思自己的行为习惯，改变不良的行为习惯，养成良好的行为习惯。

对于教师来讲，更重要的是要养成教育教学中的良好习惯。当今学校教育教学都在变革之中，新的信息技术在学校中的应用，互联网在学生中的普及，新的课程改革的实施，都要求教师在教育观念、教育行为上有较大的变化。对老教师来讲，过去长期养成的教育习惯有些已经不适应时代的要求，需要重新学习，有所创新；对新教师来讲，可能比较熟悉新的技术思维和时髦的行为习惯，但如何适应教师职业的行为要求，养成教书育人的良好行为习惯，也需要在教育教学实践中向老教师学习和不断反思自己的行为习惯，养成作为一名教师的良好的行为习惯。

教育习惯的内涵很丰富，上面讲的也是挂一漏万。当今教育研究中很少有人研究教育习惯，希望我这篇短文能够抛砖引玉，引起大家对教育习惯的注意和讨论。

与反教育行为做斗争*

最近看到一张照片，标题是"差生伺候优生吃饭"。画面说明是某校夏令营，为了让学生"体验人生百态，把握自我命运"，根据学生的表现打分，把学生分成"上士""中士""下士"三等。"上士"吃三菜一汤，还有一杯代表身份的红酒，"中士"吃两菜一汤，"下士"站在桌子旁边伺候"上士"吃饭，只有等"上士"吃完了，把碗筷收拾了才能去吃比较差的饭。谁看到这张照片都感到十分震撼。这位校长竟然会想出这种馊主意。

教育根本目的是育人，培养德智体美全面发展的人才。教师职责是敬业爱生，帮助每一个学生健康地成长。但是现实生活中却时时出现上述那种教育。我把它称为"反教育行为"。今天我们大声疾呼，加强师德教育，不应再停留在号召上、口号上、正面的提倡上。应该针对师德中存在的问题，加以批判和纠正，与反教育行为做斗争。目前教育中反教育行为表现在许多方面。

反教育行为表现之一，是把学生分成三六九等，特别歧视所谓"差生""后进生"。上面那张照片不就是对学生人格的极大污辱？

前几年山西某报刊登过一篇文章《谁毁了我一生》，讲述一名非重

＊ 写于2011年7月15日，原载《中国教育学刊》2011年第9期。

点学校学生考上重点高中后，受到重点学校一位英语老师歧视，用语言伤害这位学生，使她的功课一落千丈，对学习失去了信心。

当前有些学校设重点班或实验班，有的教师对非实验班的学生歧视，说非实验班的学生都是"烂学生"，使学生心灵受到极大的伤害。有些班主任当着家长的面诉说学生的缺点。

这都是有损学生人格的反教育行为。

反教育行为之二，是用暴力对待"后进生"。前几年电视曝光，杭州有一所西点男子学校，用黄连、辣椒、鞭子教育顽皮的儿童，画面上还展示了一名儿童背上的条条鞭痕。去年武汉某训练学校把学生整死。这种反教育行为，严重地违反了《义务教育法》《未成年人保护法》，是一种违法的行为。教师体罚学生的事屡见不鲜。这都是违背教育法的行为，是不是应该与之斗争？

反教育行为之三，是用非人性的标语口号来督促学生拼命学习。有一个学校高三班的黑板上方贴着这样的标语："生时何必多睡，死后自然长眠。"何等惊人！类似于这种标语口号常见于高三毕业班上。这不仅不利于鼓励学生努力学习，而且增加学生的压力；把学生捆绑在分数的战车上，更不利于学生理解人生的真正价值。

反教育行为之四，是在学习中提倡竞争。有一种错误的观点，认为市场经济讲竞争，社会上竞争激烈，应该把竞争机制引入学校。这是违背教育规律的。历来教育家都不主张学生在学习中竞争。学习应该营造互相切磋、互相学习、互相帮助的气氛，达到共同进步。现在强调竞争，学生间互相保密、互相歧视。有一个学生考了一百分，回家大哭一场。母亲问她考了一百分为什么大哭？女儿说，因为还有一个同学也考了一百分。这种竞争培养了自私心理，是不是也是一种反教育行为？

反教育行为之五，是拔苗助长，对学生实施过度的教育，过早地给儿童加重学习任务，用沉重的学习负担使儿童没有幸福的童年。不仅身体受到损害，而且社会情感受到扭曲。江苏瓜农施用膨化剂，使西瓜过早地裂开了。我们的教育是不是也是向学生施用膨化剂？值得大家反思。

陶行知先生说过，好教育培养出好人，坏教育培养出坏人。坏教育就是一种反教育。我们大家要与之斗争。

教育家成长的家园*

——在教育家书院成立大会上的讲话

尊敬的各位领导、各位嘉宾、各位专家、各位老师：

北京师范大学教育学部教育家书院今天在这里成立了。感谢各位嘉宾来参加今天的会议。为什么要成立教育家书院？可以从三个方面来讲一点我的想法：

第一，我们想为教育家成长提供一些条件，搭建一个平台。温家宝多次提到，要由教育家办学。这次《国家中长期教育改革和发展规划纲要》（征求意见稿）中也提到："倡导教育家办学。创造有利条件，鼓励教师和校长在实践中大胆探索，创新教育思想、教育模式和教育方法，形成教学特色和办学风格，造就一批教育家。"但是，一说起教育家，人们就会想到中国古代的孔子、韩愈、朱熹，近代的蔡元培、陶行知等；西方的柏拉图、苏格拉底、夸美纽斯、赫尔巴特、杜威等。说到当代中国，好像就没有教育家。我国有13亿人口、2.6亿学生在各级各类学校中学习，在这样一个占世界人口1/5的大国里没有教育家，无论如何说不过去，也与事实不符。中国教育虽说还有不少问题，但成绩是

---

* 写于2010年4月10日。原载《教师教育研究》2010年第4期。

巨大的。中华人民共和国成立60年来，教育培养了众多人才，创造了许多经验，难道就没有教育家？我想我们不要把教育家看得太神秘，要求得太高、太严格。其实，一名教师，热爱教育事业，长期从事教育工作，做出了优异的成绩，并且对教育有研究，有自己的教育思想和先进理念，形成了自己的教育风格，在教育界有一定影响的，就可以称为教育家。不久前去世的霍懋征老师就为我们树立了教育家的榜样。霍懋征老师毕生耕耘在小学教育园地，敬业爱生，矢志不渝，为祖国的教育事业倾注了全部的爱和心血。她师德高尚，学业精通，勇于创新，追求卓越，是世人的师表、教师的楷模。她从教60余年，不仅为国家培养了大批卓越人才，而且提出了"没有爱就没有教育"的教育思想，创造了一套小学教育的理论和经验。这就是中国当代的教育家，她受到国家领导人的高度尊重、全社会的尊敬。

当然，不是所有的教师都能称得上教育家，也不是随着教龄的增长自然成长为教育家，而是要不断学习教育理论，不断探索教育教学规律，不断创新实践，反思自己的教育行为，总结提高，上升为理性认识，才能形成成熟的经验和理论，才能创造自己的教育风格。因此，学习和提升是教育家成长必由之路。教育家书院就想为我们的优秀教师成长为教育家提供一个学习和提升的平台。

第二，从北京师范大学教育学部来讲，对培养教育家有义不容辞的责任和义务。北京师范大学是培养教师的摇篮，也应该是教育家成长的家园。北京师范大学也有一定的条件，她是以教师教育为特色的综合性大学，不仅在教育学科上有强大的优势，而且文理各科都有强大的学术优势。北京师范大学校园有浓郁的学术氛围，每天都有国内外专家的学术报告。中小学老师在北京师范大学校园中可以受到学术的熏陶。我一向认为优秀教师要提高，不能只围绕着中小学的教材转，也不只是学习教育理论，更重要的是提高整体素养，养成教育家的气质。教育既是科学，又是艺术，艺术需要有点悟性，教育也需要有点悟性。悟性从哪里来？就是从整体素养中来。北京师范大学可以为教师提高整体素养提供条件。

第三，优秀教师到北京师范大学教育家书院来，也给北京师范大学教育学部带来了鲜活的经验，有利于改造我们的学习。前面讲到，北京师范大学是培养教师的摇篮。每年有几千名新教师要走出北京师范大学校门奔向全国各地中小学；我们还有几百名在职攻读教育硕士学位的教师。他们不仅需要学习教育理论，提升学科知识水平，而且要理论联系实际、学与思结合、知与行结合。教育家书院的研究员，都是各地来的优秀教师，你们给我们带来了丰富的实际经验。在教育家书院工作期间，不仅你们要学习，也要请你们给我们的学生、研究生介绍你们的经验和心得。

总之，教育家书院是一个学习园地，在这里不是单向地学习，而是互相学习，互相切磋，共同提高。也不能说进了教育家书院就成了教育家，教育家书院只是提供一个共同学习的条件，将来成为教育家还需要靠研究员的不懈努力。当然希望你们将来都能成为教育家。

教育家书院的工作方式，我想是这样的，研究员来到以后，为每一名研究员配备一名合作教授。研究员结合自己的经历提出研修提高的设想，与合作教授研究一个方案报学术委员会。我们请几名学术委员审核这个方案，认可以后就可以开始进行学习研究。因为考虑到学员都是在职的优秀教师，脱产时间不能太长，因此要求在院期间为一个月至五个月，但研究方案为期一年至三年。研究成果由教育家书院组编发表。

最后，我们要感谢书院学术委员们，感谢他们能够接受我们的邀请。他们都是海内外知名的教育家，他们不仅有深厚的教育理论，而且有各自独特的研究领域；他们有丰富的学术成就，而且始终站在学术的前沿。由于他们担任教育家书院的学术委员，使教育家书院更具权威性。再一次衷心感谢你们！

最后，祝大家研究有成，工作顺利，身体健康！

关于教育家[*]
——答《中国教师报》

一、教育家的定义或者标准是什么？您觉得什么样的人能够被称为教育家？教育家有哪些类型？

到现在没有看到有正式的定义或标准。我想，一名教师或教育工作者，不论是中小幼教师，还是大学教师，当然包括校长，热爱教育事业，懂得教育规律和人才成长的规律，长期从事教育工作，做出了优异的成绩，并且对教育有研究，有自己的教育思想和先进理念，形成了自己的教育风格，在教育界有一定影响的，就可以被称为教育家。

教育家可以分为教育理论家和教育实践家。但两者很难分得很清楚。因为教育理论家也必须从教育实践中来，一点实践经验也没有的理论家很难是大众心目中的教育家；教育实践家也需要有理论，有自己的教育思想和理念，不是所有在实践一线的教师都能称得上教育家。必须是理论和实践相结合的，而且有一定贡献的才称得上教育家。

---

[*] 写于2010年8月3日。

二、在平时与一线教师的接触中，哪怕非常优秀的教师，他们都普遍认为教育家很神秘、很遥远。对于这个问题您怎么看？

是这样，大家把教育家看得很神秘。一说起教育家，人们就会想到中国古代的孔子、韩愈、朱熹，近代的蔡元培、陶行知等；西方的柏拉图、苏格拉底、夸美纽斯、赫尔巴特、杜威等。说到当代中国，好像就没有教育家。我国有13亿人口、2.6亿学生在各级各类学校中学习，在这样一个占世界人口1/5的大国里没有教育家，无论如何说不过去，也与事实不符。中国教育虽说还有不少问题，但成绩是巨大的。中华人民共和国成立60年来，教育培养了众多人才，创造了许多经验，难道就没有教育家？我想我们不要把教育家看得太神秘，要求得太高、太严格。其实，不久前去世的霍懋征老师就为我们树立了教育家的榜样。霍懋征老师毕生耕耘在小学教育园地，敬业爱生，矢志不渝，为祖国的教育事业倾注了全部的爱和心血。她师德高尚，学业精通，勇于创新，追求卓越，是世人的师表、教师的楷模。她从教60余年，不仅为国家培养了大批卓越人才，而且提出了"没有爱就没有教育"的教育思想，创造了一套小学教育的理论和经验。这就是中国当代的教育家，她受到国家领导人的高度尊重、全社会的尊敬。她是中国教育家中最杰出的代表。像霍懋征这样的老师我国还有许多，都可以称得上是教育家。

为什么把教育家看得太神秘？因为我国长期不提教育家。还因为我国教育界教育理论和教育实践总是两张皮，从事教育理论工作的不太关心教育实践，普通教师不钻研教育理论。因此，出不了理论和实际相结合的教育家。

三、对于广大的教育工作者来说，他们经过怎样的努力才能成为教育家？

每个教育工作者都可以成为教育家。当然，不是所有的教师或教育工作者都能称得上教育家，也不是随着教龄的增长自然成长为教育家。要想成为教育家，首先要热爱教育事业，有一片爱心，热爱每一个学生；要长期从事教育工作，甚至终身献身于教育事业；要结合工作不断学习教育理论，不断探索教育教学规律，不断研究学生，不断创新实践，反思自己的教育行为，总结提高，上升为理性认识，形成成熟的经验和理论；要掌握教育艺术，创造自己的教育风格。著名教育家吕型伟曾经说过："教育是事业，其意义在于奉献！教育是科学，其价值在于求真！教育是艺术，其生命在于创新！"说得真贴切，做到这三点，就能成为教育家。我还想强调一点，即教师掌握教育艺术的重要。我总觉得，要成为教育家，要对教育有点悟性，与学生能够沟通，无论是课堂教学上还是和学生接触中都有一种教育艺术，能够用自己的知识魅力和人格魅力征服学生。因此，学习和提升是教育家成长必由之路。

四、温家宝多次提倡教育家办学，怎样才是教育家办学？

温家宝多次提倡教育家办学，就是要求教师有高尚的师德，渊博的知识，精湛的教书育人的能力；要求教师懂得教育规律，并且一辈子从事教育工作。温家宝在2007年的政府工作报告中提出实行免费师范生政策时说："这个具有示范性的举措，就是要进一步形成尊师重教的浓厚氛围，让教育成为全社会最受尊重的事业；就是要培养大批优秀教师；就是要提倡教育家办学，鼓励更多的优秀青年终身做教育工作者。"可见，温家宝是把提倡教育家办学看作形成尊师重教、全社会尊重教育事业的氛围和培养大批优秀教师、鼓励优秀青年终身从教的重大举措。

我认为，温家宝提倡教育家办学还有着重要深远的意义。长期以来在我国似乎人人都是教育家，人人都可以对教育说三道四。一些地方长官不懂教育规律，常常用行政命令指挥教育。特别是在高考升学率上，用单纯升学率来评价学校和教师的工作，给学校压升学指标，为推进素质教育设置重重阻碍。有些地方任命完全不懂教育的干部担任教育局长。当然，不是说没有当过教师的就不能当教育局长。问题是当了教育局长以后就应该热爱教育工作，学习教育理论，尊重基层教师，逐步把自己培养成懂得教育工作的干部，将来成为教育家。

五、教育家的出现需要怎样的土壤？

《国家中长期教育改革和发展规划纲要（2010—2020年）》（以下简称《规划纲要》）中提出："提高教师地位，维护教师权益，改善教师待遇，使教师成为受人尊重的职业。"这就是教育家出现的土壤。

首先要有尊师重教的社会氛围，使教师真正成为全社会羡慕的职业。我们现实生活中有一种悖论：每个家长都希望把孩子送到一名好教师的身边，但大多数家长不愿意让孩子学师范、当教师。当社会报考教师资格像报考公务员那样热烈时，我国的教育就大有希望。

要改善教师的待遇，提高工资，改善医疗和养老保险制度，改善住房条件。特别对农村教师，要有特殊的优惠政策，让他们能安心工作。《规划纲要》中规定："依法保证教师平均工资水平不低于或者高于国家公务员的平均工资水平，并逐步提高。落实教师绩效工资。对长期在农村基层和艰苦边远地区工作的教师，在工资、职务（职称）等方面实行倾斜政策，完善津贴补贴标准。建设农村艰苦地区学校教师周转宿舍。"规定得很具体，如果认真落实，会吸收一批优秀青年终身从事教育工作。

要给教师进修提高提供条件。《规划纲要》提出：加强师德建设，提高教师业务水平。并规定对教师实行每五年一周期全员培训。我想，现在国家推行的"教育硕士专业学位"和"教育博士专业学位"都是为教育家成长创造条件。同时我们要提倡教师在教育实践中勇于创新，大胆试验，开展教育研究，不断提高自己的理论水平和业务能力。

六、我们知道北京师范大学教育学部在2010年4月成立了教育家书院，您是教育家书院的院长。它是在什么背景下成立的？定位和宗旨是什么？

我们想为教育家成长提供一些条件，搭建一个平台。学习和提升是教育家成长必由之路。教育家书院就想为我们的优秀教师成长为教育家提供一个学习和提升的平台。

北京师范大学教育学部对培养教育家有义不容辞的责任和义务。北京师范大学是培养教师的摇篮，也应该是教育家成长的家园。北京师范大学也有一定的条件，她是以教师教育为特色的综合性大学，不仅在教育学科上有强大的优势，而且文理各科都有强大的学术优势。北京师范大学校园有浓郁的学术氛围，每天都有国内外专家的学术报告。中小学老师在北京师范大学校园中可以受到学术的熏陶。我一向认为优秀教师要提高，不能只围绕着中小学的教材转，也不只是学习教育理论，更重要的是提高整体素养，养成教育家的气质。前面说过，教育需要有点悟性。悟性从哪里来？就是从整体素养中来。北京师范大学可以为老师提高整体素养提供条件。

优秀教师到北京师范大学教育家书院来，也给北京师范大学教育学部带来了鲜活的经验，有利于改造我们的学习。前面讲到，北京师范大学是培养教师的摇篮。每年有几千名新教师要走出北京师范大学校门奔向全国各地中小学；我们还有几百名在职攻读教育硕士学位的教师。他们不仅需要学习教育理论，提升学科知识水平，而且要理论联系实际、学与思结合、知与行合一。教育家书院的研究员，都是各地来的优秀教师，他们给我们带来了丰富的实际经验。在教育家书院工作期间，不仅他们要学习，也要请他们给我们的学生、研究生介绍他们的经验和心得。

总之，教育家书院是一个学习园地，在这里不是单向地学习，而是互相学习，互相切磋，共同提高。也不能说进了教育家书院就成了教育家，教育家书院只是提供一个共同学习的条件，将来成为教育家还需要靠研究员的不懈努力。当然希望他们将来都能成为教育家。

继承和发扬陶行知教育思想[*]

——《陶行知选集》序

明年是陶行知先生诞辰120周年。为了纪念伟大的人民教育家陶行知先生，为了推动陶行知研究深入发展，更重要的是为了在教育中实践陶行知的教育思想，河北省陶研会推出了《陶行知选集》这套书。

陶行知先生是我国现代伟大的教育革新家。他早年留学美国，毕业于哥伦比亚大学师范学院。陶行知受到当时进步教育运动杜威教育思想的启发，结合中国国情，把杜威的主张"教育即生活""学校即社会"颠倒过来，提出"生活即教育""社会即学校"的新主张，创造了"生活教育"的思想。

陶行知在解释为什么这样倒过来时说：

"教育即生活"是拿教育做生活，好教育固然是好生活，八股的教育也就造成八股的生活。"生活即教育"，根本上可以免除这种毛病……

"生活即教育"，教育极其广阔自由，如同一个鸟放在林子里面；"教育即生活"，将教育和生活关在学校大门里，如同一个鸟关在笼子里面。

---

* 写于2010年8月29日。

"生活即教育"，是承认一切非正式的东西都在教育范围以内，这是极有力量的。譬如与农民做朋友，是极好的教育，平常都被摈弃在课程以外。其他有效力的东西，也是如此。

"生活即教育"，是叫教育从书本的到人生的，从狭隘的到广阔的，从字面的到手脑相长的，从耳目的到身心全顾的。

他在解释"社会即学校"时说：

我们主张"社会即学校"，是因为在"学校即社会"的主张下，学校里面的东西太少，不如反过来主张"社会即学校"，教育的材料，教育的方法，教育的工具，教育的环境，都可以大大增加，学生、先生也可以更多起来。因为在这样的办法下，不论校内校外的人，都可以做师生的。"学校即社会"，一切都减少，校外有经验的农夫，就没有人愿去领教；校内有价值的活动，外人也不得受益。[①]

五四运动时期他主张改革旧教育，提倡新教育，提倡女子教育、学生自治等主张，力图中国教育之革新。

陶行知先生是我国现代伟大的平民教育家。20世纪20年代，在五四运动影响下，在我国掀起了一股平民教育热潮。陶行知先生是我国平民教育的先驱。他在1923年担任中华教育改进社主任干事，从事平民教育运动，在多处开办平民识字读书处和平民学校。1927年以后，积极提倡乡村教育，认为中国教育应该为最多数的贫苦农民服务，以普及乡村教育来改造中国的乡村社会。提倡普及教育，发起"科学下嫁"运动。先后创办了山海工学团、晨更工学团、报童工学团、流浪儿童工学团等。

普及教育就要有教师，他在南京郊区晓庄创办乡村师范学校，培养具有改造自然、改造社会的活本领的教师。由于他支持学生的反帝反封

---

① 《陶行知全集》第2卷，199~201页，长沙，湖南教育出版社，1985。

建的爱国斗争，1930年晓庄师范被国民党政府查封。

陶行知先生是我国现代爱国运动的政治活动家。九一八事变以后，陶行知投身于民族民主革命斗争。1935年"一二·九"运动后，和宋庆龄、何香凝、马相伯、沈钧儒、邹韬奋等发起组织上海文化界救国会。1936年7月，与沈钧儒、邹韬奋、章乃器等人发表《团结御侮》宣言，响应中国共产党的《为抗日救国告全体同胞书》的号召。抗战期间，陶行知致力于战时教育，并在重庆创办育才学校。

陶行知先生一生写了许多著作，不仅有政治论文、教育著作，还有诗歌、散文。他在宣传他的教育主张时，也常常用诗歌、散文，使平民大众易懂易学。例如他写道：

"人有两个宝，双手与大脑。用脑不用手，快要被打倒。用手不用脑，饭也吃不饱。手脑都会用，才算是开天辟地的大好佬。"

又如：

"要把教育和知识变成空气一样，弥漫于宇宙，洗荡于乾坤，普及众生，人人得呼吸。"

再如：

"儿童是新时代之创造者，不是旧时代之继承者。

儿童是创造产业的人，不是继承遗产的人。

儿童生活是创造、建设、生长，不是继承、享福、做少爷。"

以上这些不都是充满着诗意吗？

改革开放以来，已出版了两部《陶行知全集》，一部是湖南教育出版社出版的10卷本，一部是四川教育出版社出版的12卷本。现在为什么又要出版《陶行知选集》？编者认为前面两部全集都很好，但篇幅过大，不容易为大众教师所普及，查验也不方便，所以他们精选一部分陶行知先生的主要代表作，而且加以分类编辑，便于广大教师检索、查阅、学习。编者还别具匠心地把陶行知先生不仅作为教育家，而且作为民主政治家、现代文学家，分别选编了先生的政论、诗歌、散文等。

　　《陶行知选集》主编边守正是原邢台学院院长、中国陶行知研究会副会长、河北陶行知研究会会长，长期从事师范教育，忠诚于陶行知思想并付诸实践。副主编王兆荣毕业于北京师范大学，现任邢台市政协文史委特邀委员，崇敬陶行知先生，热衷于"生活教育"研究。他们十分用心地研究了陶行知先生的生平和思想，精选了这套选集。今天全国都在认真学习贯彻《国家中长期教育改革和发展规划纲要（2010—2020年）》，相信这套选集的出版，将帮助广大教师认识到陶行知教育思想的现实意义，促进教育的改革和发展，全面实施素质教育，培养具有社会责任心、创新能力和实践能力的时代新人。

学习和发扬陈鹤琴先生的教育思想和精神*

陈鹤琴先生是我国著名教育家，幼儿教育的先驱。我在学生时代就读过他的书如《儿童心理之研究》《家庭教育》等，现在虽然已经记不清书的具体内容了，但他的"活教育"思想却一直印在我的脑海中。20世纪的二三十年代在中国提倡"活教育"是非常先进的，因为当时中国的社会还是半殖民地半封建的社会，传统的压抑人才的旧教育并未消灭，许多国外引进的教育理论又没有被国人消化。陈鹤琴先生和陶行知先生一起提倡"活教育""生活教育"，为中国教育的现代化、科学化、本土化开辟了道路。这种教育思想是先进的，其意义是十分深远的。今天仍然有现实意义。

"活教育"的意义在哪里？就在于它是从我国的国情出发提出来的，是中国自己创造的教育理论。陈先生主张中国儿童教育的发展要适合国情，符合中国儿童身心发展规律。他提倡大社会、大自然都是儿童的活教材；他重视儿童的兴趣和活动，在游戏中学习和成长。他认为幼稚园第一个要注意的是儿童的健康，其次是养成良好的习惯，然后能学什么就学什么，不要刻意追求。这些思想仍然是今天幼儿教育需要坚持的。

---

* 写于2008年3月24日。原载《生活教育》2008年第6期。

陈鹤琴先生不仅创造了中国化"活教育"理论，他一生热爱儿童、热爱教育事业的精神更是今天每一个教师应该学习和发扬的。他怀着"一切为儿童"的深情把一生奉献给了中国儿童教育。他是我们年青一代教育工作者学习的榜样。

陈鹤琴先生是中国教育学会第一届名誉会长。中国教育学会一直秉承陈先生等老一辈教育家的精神，为中国教育的现代化、科学化、大众化而努力。

陈先生离开我们已经20多年了，《陈鹤琴传》的出版给我们学习他的思想和精神提供了最好的材料，我们愿他的思想和精神永放光芒。

纪念现代教育的先驱林励儒先生[*]

——在纪念林励儒先生诞辰 120 周年座谈会上的发言

  林励儒先生是我国近现代著名的教育家，今年是先生诞辰120周年，我们来纪念这个日子，是缅怀他的教育思想和他对我国教育事业的贡献。林先生早年留学日本，攻读师范教育。回国以后就在北京师范大学的前身北京高等师范学校和北京师范大学附中任教。积极推动师范教育的建设和中小学的学制改革，是我国现代教育的先驱。他率先在附中试行中小学六三三学制，促进了我国1922年的新学制改革，使我国教育制度逐步走向现代化。这个学制一直沿用到今天。他还组织北京师范大学和北京师范大学附中的老师为北京师范大学附中自编新的教材，向全国介绍各国的先进教育理论和附中的实践经验。在全国中学中起到了率领和示范的作用。

  林先生在中华人民共和国成立以前就为中国的师范教育事业辛勤奔波。20世纪20年代，一度撤销师范大学，林先生为恢复师大与师大师生

---

* 写于2009年11月14日。原载《基础教育参考》2010年第1期。

共同抗争，奔走呼吁，使师大得以恢复。他还对师范教育的性质和任务作了详细的论述，写了许多文章。他说：师范教育"独立"不是字面上或行政决定能办到的，"'独立'的第一义，应是训练方针和方法的独立。良师有其特殊的性格……""师范教育既有其具体目的——培养良师，那自然不是陶冶一般国民之普通教育"。又说："师范学校择个性之宜于任教师者，加以训练，以备服务社会，至于师范生个人之生计，国家另行设法供给了之。故师范教育之目的，完全为社会之公，而不计及个人之私。"为师范教育的性质和任务指明了方向。他强调教育工作者要重视研究儿童和教育科学理论，科学育人。他的这些思想，今天仍然有着重要的意义。

林先生一生致力于教育民众化、现代化，支持平民教育，他竭力抨击旧中国教育只是"官绅教育"，没有平民教育。他特别重视中等教育，而且深有研究。他强调教育要培养进步人格以适应进步的社会。中等教育应是全人格的教育，要让学生的活动直接经验道德生活、科学生活、艺术生活，就是真、善、美的生活。他强调学习要独立思考。他在1956年专门写了一篇文章，叫《关于学习和思考》。他在文章中谈了六个问题："学习必须独立思考""学习的创造性""实践可以衡量思想的深度""独立思考与学习集体的关系""独立思考与参加社会活动""独立思考与尊敬师长"。这些思想，从标题上就可以看出，与我们当前推进素质教育，培养学生的创新精神和实践能力，何等相似。

林先生的教育思想十分丰富，在理论上涉及教育哲学、伦理学、教育价值观、教育目的的讨论；在政策上涉及教育制度、教育政策的批评和建议；从微观上阐述了教育内容的改革、教育方法的改善。林先生的教育思想是我国教育宝库中的珍贵遗产。我们应该认真研究，以便促进我国当前的教育改革和发展。

林励儒先生是我的老师，中华人民共和国成立初期我在北京师范大学教育系学习，他是我们的校长，并给我们讲中等教育的课程。他讲的内容已经不能具体记得了，但他严肃而慈祥的音容至今难忘，尤其他对教育事业的忠诚的精神更是使我时刻铭记在心。今天我们来纪念他诞辰120周年，我们更要学习他的教育思想，学习他忠于人民教育的崇高精神，做好我们的本职工作，永不辜负他的教诲。

怀念王焕勋教授[*]

王焕勋是中华人民共和国成立以后第一代教育学专家，是从老解放区过来的从事教育和教育研究的老革命干部和教育专家。王焕勋早年毕业于北京大学教育系，1937年"七七"事变爆发后，在开封、洛阳等地做救亡工作。1938年赴延安，先在陕北公学学习，1939年参加了华北联合大学的创建工作，后来又在边区政府担任地方教育工作，并在《教育阵地》上发表多篇文章。1947年在中共中央宣传部徐特立主持的教育研究室工作。1948年华北大学成立，王焕勋转到华北大学二部讲授教育学。中华人民共和国成立以后不久，华北大学并入新创建的中国人民大学，王焕勋担任教育学教研室主任。1951年，中国人民大学教育学教研室并入北京师范大学教育系，王焕勋继任教育学教研室主任。那时，中国人民大学和北京师范大学都先后开办了教育学研究生班和教育学大学教师进修班，培养了新中国第一批教育学专家。中华人民共和国成立以后建立的师范院校教育学科的教师大多都是王焕勋的学生。

中华人民共和国成立以后，确立了"一面倒"向苏联学习的方针。1949年12月23日至31日，第一次全国教育工作会议在北京召开。会议提出："建设新中国教育要以老解放区新教育经验为基础，吸收旧教育某

---

* 写于2010年9月4日。

些有用的经验，特别要借助苏联教育建设的先进经验。"从此在全国掀起了学习苏联教育经验的高潮。王焕勋就担负起了这个承上启下的工作。他以高度的热情投入新中国教育理论的建设工作。他一面孜孜不倦地学习苏联教育学理论，一面以老解放区的办学经验为基础，领导了新中国第一个教育学教研室的工作。为了更好地理解苏联教育学的基本理论，王焕勋撰写了《我们应该如何理解教育学上的三个基本概念：教育、教养、教学》一文，《光明日报》用整版篇幅发表了这篇文章，在全国教育学界产生了巨大的影响。可以说，王焕勋为新中国教育学理论建设奠定了基础。

对于苏联教育学对中国教育学理论的影响，学术界一直有议论。但历史地来看，中华人民共和国成立之初向苏联学习除了有政治因素以外，学习苏联教育理论和经验也是有其积极意义的：苏联教育学力图以马克思列宁主义的方法论来分析人类教育的本质和功能，强调教育主要是在教学的基础上实现的，向学生传授系统的科学文化知识，以及强调教师的主导作用等，这些理论对恢复和稳定新中国建国初期的学校教学秩序、建立新的社会主义教育理论体系都起了一定的作用。当然苏联教育学本身有许多不足，这是后来我们逐步认识到的。新中国初期这段历史值得我们总结，但它在我国教育学科建设中的作用是难以抹去的。王焕勋应是新中国教育学科建设的奠基人之一。

"文化大革命"以后，王焕勋已步入晚年，但他仍然为中国教育学科的建设和培养教育学科研究人才而努力。1980年2月12日第五届全国人民代表大会常务委员会第十三次会议通过了《中华人民共和国学位条例》，不久国务院成立了学位委员会和学科评议组。王焕勋担任了第一届教育学科评议组成员，成为我国第一批教育学博士研究生导师之一，并开始培养我国第一批教育学科研究生，这批研究生现在都是我国教育理论界的骨干。王焕勋为教育学科的研究队伍建设做出了重要的贡献。

在教育科学"七五"规划期间，王焕勋率领他的团队承担了国家重点课题项目"马克思教育思想研究"。其成果《马克思教育思想研究》获国家图书一等奖。王焕勋为该书撰写了《前言》和《如何理解马克思关于教育的论述》一文。该文认真研究了马克思的英文原文，澄清了许多因翻译中的误译所造成的对马克思关于教育论述的误解，为马克思主义教育学的建设做出了奠基性的工作。《马克思教育思想研究》一书虽然执笔的作者不同，但是是在王焕勋带领的团队集体讨论研究后完成的，渗透了王焕勋的教育思想和心血。

王焕勋在老解放区的报纸杂志上发表过许多文章，可惜当时均以笔名署名，今天已难以考证，无法收集到这本集子中来，实在是一件十分遗憾的事。我们这里收集了《教育阵地》杂志中有关文章版面照片，以作纪念。

王焕勋学贯古今，无论是对儒家教育学说，还是现代教育理论都有深入的研究。他治学十分严谨，轻易不动笔写文章。但一旦文章发表，总是散发出真知灼见的光芒，就如上面列举的几篇文章，都对新中国的教育学科建设产生巨大的影响。

应该说，"文化大革命"以前和"文化大革命"中我国教育科学研究在"左"的思想影响下缺乏研究和自由发表意见的环境。只有十一届三中全会以后，我们才迎来了教育科研的春天。但这时王焕勋已步入晚年，身体老弱多病，再加上他的严格谨慎，常常是述而不作，所以发表的论文不多。但仅就我们收集到的几篇论文而言，篇篇堪称经典之作。加上他在中华人民共和国成立前后的教育研究工作和人才培养建设，他应该称得上是新中国教育学科建设的奠基人。

博学笃行的学界楷模*

——庆贺王承绪先生百岁华诞

　　中国教育界的老前辈王承绪先生即将迎来百岁华诞，我们热烈地向他祝贺，祝愿他健康长寿！

　　我认识王先生是在1980年夏天编写新中国第一部《比较教育》教材的时候。1980年春季，教育部邀请哥伦比亚大学师范学院比较教育专家胡昌度教授到北京师范大学教育系来讲学，同时举办了比较教育教师高级研修班共同听课和研讨。我当时担任北京师范大学教育系主任兼外国教育研究所所长，负责组织这次活动。一个学期课程结束以后，研修班的老师们提出，我们应该编出一本比较教育教材，以便在教育系开设比较教育课程所用。但是我们这批当时的中年教师，过去都没有研究过比较教育，于是想着把老一辈比较教育学者请出来做我们的指导，第一位想到的就是王承绪先生，还有檀仁梅教授、朱勃教授。他们都欣然答应。于是就在他们指导下，经过两年的努力编写出版了新中国第一部《比较教育》教材。

　　比较教育原本是师范院校教育系的一门课程，中华人民共和国成立

＊　写于2010年6月6日。原载《比较教育研究》2010年第9期。

以后，因为一面倒向苏联学习，这门课就被取消了。改革开放以后，我国教育界迫切希望了解世界各国教育发展的情况，于是有必要重建比较教育学科。教材建设是最重要的一步。胡昌度教授的讲座为我们打开了眼界，可惜他当时没有讲稿，讲课时介绍的比较教育论著也都是英美的出版物，无法直接用于本科生教学。于是，就出现了上面讲到的编写我们自己的教材的想法。在这次编写教材过程中王先生和朱勃教授（檀仁梅教授因病中途退出了）带领我们认真地讨论了提纲；1981年夏天又在北京住了大半个月，在炎炎烈日下亲自修改各章稿件，使我第一次感受到王先生那种严谨治学的态度。

1983年国务院学位委员会批准原杭州大学和北京师范大学比较教育学科博士授权点，并批准王先生和我为比较教育学科的博士生导师。我们的联系就多了起来。特别是头几批的博士研究生的论文答辩，我们都互相聘为答辩委员，参加研究生的论文答辩。论文答辩本来就像一次专题研讨会，因此这就成为我向王先生学习的最好机会。我虽然没有成为王先生的入门弟子，但在这整整30年的交往中向王先生学习了许多许多，也可算得上是王先生的编外弟子了。

王先生是我国比较教育的奠基人，他不仅指导主编了新中国第一部《比较教育》教材，而且主持翻译了许多比较教育的经典著作，如爱德蒙·金的《别国的学校和我们的学校》、康德尔的《教育的新时代》等。特别是他撰写了专著《比较教育学史》，梳理论述了比较教育学科发展的历史及各个学派的理论。原杭州大学作为我国第一批比较教育博士、硕士授权点，王先生30年来培养了大批人才。王先生为我国比较教育学科的理论建设和队伍建设做出了重大贡献。

王先生对国外高等教育有专深的研究，特别是对英国的高等教育更为深入。他的头几批研究生都研究英国高等教育，使浙江大学（当年的杭州大学）高等教育研究所成为英国高等教育的研究中心。比较教育研究领域十分广阔，从横向来看，有世界五大洲的国别教育、区域教育，从纵向来看，有各级各类教育和各种教育问题，研究这些问题都需要多种的语言能力的支撑，因此，一个研究机构不可能包罗万象地研究所有领域，必须从自身的优势和特点出发，选择几个重点领域，系统地长期地研究下去，这样才能深入和全面。在这方面王先生设定的研究领域和特色给其他比较教育研究机构提供了榜样。

我和王先生交往30年，深深地被他的博学笃行的精神所感动。

王先生博学多才。他熟谙中外教育经典，精通英语。他对高等教育有深入研究。虽然他发表自己的意见不多，但总是抓住了高等教育理论的前沿，介绍国外的理论和经验。特别令人钦佩的是，20世纪90年代，王先生已过耄耋之年，但他把主要精力放在翻译国外高等教育的名著上，先后翻译出版了克拉克·克尔的《高等教育不能回避历史》、伯顿·克拉克的《探究的场所——近代大学的科研和研究生教育》《建立创业型大学：组织上转型的途径》和《大学的持续变革：创业型大学的新案例和新概念》等，主编了《国际高等教育政策比较研究》丛书，在高教界产生了很大的影响。

王先生勤奋好学。每次我请他到北京来参加博士研究生论文答辩，他一下飞机就奔向国家图书馆去检阅最新的图书资料。平时也是手不释卷。每次我到杭州他的家里去看望他，总是见到他在看书，戴着那副深度的近视眼镜，几乎贴到书本上。今年4月17日我和周蕖在徐小洲的陪同下到浙江医院去看望他，他正手捧《比较教育研究》杂志在阅读，案头还放着《教育学报》与《教育研究》几本杂志，说明王先生时时关心着教育理论界的动向。他的好学精神，使我们无比感动。

王先生平易近人，是年轻学者的良师益友。王先生是我们的长辈，我们都是他的学生，但他一点没有学术权威的架子，在学术上平等地与我们讨论问题，在生活上无微不至地照顾我们。20世纪90年代他邀请我去参加研究生论文答辩，多次亲自到机场去接我送我。他以耄耋之年去接一位比他年轻二十岁的学生，实在是让我无地自容，再三劝说都没有用，我只好铭记在心，把他爱护年轻人之精神作为我学习的榜样。

王先生出生在江苏张家港市南沙镇，说起来我们还是老乡。张家港市南沙镇在1958年以前属江阴县，后来成立张家港市才把它划过去。

说到老乡，我们又多了一份亲情感。因此我和王先生成了忘年之交。我和周蕖每年到杭州去，总是要去看望他和夫人赵老师。每次去都受到王先生和赵老师的热情招待，有时赵老师还亲自下厨招待我们。王先生和赵老师恩爱几十年，前年赵老师不幸走了，王先生的悲痛可想而知，我们也无言劝慰他。近年来王先生虽无大病，但年事已高，常年住在医院中休养。每逢过年过节，他都会回到家中，从来不忘给我打电话，祝贺节日快乐！今年春节，又是一个远方的电话："你是顾老师吗？王老要给你说话。"于是王先生就滔滔不绝地向我说，向我拜年，祝我春节快乐！一个百岁老人给我电话贺岁，这不是倒过来了吗？我怎么承受得了。可是没有办法，因为王先生已经有点失聪，只能我听他说话，他很难听清我说的话，所以我无法主动向他电话拜年。我除了寄一张贺年卡以外，只能承受着王先生对我的爱。

再一次向王先生祝贺，祝愿他健康长寿，学术青春常在！

向教育思想家、教育革新家吕型伟老师学习*

今天我们在这里聚会庆祝吕型伟老师90华诞。首先让我代表教育学会，特别是代表我自己向吕老及师母表示最热烈的祝贺，祝贺吕老为我国教育事业做出的巨大贡献，祝愿他们健康长寿，万事如意！

这是一次教育界的盛会。吕老是我国老一辈教育家，从17岁开始从教，在教育园地耕耘70多年，见证了中国教育的百年变迁。他对教育的认识有三句话：

教育是事业，其意义在于奉献！

教育是科学，其价值在于求真！

教育是艺术，其生命在于创新！

说得多么精辟，多么深刻。吕老一生就是在践行这三句话，而且做出了卓越的成绩，为我国的教育事业做出了巨大贡献。

吕老是我国最富有经验的教育实践家，他担任过小学教师、中学校长、教育局长，从事过教育研究工作。他的三句话就是在丰富的教育实践中总结出来的教育真谛。没有丰富的教育实践是不可能对这三句话有深刻理解的。吕老70多年来，从来没有离开过学校的实践。从教育局长

---

* 原载《中国教育学刊》2007年第10期。

岗位上退下来以后，立即又投入到教育科学研究中，从"八五"科研规划到"十五"科研规划，带领了全国几十所中小学开展面向未来的综合教改实验。他从南到北，从东到西，走遍了我国各地的许多中小学校，具体指导这些学校的教育改革。他给中小学老师做报告，每场都是妙语连珠，掌声不断。这是因为他有丰富的教育实践经验，举的例子、说的道理都贴近老师，说到老师们的心坎上。我每次听他的报告，也总有很多收获，而且百听不厌。

吕老不只是一名教育实践家，而且是一名教育思想家。他在教育实践中不断地思考教育问题。首先他研究儿童的特性。2004年出版的他的从教散记，他自己起的书名叫《从"观察蚂蚁"到"研究人"》。他说："我从小喜欢研究蚂蚁，后来从事教育工作，就开始观察和研究人的特性了。"其次他研究如何才能发展儿童的潜能，他非常重视脑科学的研究。他说："人们只知道有金矿、银矿，却不知道还有一个深不可测的、比金银更宝贵的'脑矿'。"他还很重视被科学家称为第二大脑的手。"就是这两个器官，使人类与其他动物拉开了差距，值得我们好好研究。"研究儿童是每一位教育工作者的基本功。

吕老在工作中不断思考，不断研究，有许多精辟的教育思想，这些思想总是走在教育界的前面，指导着教育实践。例如，他老早就提出发展学生的智力问题；改革开放不久，他总结"文化大革命"前17年的教育，认为有成功的经验，但还有不足，存在着忽视孩子们才智发展的缺点；1985年他提出重视第二课堂问题，认为儿童的发展不只是课堂教学的结果，而且受到课外活动、校外生活的影响，当时我不太同意他关于第二课堂的提法，吕老就把它改为第二渠道，其实他的思想我是完完全全同意的；邓小平同志为北京景山学校题词"教育要面向现代化，面向世界，面向未来"发表以后，吕老首先响应，在中国教育学会时任会长张承先和他主持下，中国教育学会多次召开研讨会，学习"三个面向"

的指示精神，研究贯彻落实的举措。他自己身体力行，立即组织研究课题，在中小学开展以"三个面向"为指导的综合改革实验。吕老的教育思想集中在一点上，就是培养创新人才。研究儿童也好，重视第二渠道也好，动脑动手也好，都是为了儿童的潜能得到充分的发展，成为创新人才。他认为，教育首先要把所有儿童培养成人，然后是培养成才。培养成人就要重视思想品德教育，从小养成良好的思想品德和行为习惯。在这方面家庭教育起着重要的作用。他说，我国的家教有非常丰富的好经验，可是近些年来家教观念淡化了，好像教育就是学校老师的事。因此，要把家庭教育和学校教育结合起来，把孩子培养成人。培养成才，就要发展学生的智力，不只是掌握一些死的知识，更重要的是要增长智慧。

吕老非常重视拔尖人才的培养。讲全面发展，提高学生素质，不等于千篇一律，没有差异。人的能力是有差异的，他反对把人"标准化"。他说："我的60年的教育生涯，观察了成千上万名学生在离开学校以后的发展，使我形成了这样一条教育的信念，即'人人有才，人无全才；扬长避短，人人成才'。只要能扬其长而避其短，人人都可以成为出色的人才。"他认为，在讲教育平等的时候，不是用一个标准来培养人，要重视英才教育，培养大师级人才。他为中华人民共和国成立50多年来没有培养出世界顶尖人才而感到极大的遗憾。

吕老特别重视人的个性发展。他认为，人的潜能总是蕴藏在个性里面，"有价值的人一定是有个性的人"。因此，教育要重视个性，善于发现个性，研究个性，发展个性，基础教育阶段要在教学策略上采取灵活的措施，鼓励个性的发展。只有个性得到充分发展才能出世界级的顶尖人才。

吕老是一名永不止步的教育革新家。虽然年事已高，但是他的心态却非常年轻，永远保持着学术的青春。他总是走在时代的前面，提出许多教育革新的思想。他常常讲，教育是未来的事业，要向前看，考虑未来的教育。他把他的两本教育文集都起名为《为了未来——我的教育观》，充分反映了他的教育思想。我在和他交往的几十年中，常常发现他不断提出新问题，发出新创意，点子特别多，我们戏称他为"点子公司"。他对事件的判断与观点常常与众不同，总是高人一筹。有一次他去听一堂示范课，老师讲得很好，课也设计得很周密，听课的老师都说是一堂好课。但他说这堂课是失败的，他指出，一名学生多次举手，老师却认为已经有了正确的结论而不让他发言，反映了这位老师的教育观念问题。他认为，一个问题不一定只有一种结论，我们就是要鼓励学生，在有了结论的时候，再提出问题，这才是教育的成功之处。有一次他在会上讲，毛主席提出要培养学生分析问题、解决问题的能力，这当然很对，但是还要培养学生提出问题的能力。他说，提出问题，特别是提出与老师、与权威不同的问题，不仅要有智慧，而且要有勇气。我听了非常受启发，同时感到吕老特别有创新思想。

吕老是我国教育思想的一座宝库，其丰富的、具有创新的教育思想难以在这短短的篇幅中说得完全和清楚。好在《吕型伟教育文集》为我们提供了比较全面的资料，只要我们认真学习，必然会体会到他教育思想的博大精深，学到他献身教育事业的崇高精神、钻研问题的科学态度和高超的教育艺术。

吕老是我的老师，虽然我没有直接成为吕老的学生，但自从我认识吕老以后，一直把他视为我的老师。承蒙吕老的不弃，不断地启发我，提携我，才使我今天有一点点成绩。我们相识就是在中国教育学会这个学术组织中。他是中国教育学会第二届、第三届理事会的副会长，第四届、第五届的顾问，我在他和承先同志领导下开展学会工作；我们还同在中国教育国际交流协会工作，1985年他与我共同率领师范教育代表团访问日本；原国家教委国家教育发展研究中心成立，聘请我们为中心的特约研究员，后又为咨询委员，每年都要开会讨论教育问题。因此我们每年都要见几次面，每次见面我都会从他那里学到许多东西。1985年，吕老向张承先会长建议，为教师们编纂一部教育大辞典，而且建议我来主持这项工程。我当时非常胆怯，不敢承担这么大的工程。他们二老还有刘佛年校长竭力鼓励我，要求我，使我难以推却。在编纂这部大辞典的12年中，吕老始终和我们在一起，指导着我们的工作，参加了历次编委会和审稿会。我们遇到困难就向他请教，他给了我无私的帮助。我深刻地感到，吕老向我压这样重的担子，是有意地锻炼我，提携我。2000年中国教育学会换届，因为承先同志年事已高，需要退下来，又是吕老向承先同志、向当时陈至立部长推荐我任新一届会长。这是他又一次对我的极大信任和期望。我在这几年学会工作中，常常向他请教，他经常给我们出点子，使学会工作开展得更有生气。吕老和我正可谓忘年之交。我们思想很一致，在一起无所不谈。而每次谈话都会给我许多启迪。

这次庆贺吕老90华诞，上海教育出版社为此出了四卷本文集，这是对吕老的最好的献礼。庆贺吕老90华诞，不仅要祝贺他健康长寿，祝贺他为我国的教育事业做出的巨大贡献，而且要学习他的教育思想，传播他的教育思想。文集为我们学习吕老的教育思想提供了最好的材料，我们要认真地好好学习。到吕老百年华诞时我们再来向吕老汇报学习的心得。最后祝贺吕老和师母健康长寿，学术常青。

编者注：就在《绿叶集》编辑的过程中，顾明远先生惊闻吕老仙逝的噩耗，特意又补寄过来下面这段文字，以表对吕老的哀思。

惊闻吕老不幸于2012年7月17日仙逝，不胜悲痛。我们交往30年，无话不说，无话不谈，也说得上是忘年之交。在悲痛的纷乱思想中凑了几句，表达我的悼念：

（一）睿智豁达风趣一代宗师驾鹤西去；

先辈良师挚友卅年友情永铭心头。

（二）教育是事业教育是科学教育是艺术精辟语言论教育[①]；

一生为人民一生为孩子一生为未来贡献教育于一生[②]。

2012年7月19日

---

① 吕老曾经说过："教育是事业，其意义在于奉献；教育是科学，其价值在于求真；教育是艺术，其生命在于创新。"

② 吕老曾经写过两本书：《一生与教育有缘》《一生为未来》。

《王炳照教育文集》序*

炳照走了，好似不辞而别地走了，因为他走得如此突然，那么仓促，我们没有来得及话别，没有来得及再叙叙旧。炳照常常称我为老师，其实我哪里是他的老师，而是同学，是同事，是朋友，只不过我比他年长几岁，早几年毕业而已。我认识炳照是在1962年我从北京师范大学附中调回北京师范大学，他正在中国教育史研究班学习的时候。我因为在北京师范大学只上了两年学就到苏联去了，没有学过中国教育史，因此就到中国教育史研究班去旁听。所以我说与炳照是同学，一点不假。炳照毕业就留在教育系，我们又是教育系的同事，一直到他走的那一天，其间我们又曾同是国务院学位委员会教育学科评议组成员，每次开评议会他都帮助我做许多工作。他还帮助我编纂《中国教育大系》《中国教育大百科全书》。我们两人的情谊岂能用同学、同事、朋友几个词说得清楚？

炳照是中国教育史学界承上启下的人物。他师承毛礼锐、陈景磐、陈元晖、邵鹤亭、瞿菊农等老一辈教育史学家，"文化大革命"以后，他接过这批老先生的班，开拓中国教育史的研究。他先后主编了《中国教育思想史》《中国教育制度史》等专著，又参加了《中华人民共和国

---

* 2010年5月8日写于北京求是书屋。

教育史》的编纂工作。他对我国古代私学、书院和科举制度又深有研究。他不仅研究中国教育通史，而且拓展了区域教育发展史的研究。他对教育史学也有较深的研究和独特的见地。

他坚持教育史研究中"古为今用，以史为鉴"的史学原则。他认为研究中国教育思想史是要"探寻教育思想产生、发展及其演进的历程，挖掘历代教育思想的丰富内涵，总结前人认识教育现象、指导教育实践的成功经验和失败教训，揭示教育思想发展的客观规律"；研究中国教育制度史"也不能仅仅局限于对历代教育制度做出历史文献史料的描述，更重要的，是应该在重新审视中国历史上教育制度的形成、发展和变化的历史时，回答教育制度作为一个历史存在物的存在特性，及其与现实存在的教育制度之间的关联，探讨现代教育问题的历史根源"。

他在史学研究中始终坚持辩证唯物主义和历史唯物主义的方法论，实事求是。例如，他对待传统教育持两点论的态度，认为中国传统教育具有鲜明的二重性——"传统教育重视德育，提高了中华民族的文化素养和文明程度，形成了多方面的传统美德，同时又强化了神权、君权、父权、夫权，勒紧了四大精神枷锁"。只有坚持两点论才能认识传统教育的本质，才能正确处理传统教育与教育现代化的关系。

炳照虽然是研究中国教育史的，但他一直关注中国教育改革和发展的现实。他对基础教育、职业教育，特别是师范教育给予了很大的关注，撰写了许多论文。直到他去世前夕，还对当时国家制定中长期教育改革和发展规划纲要提出中肯的意见。

炳照作为国家重点学科的学术带头人，不仅开展了中国教育史多领域的研究，而且培养了15届博士研究生，40多人获得博士学位，为中国教育史的学科建设做出了重大贡献。

炳照为人达观、率直、诚恳，乐于助人；他治学严谨、慎思、笃学，勇于探索学术创新；为师以身作则，诲人不倦。他为教育学科的建设、人才培育特别是中国教育史的建设做出了重大的贡献。《王炳照教育文集》的出版不仅是对炳照的最好纪念，也丰富了中国教育理论宝库。读者一定会从他的论文中学习到他的道德文章。正是：

做人、做事、做学问一丝不苟，精神常在；

同学、同事、同讲坛四十余载，情谊非常。

教育家大写人生的颂歌*
——读东缨的教育三部曲

　　东缨近日给我寄来了他的教育三部曲之三《播种辉煌》，从而完成了他的夙愿。早在十多年前他将第一部《泛舟涛海》送给我时，我就为他对教育的热情、对教师的歌颂而惊奇。当时他对我说，他要写三部书，这只是第一部，歌颂教师的，他们为教育下一代贡献全部人生；第二部要写校长们，他们是学校的灵魂；第三部要写地方教育局长，他们是学校的后勤部长。果然，几年以后，一部七十多万字的书稿《圣园之魂》送到我面前，并要求我为之写序。我欣然提笔写下了《理性的抽象，艺术的妙绘———一部当代教育管理艺术诗篇》的小序。这是1997年的事。

　　又过了几年，东缨又送来一部书，却不是他说的三部曲之三，而是一部新作，四十万字的《教育大境界》。我为之写了《教育的境界与智慧》一文，说是写的序，实际上是读后感。他中间为什么要写这部书？正如他在后记中所说的："'文化大革命'前入师大时，偶尔涌自心灵深处写中国《教育诗》的梦，竟牵动我的教育人生漫漫之旅，从此纹丝

---

*　2008年12月8日写于北京求是书屋。

不动地钉在这方天地孜孜矻矻地掘井。"他是把教育作为人生的诗篇来写的，不仅是用笔在写，而且是用心在写，所以写出了教育的大境界。

今天，东缨终于完成了他的教育诗篇三部曲，写完了最后一部《播种辉煌》。这部著作按他原本的计划是要写地方教育局长的事迹的。但是他在写作过程中访问了6 500多位老师、校长、局长、教育专家，遇到感动的事迹太多了，我想他一定是舍不得丢弃，所以写成现在这个样子。虽然与原计划有了出入，但内容更丰富了。

《播种辉煌》全书共10章，30节。开篇是从古到今，从中国到外国，展示着众多智者仁人对教育的憧憬，表明了教育是民族振兴的希望，是人类追求自我发展、自我超越的理想。接下来就是用诗一般的语言倾吐他对访问过的中华大地上的人们的赞美，描述他从皑皑白雪的北疆到烈日炎炎的南国，从滨海边陲到茫茫草原，所见到的人们对教育的渴求和艰辛。他们中有"背小伙伴上学堂"的，有"背上父亲上师范"的，有"轮椅上圆大学梦"的。这是什么精神？他写道："超越生存常规而追求高雅发展，超越曲背躬耕而挺起精神脊梁，超越生命个体兴衰而高扬中华民族的伟大魂魄……"书中描写了奋斗在教育第一线的校长们的个性美、拼搏美、事业美，展示了他们的人格的秀美和精神的富有。没有他们的这种人格精神，教育这部机器就运作不起来。书中介绍了杨一仁、李希贵、罗兴才、赵家骥等一大批教育局长的事迹，他们都是临危不惧，见微知著，瞻前顾后，有几分大师神韵的管理人才。

全书不只是赞美，还有忧虑。他从世纪之交的国际形势、人才竞争，审视我国的教育，病症在哪里？教育理念为什么裹足不前？敬业精神为什么出现滑坡？知识结构、专业能力为什么既窄且浅？自我发展的意识与能力为什么束之高阁？东缨走向古今中外教育理念深处，走向数以千百计教坛的名师，回顾自身从教40年之旅的经验，揭开21世纪名师素质结构的真面目。他提出：师德是职业的根本，理念是改革的根本，知识是教育的磁力，教育艺术是无穷的魅力，科研是进步的动力，基本功是教学的起点，能力是教师的支点，个性是教师的亮点。这凝聚了他对教师、对校长的建议。然后他在从城市教育到农村教育，从公办教育到民办教育，从社会教育到家庭教育等各个方面歌颂了不同地域、不同行业、不同层次的人物为教育的追求所付出的辛劳。其中许多故事催人泪下，发人深省，启人振奋。

东缨这部新作，与其说是教育三部曲的第三部，不如说是他教育思考的结晶。如果说《教育大境界》是用诗的语言讨论教育哲学，那么《播种辉煌》就是用诗的语言诉说教育的历史，是描述人民共和国的一部教育史诗。

东缨是教育家，又是文学家。他用文学的语言来描述教育，使得教育事业更丰富多彩，具有更强更深的感染力。他歌颂教育播种的辉煌，也是他创作的辉煌。

杂 记 编

回忆学会成立之初的二三事[*]

——纪念中国教育学会成立 30 周年

中国教育学会成立到今年4月，已经整整30年了。孔子曰"三十而立"，学会也由小到大，在教育部的领导下，在广大教育工作者的爱护和浇灌下，已经成为参天大树，成为我国最大的群众学术团体。我作为第一届理事会常务理事，亲历了这30年的过程。回首往事，感慨万分。我想利用这个机会，讲点当时的故事。

中国教育学会地地道道是改革开放的产物，是在邓小平"尊重知识、尊重人才"的思想指导和关怀下成立的。1978年9月，中国社会科学院、教育部联合召开全国哲学社会科学研究工作规划预备会，我当时作为北京师范大学文科处处长参加这次会议。会后时任中国社会科学院副院长于光远同志和该院哲学所的陈元晖同志又召开了几次座谈会，讨论教育问题。在一次会上我提出应该成立中国教育学会。我说，我国养猪有畜牧研究所，制烟有烟草研究所，连钓鱼都有钓鱼协会，为什么培养人才的教育就没有教育学会？当时陈元晖同志很赞成我的意见。不久社科院在公安部礼堂召开了一次有上千人参加的大会，陈元晖就推举我

---

* 写于2009年3月1日，3月18日修改。原载《中国教育学刊》2009年第4期。

在大会上发言，讲讲教育的重要性和提出成立中国教育学会的倡议。我的发言得到了与会者的鼓掌和赞同。以后，在教育部董纯才等同志的努力下，得到邓小平同志的亲自批准，中国教育学会于1979年4月12日正式成立。会长为董纯才，名誉会长有杨秀峰、成仿吾、陈鹤琴，理事和常务理事都是老一辈教育家。可能因为我曾积极呼吁成立中国教育学会，也可能因为我当时担任北京师范大学教育系系主任，作为北京师范大学的代表，我也被选为常务理事，是常务理事会中最年轻的一员。

中国教育学会是在第一届教育科学规划会议期间成立的。1979年3月23日至4月13日在北京海运仓总参招待所召开第一届教育科学规划会议。那次会议规模很大，参加会议的有教育界专家学者、教育行政部门领导干部共269人。规划领导小组由原中央教育科学研究所研究员张健和王铁负责。因为当时没有教育科研经费，王铁就说，这次规划只能是"谁烙饼谁吃"。这句话后来成为王铁的名言。我当时申请了"鲁迅的教育思想与实践"这一课题，并被列为重点。但既没有经费，也没有人检查、鉴定，只好"自己烙饼自己吃"，课题成果于1981年在鲁迅一百周年诞辰的前夕由人民教育出版社出版。

中国教育学会成立以后第一件事是为"心理学"的批判和"母爱教育"的批判平反，张承先同志代表教育部党组为这两次批判平反。说到这件事，现在的青年同志可能不理解，所以我在这里再费点笔墨解释一下。"心理学"的批判是1958年"教育大革命"中发生的一件大事。1958年8月14日，北京师范大学邀请京津有关高等院校和科研机关的教师、研究人员举行座谈会，批判心理学中的"资产阶级方向"。会上，一些发言者认为，心理学教学的"资产阶级方向"主要表现为：一是以心理分析代替阶级分析；二是排除阶级社会对人的心理影响，极力从生物学的观点说明人的心理现象；三是宣扬资产阶级观点和庸俗趣味。同年8月15日，《光明日报》报道了座谈会的情况，并发表社论《拔掉资产阶级教育科学中的一面白旗》。此后，各地师范院校及综合大学中的心理专业相继开展对心理学的批判。在这次批判中，把心理学说成是"伪科学"。"母爱教育"的批判发生在1963年。1963年5月30日《人民日报》上发表了一篇文章《斯霞与孩子》，报道了南京师范学院附属小学斯霞老师的事迹。斯霞老师以"童心"爱"童心"，认为儿童"不但需要老师的爱，还需要母爱"，教师要"像一个辛勤的园丁"，"给我们的幼苗带来温暖的阳光，甘甜的雨露"。没有想到，几个月后在教育界掀起了一场关于"母爱教育"的讨论和批判，斯霞的名字也顿时成为舆论的焦点。当时批判之深入和广泛是空前的，几乎动员了教育界的所有理论工作者。除各大报刊外，《人民教育》在同期刊物上发表《我们必须和资产阶级教育思想划清界限》《从用"童心"爱"童心"说起》《谁说教育战线无战事？》三篇文章。这组文章以讨论"母爱教育"为题，认为所谓"母爱教育"就是资产阶级教育家早就提倡过的"爱的教育"，说它涉及教育有没有阶级性，要不要无产阶级方向，要不要对孩子进行阶级教育，要不要在孩子思想上打下阶级烙印。随后，围绕着这些问题，在教育界掀起了一场关于"母爱教育"的讨论和批判。

这次教育批判的背景，是20世纪50年代的"左"的思潮。1958年在"反右斗争"以后，接着开展"教育大革命"，在高等学校批判学术权威，所谓"拔白旗，插红旗"。特别是1963年7月，中共中央在北戴河召开政治局会议，会议讨论阶级斗争，提出阶级斗争要年年讲、月月讲、日日讲。在教育战线讲阶级斗争，就不能讲母爱，母爱没有阶级性，与阶级斗争理论相悖，自然要狠狠地批判。为了批判母爱就要挖老祖宗，一直批到夸美纽斯、卢梭、裴斯泰洛齐，他们都是新兴资产阶级代表人物，自然母爱教育也就成了资产阶级教育思想，非把它批倒不行。

中国教育学会成立大会上首先为"心理学"的批判和"母爱教育"的批判平反，为斯霞老师平反。这是教育界拨乱反正的一次重大事件，是思想解放的重大成果。斯霞老师也参加了会议，她那时非常激动。当时我在大会上也发了言，因为我在北京师范大学附属中学任教时深有体会，也提倡过母爱，差一点也被批判。

会议期间我曾给时任会长董纯才写了一个书面意见，建议要重视教育实验，希望建立实验区或实验学校。董纯才非常重视我这个建议，会后亲自找了当时北京市委教工委书记刘祖春同志。刘祖春也很支持，把这事交代给北京市教育局，准备从在海淀区搞一所小学开始。为此，原中央教科所的吕敬先同志做了许多准备工作。但是后来因为在实验的目标上、管辖上有分歧，这件事就没有办成。我至今仍感到十分遗憾。

现在第一届常务理事大多已成故人，但他们为中国教育学会发展所做的贡献永存，他们的勇于创新、实事求是、团结奋斗的精神永远是我们的宝贵财富，必将在今后的中国教育学会工作中发扬光大。

30年来我与学会同成长。我虽然从当小学教师开始至今已经从教60年，但主要研究工作可以说也就是改革开放以来这30年，并且和学会密切相关。学会第二届理事会，我任学术委员会委员。1986年11月5日至9日中国教育学会在武汉召开第二次年会。期间张承先会长、吕型伟副会长找我，说他们两位建议为中学教师编一部教育大辞典，以提高教师的业务水平。这件事情本来早在1984年郭永福就对我提过，那时郭永福是张承先同志的秘书，他说承先同志想为教师编一部教育辞典，希望我能参加。我原来以为要我帮助承先同志来编写这本书，但是这次谈话却是要我来主持这项工程。我觉得自己不能胜任，建议还是请张承先同志任主编，我来协助。11月9日，上海教育出版社陈义君社长、曹余章主编都从上海赶过来了，晚上讨论编写教育大辞典的事情。张承先、吕型伟、刘佛年几位老前辈一致要我直接任主编，认为我年轻力壮，又担任北京师范大学副校长，便于主持全部的编纂工作。我就在他们的鼓励和支持下用了6年时间编完12卷本《教育大辞典》，以后又用了6年时间编完修订合编本。编写这部大辞典是中国教育学会成立以来的最大工程，动员了上千名老、中、青专家参加，不仅出了成果，也培养了青年专家队伍。当前教育理论界的骨干，差不多当年都参加过编写大辞典的工作。对我个人来说，虽然费时12年，但使我得到了很大的锻炼。

20世纪末，原会长张承先多次建议我担任会长。但是我总觉得没有他们老一辈那样的威望和水平，一直不肯答应。直到2000年，承先同志深感年事已高，身体也不如以前，有点急了，对我严厉地说："从组织上说，你也得服从。"这样我只好答应下来，经大家选举担任了第四、第五届会长。这8年来，在教育部领导下，在学会副会长们的帮助下，继承学会的好传统，把联系中国教育实际，开展群众性的学术活动作为学会的中心工作。着重做了以下几件事：

一是继承和发展上一届理事会的工作，扩大教育改革实验区。两个五年计划，先后建立二十多个实验区。

二是开展群众性教育科研五年规划的活动。两个五年规划共设定科研项目二十多项，成为国家教育科学研究规划的一个重要补充，推动了全国中小学的科研活动。

三是先后召开了两届中学校长大会和小学校长大会，推动了现代学校建设。

四是改革和改进《中国教育学刊》的工作，2001年开始由双月刊改为月刊，2006年开始增加篇幅，由原来的64页增加到80页，今年增加到100页。同时经过改革，内容更贴近中小学实际。

30年来参加学会工作，亲眼看到中国教育学会的发展和壮大，并深深感到，学会作为群众性的学术团体在推动我国教育改革，推广教育科研，提高广大教师的教育理论水平和业务能力方面可以大有作为，在许多方面可以起到政府教育行政部门起不到的作用。我祝愿学会今后有更大的发展。

八十教育感言*

今年是新中国成立60周年，也是我80周岁。中华人民共和国成立60年来，我国教育取得跨越式发展。特别是改革开放以来，我们在短短30年的时间里，普及了九年义务教育，高等教育进入了大众化教育阶段，实现了从人口大国向人力资源大国的转变。我的成长与共和国的发展息息相关。1949年共和国建国前夕我考上了北京师范大学，走上了教育工作的岗位，是党的培养，使我这样一个贫困家庭的孩子能够上大学，后来又被派到苏联去留学，是党教育我全心全意为人民服务，忠诚于人民的教育事业。在60年的学习和工作中，我受到老师的教诲、同事的帮助、学生的催奋，使我一步一步成长。

中华人民共和国成立以来我国教育的发展是举世瞩目的，但在发展中也遇到许多矛盾，如教育公平公正问题、素质教育问题、教育结构问题、教育与经济社会发展问题等，从宏观的教育发展到微观的教育质量的提高，都需要教育理论工作者与教育实践工作者密切结合共同研究解决。因此，我们教育工作者任重道远。在欢庆共和国建立60周年之际，正值我到了耄耋之龄，但仍愿意把有生之年贡献给教育事业。为此有感：

---

* 写于2009年7月20日。

耄耋之年何所求，
教育探索志未酬；
痛见孩童受煎熬，
民族未来堪可忧。

睡眼蒙眬五更起，
听课做题学奥数。
校内不闻欢笑声，
课外只见童面愁。

师生家长均不满，
何力能阻此潮流；
教育观念需改变，
标本兼治靠制度。

喜闻国家定规划，
教书育人德为首；
上下齐心共努力，
开辟成才幸福路。

走路做事都要眼睛向下看*

老子说：我有三宝，持而保之。一曰慈，二曰俭，三曰不敢为天下先。今年元宵节那天我就犯了第三条的忌。这天中午在同学家聚餐以后出门，就抢先走在最前面，谁知出电梯大门即台阶，一脚踩空，摔了一个大跟斗。右腿胯骨先着地，后脑勺也在大理石地板上磕了一下，把大家吓了一大跳。我爬起来没有什么太大感觉，只觉得胯骨有点疼，照样走路坐车就回家了。但大家不放心，尤其是几位同学和我女儿，非要我上医院检查。说实话，我实在怕上医院。现在上医院有时没病会累出病来。但拗不过他们的劝说，也为了让大家放心，就到附近同仁医院做了CT，结果没有啥问题，总算大家放下了心。

我想，这也符合辩证法。我虽年已耄耋，但身体动作还灵便，性子又急，所以走路总是冲在前面，而且只看前面，不顾脚下，所以要摔大跤。老伴已多次提醒我，但"江山易改，本性难移"，所以终究要吃苦头。同时，也正是亏得身体动作灵便，才没有摔出大事。要是别的"80后"这么来一下，恐怕就吃不消了。

也悟出一个道理，无论如何，要记住老子的话，"不敢为天下先"。而且走路做事都应该眼睛向下看，不要只向前看，要脚踏实地。其实，

---

* 写于2012年元宵节后两天。

我这个人从来不向"前"看，不问前途，而是什么也不看，只是盲目地往前走，走到哪里算哪里。这确实也不好，一个人没有方向，也会摔跟斗。最好还是眼睛向"下"看，并且和大家一道走，才不会出问题。为此赋打油诗一首曰：

一跤摔堂前，

"80后"受考验；

走路该低头，

岂敢为人先。

读《中国人的思维批判》有感[*]

　　最近读了楚渔先生写的《中国人的思维批判》一书，很受启发。他认为近几百年中国人落后的根源是我们自己落后的思维模式，不能归结于体制和文化等客观因素上。他指出："中国人的思维混乱而且僵化，是阻碍我们社会进步的根本原因；如果我们不彻底改变落后的思维模式，中国人超越西方永远是一句空话、一个不切实际的幻想。"（自序第22页）这话很尖锐，听了很有一点被刺痛的感觉。

　　他在书中写道，中国人的思维模式的最大弱点是模糊、混乱、僵化。他认为，中国人的主流思维仍是形象思维，而形象思维的特点是模糊性：概念是模糊的，思维是模糊的，对事物的认识也是模糊的。而西方人的思维模式是以逻辑思维为主体，逻辑思维模式是一种高级抽象思维形式，是在人们的认识过程中，借助概念判断、推理的思维活动，使感性认识上升为理性认识。中国主流思维模式注重直觉体会，粗略地认识思维对象，不追求对感性材料的深层思考和对事物的精确分析，仅满足于对经验的总结及对事物粗浅和笼统的描述。"中国人的感性思维概念模糊，带有过多的情感色彩，不太能对客体做出准确的判断，也难以认识事物的本质。"（第21~22页）

　　作者认为，中国人缺乏对思维科学的研究使中国人进步缓慢。康德

_____

* 2012年3月3日写于求是书屋。

等大哲学家认为，人的认识分为三个阶段：从感性到知性再到理性。这是运用形而上学的成果。中国历来没有形而上学的传统。他说："中国人有很多错误的论断，仅仅是名人的一种个人感觉，没有经过科学方法的研究和实验。"又说："逻辑思维的薄弱和思维方法的僵化，使我们中国人极度缺乏想象力。"（第47~48页）

作者认为，中国古代的文化尤其是先秦文化是非常辉煌的，但从南宋开始中原文化越来越偏离原创的中华文化，中华文明开始走向衰落。

作者还举了许多实际生活中的例子和西方大哲学家、思想家对中国人的思维方式的批判。虽然觉得很犀利，但也有同感。

我在写《中国教育的文化基础》一书时，也涉及中国传统文化的思维方式，但没有他想得那样深刻，那么锐利。我在该书"中国传统文化的消极面"一节中提到："中国传统文化重整体轻分析，重归纳轻演绎。……重视整体而轻视局部的分析，往往会对事物的认识模糊不清，不能科学地、定量地说明事物的性质，满足于笼统的概念。这种思维方式有碍于科学的发展。""中国传统文化思维方式的另一种表现是重归纳轻演绎。中国古代哲人论述的道理，只有结论，没有论证。……这种思维方式严重地阻碍着实证科学的发展，阻碍着科学精神的养成，不能不说是中国传统文化的缺陷，在现代化进程中是需要改变的。"（第67页）我也只是把观点亮出，没有过多的论述。其实我自己也有模糊、混乱、僵化的缺陷。许多概念不求甚解，缺乏严密的、科学的思维品质。

西方哲学是很重视逻辑学的。20世纪50年代我在苏联学习教育学，基础课中就有逻辑学，而且是二年级一年的课程，学完逻辑学才学唯物辩证法。当时苏联中学课程中也有逻辑学。可能这也是西方传统。想起我国伟大科学家钱学森曾多次谈到研究思维科学的重要性。他甚至把思维科学与自然科学、社会科学并列为一个重要的科学领域。对思维科学的研究，改变中国人的思维模式确实值得中国学者重视。

四个正确对待，做一个高素质的人[*]

我经常和学生讲，一个人能够做到四个正确对待，就是一个高素质的人。四个正确对待是：正确对待自然，正确对待社会，正确对待他人，正确对待自己。

正确对待自然。每个人都是自然的一员，爱护自然，保护环境，实际上也就是保护我们自己的生存家园，也是为子孙后代着想。20世纪90年代初，提出可持续发展理论，就是说不能为了眼前的利益牺牲后代的资源。我国是一个资源短缺的国家。据统计，我国目前人均水资源只有2 500立方米，约为世界人均水量的1/4；我国森林覆盖面积只相当于世界森林覆盖率的61.3%，全国人均占有森林面积相当于世界人均占有面积的21.3%，人均森林覆盖量只有世界人均蓄积量的1/8。我国已探明的矿物资源总量占世界的12%，而人均占有量仅为世界人均占有量的58%，居世界第5位。但是我们资源浪费极大，就拿我们日常用水来说，开会时一杯茶水总是喝不完的，一瓶矿泉水也总要浪费一大半。所以我总要把没有喝完的矿泉水带走。中国请客吃饭也是浪费很大。这些陋习应该改一改。

正确对待社会。我们都是社会的一员，生活在同一个社会里，我们

＊ 写于2012年春节。

对社会就有责任。首先我们要遵守社会公德，维护社会秩序。同时我们要为社会的发展做出自己力所能及的贡献。古人说"修身，齐家，治国，平天下"，个人总是和社会联系在一起的，与我们的国家联系在一起的。有了大家才有小家，才有个人。因此不论做什么工作，都要想到全社会，想到我能为社会做些什么，所谓兼善天下，向社会献出爱心。

正确对待他人。我们一生总要和许多人打交道，因此要学会与人相处。联合国教科文组织面向21世纪的报告《学习——财富蕴藏其中》一书中就提出21世纪学习的四大支柱，即学会认知、学会做事、学会与人相处、学会发展。要善于与人相处，就要有包容的思想，要懂得尊重别人，尊重别人的价值观，换位着想，多看别人的优点，善于向他人学习。古人说："严于律己，宽以待人。"这样才能和谐，生活才能幸福。

正确对待自己。要认识自己，做到这一点最不容易。如果这一点做到了，其他三个正确对待也就容易做到了。老子说："知人者智，自知者明。"正确对待自己就要正确对待遇到的困难和挫折。人的一生会遇到许多挫折，大多数的人生是坎坷的，只有具有坚定的毅力，不断克服困难才能有圆满的人生。现在有些青年就做不到这一点，遇到一点挫折就跳楼了，这是懦弱的表现。还要能正确对待自己的荣誉。不要因为有了地位、有了荣誉就忘乎所以。许多犯错误的干部就是因为不能正确对待自己的地位和荣誉。这值得我们警惕。

能够做到这四个正确对待，就是一个高素质的人、高尚的人。我希望和大家共勉。

写序四态[*]

20世纪90年代初，就有学生要我为他的书写序，我拒绝了。我觉得我没有资格写序，写序的人总应该自己有点学问。后来又有人要我题词。我更觉得没有资格，题词的人都是领导或者名人。我既非领导又非名人，怎么能给别人题词。学生一再请求，我拗不过他，只好说，那还是序吧。谁知这个闸门一开，一发而不可收。结果是不仅写序，这几年连词也都题上了。好在人老了，俗话说"倚老卖老"，老人虽非领导又非名人，但是总被人看作多吃了几把盐，多几分经验；同时人老了脸皮也老了，所以就不怕人说三道四了。

写序也有几种情况。情况之一是我自己愿意写。看了作者的著作觉得很有启发，或者有几位我很熟悉的教育家，读了他们的著作觉得很有收获，而且他们的经验和理念非常值得推广，于是欣然提笔，为之作序。例如，我为霍懋征老师写的《真善美的丰碑》，为李吉林老师写的《情境教育是具有中国特色原创的教育思想体系》，为洪宗礼老师写的《语文人生哲学录》，以及为傅东缨教育三部曲写的《教育家大写人生的颂歌》等。写这些序，我是非常认真用心的。

情况之二是一批辛勤工作在教育第一线的老师，他们在繁忙的教育

---

[*]　写于2011年6月5日。

教学工作之余，把自己的经验总结成书，希望我为他们作序。我感觉这些老师写一本书出版实属不易，应该支持。虽然有些老师素不相识，但读了他们写的书，觉得很实在，有新意，也就欣然动笔了。

情况之三是我的学生，博士论文或者新写的著作要出版，为了"拉大旗作虎皮"，壮他们的门面，希望我为他们作序。既然是我的学生，论文也是我指导的，能不说几句好话吗？于是也只好动笔作序。

情况之四是朋友推荐来的著作要我写序，有的还拿了写好的序言来，只要我签个字就行。这就使我有点为难。拒绝吧，对不起朋友，又怕朋友说你架子大；写吧，不知从何写起。只好守住一条原则：凡是老师自己的教育著作，确有一定意义的，为了支持他们，就写；另外绝不简单签字，绝大多数是我重新改写。总之，本着实事求是的原则，不给著作做广告，不为作者瞎吹嘘。有些老师可能会对我写的序不够满意。那我就管不着了。

有时会有吃力不讨好的事。有一次我一位老同学要我为他的著作写序，因为我没有按照他的意见把他树为某某流派的旗帜，不仅把我为他写的序弃之未用，而且来信诉说了我一顿。

多年来的写序，深感名人难当。虽然自己从来不承认是名人。写序真是一件苦差事。一本书少则十几万字，多则数百万字。写序总得知道书的内容吧。但这么多字哪里看得过来。所以除了上述我真的认真读过的书和我指导过的论文外，大部分只有翻阅一下书的前言和目录，抽样看几个章节或论文。于是借题发挥，写写我对该书主题的见解。所以，写序倒也成为我抒发教育随想的平台。

"把阿谀奉承的人都杀光" *

  我的岳父周建老生前几次给我们讲一个故事。说从前有个草头大王，最恨那些对领导首长阿谀奉承、溜须拍马的人，发誓要把他们抓尽杀绝。一天抓住了一个这样的人，正要杀他。那人赶紧跪下来求情饶命。大王就问他，你为什么要对领导首长那样阿谀奉承、溜须拍马？那人忙说：大王你不知道，因为那些领导首长都喜欢别人阿谀奉承、溜须拍马。如果世上的领导首长都像大王您这样，就不会有阿谀奉承、溜须拍马的人了。大王听了很高兴，就把他放走了。可见世上每个人都喜欢听顺风的话，不喜欢听逆耳的话。古人说："良药苦口利于病，忠言逆耳利于行。"践行起来难啊，我们要时时警惕啊！

---

* 写于2012年3月3日。

贺天宫一号发射成功[*]

嫦娥飞天留月宫，
千载思乡不得还；
天宫神舟飞上天，
接得嫦娥回人间。

*　写于2011年国庆节。

童年的回忆*

　　1937年"七七"事变以后不久，日本侵略军就打到我们家乡了。江阴以黄山炮台出名。它建在长江边上的黄山上，是进入长江的门户，但当时并未挡住日本侵略军的进攻。先是日本飞机的狂轰滥炸，把南菁中学的大楼都炸了。我家有一个亲戚在堰桥头开一爿石灰店，主人也被炸死了。于是大家纷纷逃难，有钱人逃到上海租界，其余逃到苏北去了。我们一家则从城里逃到乡下贯庄，又雇船逃到江阴边上的北漍，后又辗转周庄、华墅。1938年夏天时局稍为安定一点，我们就搬到离城较近的金童桥，住进了金家大院的后院，一直到1941年才搬回江阴城里。因此，小学阶段主要是在金童桥度过的。但小学只在那里读了一年半，先读了半年私塾，老师是当地一位郎中先生。私塾里有四五个孩子，年龄不等，大的十来岁，小的六七岁，我九岁算中等。老师让我读"四书"里的《大学》，也不讲解，只让我们背书，但至今只记得"大学之道，在明明德，在亲民，在止于至善"了。1939年进入金童桥小学三年级，四年级下学期和五年级下学期又到城里澄翰小学去读书，平时寄住在姨妈家里，星期六下午放学后就步行回金童桥。因为金童桥小学只有初小，所以五年级上半年是在贯庄小学上的。六年级时家就搬到城里了，

---

* 　2012年除夕写于北京求是书屋。

我又转到实验小学，直到毕业。

金童桥是江阴城东一个小镇，建在一条河边上。这条河是当时江阴的运输要道，北接长江通苏北的渡口，南通常熟苏州。金童桥小学坐落在镇中心，是一个如四合院的院落，校长是金阮达，也是金家大院的一支主人。学生并不多，只有四个年级几十名学童。因此上课是复式班，一年级与三年级合班、二年级与四年级合班。我们用的课本还是抗战前的，里面有许多抗日的内容。所以一到日本兵来清乡，学校就停课，我们把课本藏到墙壁下面的通风洞里，人都逃到别的村去。我们住在周庄、华墅时还经常逃到定山上躲在山洞里。那种担惊受怕的情景至今有时还会在梦中再现。

但小时候也有欢乐，日本兵也不轻易下乡来，因为这里还有游击队活动，所以平时也还安定。特别是过新年的时候，会有唱滩簧的戏班子到这里来演戏。戏院就设在学校旁的城隍庙里，我们放学后就挤进去看戏，什么薛仁贵征东啦，郭子仪征西啦，热闹非凡。我家门口是一家米店，旁边是铁匠铺，我时常喜欢站在门口看他们打铁。只见他们一忽儿把一块铁从火炉里拔出来，放在砧铁上敲打起来，一忽儿又把它放到水缸里，只听见"嗤"的一声，感到非常悦耳，但并不体会铁匠们有多少辛苦。

镇最西头有我奶奶的一个寄名儿子李某，顺便说一句，江阴有一种风俗，小孩子生下来就要找一位夫妻双全、儿女满堂的人做寄母，这样小孩才能保证健康长大。李家恰是金童桥的大户，兄弟几个开了面粉厂、榨油厂。我经常到那里去玩，面粉厂倒没有什么稀奇的地方，榨油厂可是十分艰苦的场所，工人的劳动强度极大。我在那里见到了手工榨油的全过程。李家门面就是一个河码头。大豆由这里运上岸，工人背一袋大豆，掌管的就发给他一根竹签，等大豆搬完，工人以竹签兑换工钱。等到榨油时，先要把黄豆用机器压扁，然后放到木桶里去蒸，蒸好以后倒到用竹子编成的圆箍里，箍底里铺着蒲草。工人要把一桶蒸熟的滚烫的豆倒到竹箍里，然后垫上蒲草用双脚把它踩实，踩成豆饼，再把豆饼放到榨油机上去榨油。榨油机是木制的，工人用一个个木楔子打进去，把油榨出来。因为温度极高，工人们都是光着身子干活。劳动强度是极大的，现在想来真像人间地狱。他们的劳动令我印象极深。李家不仅开工厂，也种地、养蚕。春天蚕宝宝出生，休眠、蜕皮、吐丝、结茧，很有意思。夏天打麦场也是小孩喜欢掺和进去的地方。

镇西还有一家制酒厂，据说李家也有股份，所以他们也带我进去玩。一般人以为黄酒造出来就是黄的，其实不然，雪白的糯米，酿成酒怎么就变黄了呢？原来酒里要兑上炒煳了的麦芽糖，这样才变成黄酒。我们小时候喜欢跳篾，城里小孩跳的是绳子，我们那里跳的是竹篾，即把竹子削成又细又薄的篾，用它来跳，既刚又柔，比绳子好跳。为了跳篾，常常会到竹匠那里，看他削篾、编筐。

总之，我在金童桥见到了各种行业、各色人等，长了许多社会见识。这对我的一生来讲有着极为重要的意义，知道了各种劳动人民的疾苦。这在城里的孩子是见不到的。

金家大院是金童桥的望族人家，支脉纷呈，人口众多。我们同辈的孩子就有十多个。其中金懋鼎比我大几岁，我读小学时，他已经在外面读初中了。他放假回来我们常常在一起玩，记得最清楚的一次是，一年夏天，纳凉时他给我讲《三国演义》的故事，我听得津津有味，于是也读起"三国"来，我那时大约是读五年级。抗战胜利以后，南菁中学复校，懋鼎兄从乡下的中学回到南菁中学来，我们就成了同学。当然他是学长，我读高一，他已读高三了。后来他考上厦门大学，中华人民共和国成立后我考上了北京师范大学，于是一南一北就难得见面了。特别是他1957年受到不公正的对待，我们更是天各一方。直到"文化大革命"以后，他得到平反，我们也才得以会面。几十年的沧桑真是难以回首。

改革开放30年来，家乡巨变。1990年我曾经写过一首打油诗：

人世沧海本有涯，

小少离乡老还家；

昔日阡陌今不见，

高楼霓彩绣新花。

　　一晃又过了二十多年，变化之大难以想象。过去一个江边的农村小城已经成为一个现代化城市。岁末应江阴市云亭中学之邀，再一次回到家乡。云亭本来是江阴的一个农村小镇，云亭中学也只是一所农村学校。但这次一看，新建的宏伟校舍，先进的仪器设备，特别是高度的校园信息化，已经超过了发达国家的一般学校，真令人感慨万分。这是党的开放政策的成果，也是家乡人民辛勤劳动的业绩。觉得惭愧的是，我们离开家乡的学子没有为家乡做出什么贡献。

　　这次回乡特别高兴的事是又一次与懋鼎兄见面。老人总爱回忆过去，懋鼎兄为此写了六首诗赠我。我不会作诗，为了呼应他，也拼凑了几句，不成诗但表意。现抄录如下：

炮火声中到金童，

顽童相聚在澄东，

夜读"三国"受启蒙，

今犹历历在心中。

七十余载弹指间，

再度聚首已耄耋；

往事如烟犹可叹，

今朝喜迎盛世年。

　　巧逢他的侄孙金啸峰正在编一本《家在金童》的回忆录，要我写一点往事，就勾起了我对童年的回忆。

扬子江畔的人才摇篮*

　　去年春节，在北京的48届同班老同学聚会，都是80岁左右的老人了。欢聚一堂，总要回忆起在南菁中学的往事。大家提出一个问题，为什么当时还是一个偏僻小城的中学出了那么多人才？就拿我们班来说，几十位同学都成了各条战线的骨干，在北京工作的就有十多位同学。当然与我们毕业于中华人民共和国成立前夕有关，中华人民共和国成立初期需要人才，使我们有机会施展才能，但是这也与母校的培养分不开。

　　南菁中学是我国最早的现代学校之一。前身是南菁书院，新学制建立后，即改为南菁中学。一百多年来培养了众多人才。但是说实在的，我们读初高中的六年却是南菁中学最遭难的时期。初中三年是在日本侵略军铁蹄下度过的，高中三年则是在抗战后国民党统治时期。我们初进学校的时候，校舍破旧不堪，仅有的一座教学大楼被日军炸成了断壁残垣，只剩了几间平房。1945年抗战胜利，国民政府接管，第一任校长李天民筹资盖了一座教学楼，名"重光楼"。虽然校舍有所改善，但设备依然阙如，物理、化学课都是在黑板上做"实验"。尽管如此，因为学校里有几位好教师，再加上南菁中学的传统，使我们在青少年时代没有

---

* 　2008年1月3日写于北京。原载《光明日报》2008年9月9日。

虚度年华，受到了良好的教育。

记得初中一年级教算术课的章臣顺老师，常常用图解法讲解四则应用题。如讲两车对开，时速不同，在一定距离内何时相遇等此类问题，都用图画出来，就很容易听懂。另外一位教初三平面几何的胡静莲老师，她那时才二十多岁，虽患有肺结核，但给我们上课时却总是精神抖擞。讲几何要画图，她画图又快又好，极富艺术性。高中二年级、三年级的数学课是吴菊辰老师教的，他讲课极富逻辑性，而且讲话很快，前后衔接，一气呵成。教国文课的是李成蹊老师，他喜欢给我们讲《文心雕龙》，使我们除了课本中课文外，接受到古典文学、文学评论等知识。教历史、地理的是李庚序老师一人，他那时很年轻，刚从浙江大学毕业。教历史像讲故事那样，很生动；讲地理都是自己在黑板上画图，画得很精确，使我们知道我国东北盛产大豆，山西富有燃煤，贵州富有铜矿。他有一次对我说，将来上大学，除了学习专业知识外，还要养成"gentleman"精神，他指的是要养成高尚的、文雅的修养。还值得提到的是我们初中的音乐美术老师胡森林。他身兼两职，既教音乐又教美术。尽管当时学校只有一架风琴，但他的课上得有声有色，他给我们讲五线谱，介绍各国名曲，使我们学到许多音乐知识，并得到美育的培养。他不仅课堂上教我们，而且课下还组织各种活动，成立了合唱团、口琴队。我们在高中已经没有音乐美术课，但他仍然组织我们课外活动。因此南菁中学培养出了多位著名的音乐家、艺术家不是偶然的。

我们总结在南菁中学的六年生活中还有一条，就是不死读书，而是开展各种活动，生活极为丰富多彩，没有现在这种高考的竞争压力。我们学数学，不仅学数学知识，还把它当作一门艺术，学几何时大家比谁画的图漂亮。记得我当时弄到一本《芥子园画谱》，于是大家就学起画来；班上有的同学喜欢书法，大家都练起字来。在初中时我们就成立了足球队，还办墙报；到了高中我们成立了文艺社，办起了杂志，关心国事。种种活动锻炼了我们，使我们能够得到比较全面的发展。南菁中学的这种传统是非常符合我们今天提倡的培养学生创新精神和实践能力的素质教育精神的。

中华人民共和国成立五十多年来，南菁中学无论在办学条件上、教师水平上都有很大提高，出现了人才辈出的可喜局面。现在是学校发展最好的时期，我祝愿母校继承过去优秀传统，并与时俱进，不断创新，为国家培养更多的人才。

《江阴颂——沈鹏书历代名人诗词》序[*]

　　南菁中学要编印沈鹏的书法集《江阴颂——沈鹏书历代名人诗词》，要我写个序。我既非书法家，也非知名人士，本无资格给我国当代著名的书法家写序，但却一口答应了。原因是我可算得上是沈鹏最老的同学和朋友，又是母校要为他出书，这两层关系，写序是非我莫属了。

　　我和沈鹏的友情已经有五十六个年头。那是中华民族正在受苦受难的年代，江阴的南菁中学被日寇轰炸得只剩几间破房子。1942年在废墟上复校。1943年沈鹏从上海回到家乡上学，从此我们就在一起，成了最亲密的朋友。说到亲密，可以举一个例子来说明，那时每学期开学，首先要排座位。在初中的时候，我们俩人高矮相差无几，因此常常排在双人桌的同一桌位上。但到高中的时候，我们两人的身高明显有了差距，沈鹏比我长高了，但是为能坐在一起，我们总要做点小动作，实在无奈，也要厚着脸皮向同学求情，好在同学们都知道我们情同手足，总是让着我们。于是我们俩就创下了同坐一个桌位的"吉尼斯"纪录，从初中二年级到高中毕业整整五个年头。高中毕业后我们各奔东西。中华人民共和国成立后我们又在新中国的首都相聚了。我在北京师范大学学习，他在新闻学校学习。以后他在中国画报社、人民美术出版社工作，

---

*　1999年12月写于北京求是书屋。

我则留在北京师范大学。几十年来，我们总是彼此鼓励，互相帮助，经过了风风雨雨，始终不渝。我俩的友谊又发展到了我们两家的友谊。

南菁时代是我们一生中值得怀念的时代。虽然那时正是我国历史上最黑暗、最痛苦的年代。前三年生活在日本侵略者的铁蹄下，后三年在国民党反动派的统治下。但黑暗中并非没有一点光明。鼓舞我们前进的是老师的教导和同学集体的温暖。特别是有一批高年级的同学，他们较早与地下党有联系。他们常常带领我们开展一些进步活动，使我们较早地接受到党的教育。我们班也是一个团结的、进步的集体。我们课余生活很丰富。记得我小时候喜欢画画，不知从哪里弄到一本《芥子园画谱》，就学起画来，结果班上许多同学都学起画来。当时夏鹤龄同学喜欢书法和篆刻，于是班上不少同学练起书法和刻起图章来。为了节省纸墨，我们用笔蘸着水在方砖上练字。沈鹏今天能成为书法家，与那时的兴趣不无关系。在高中时期，我们共同参加了民主运动。由沈鹏等同学发起成立了文艺社团，并开始办壁报，后来办期刊。这些活动都为我们后来的成长打下了基础。

虽说青年时代的学习和生活为我们每个人的发展打下了良好的基础，但沈鹏成为书法名家却完全是他的勤奋和努力的结果。我常常说，兴趣和勤奋是成才之诀。这在沈鹏身上体现得很明显。沈鹏从小就喜爱文艺，中学时代就读了许多古今名著，在人民美术出版社的几十年里，除编辑了大量美术图书外，时时不忘学习，对书法尤是刻苦钻研。正是他对艺术的兴趣激发他刻苦学习，从而一步一步登上艺术的顶峰。

书法是一门艺术，是我国传统艺术之瑰宝。我虽然不懂，但却喜欢欣赏它。我觉得，沈鹏的书法有着深厚的文化底蕴，给人一种沉甸甸的感觉。我想这与他从小喜爱文艺，长期从事文艺工作有关。

大家都说沈鹏的书法别具一格，很有个性。这充分体现了沈鹏的创新精神。艺术就是创新，艺术的生命就在于创新。沈鹏读书时代就勇于创新。记得我们常常在一起讨论文学作品，他总有自己的独特见解。

从沈鹏成为名家可以看出，中学时代对人的一生是多么重要。因此，南菁中学编印沈鹏的书法集的意义远远超出书法集本身。她不仅让青年朋友能欣赏到沈鹏高超的艺术，而且给青年朋友们一种启迪：成才之路就是兴趣加勤奋，学习加创新。

江阴也算得上是历史名城，历代许多名人都歌颂过她。今天沈鹏把这些诗词书写成集，是又一次的艺术再现。沈鹏自己又写了三首，来歌颂我们的故乡。这本书法集不仅可以使读者欣赏到沈鹏的精湛的书法艺术，而且能激励江阴人民，特别是江阴的青年学子更加热爱我们的家乡，并奋发进取，为江阴的繁荣做出新贡献。

沈鹏成名之后，不忘母校的培养，在母校设立了奖学金，又把自己的作品及珍藏的部分艺术品赠送母校，成立艺术陈列馆，在母校又撒下艺术的种子。我相信，这些种子在南菁中学师生们的培育下，将来一定能开出更鲜艳的花朵，结出更丰硕的成果。

西湖今昔游[*]

　　我虽然在北方已经住了60多年，但是忘不了江南的小桥流水人家，对西湖更是情有独钟。我第一次到杭州还是40年以前，1959年利用寒假陪夫人到杭州探亲，一下子被西湖的秀美所吸引。那时还没有现在修饰得豪华美丽，但更觉得素雅宁静，正如苏东坡所写的"欲把西湖比西子，淡妆浓抹总相宜"。如果说今天的西湖是浓抹的话，那么40年前的西湖就是淡妆了。那时，雇一叶小舟，在湖上喝茶赏景，湖光山色，尽收眼底。那种惬意，难以用笔墨形容。回想起明末袁宏道的《初至西湖记》中所描写的：

　　……茶毕，即棹小舟入湖。山色如娥，花光如颊，温风如酒，波纹如绫，才一举头，已不觉目酣神醉。此时欲下一语描写不得，大约如东阿王梦中初遇洛神时也。

　　洛神我没有梦见过，西湖之美却是在现实中。近些年来每年秋天都要到杭州小住几天。虽然并非无事闲游，但也总是要忙里偷闲，到西湖去转几圈。20世纪60年代到西湖，总是雇舟弋游，船到三潭印月，或湖

＊　写于2009年8月7日。

心亭，总会弃船登岛，犹如步入仙境。现在到西湖，已没有那时的清静雅趣，到处人潮鼎沸，三潭印月、湖心亭等岛上更是摩肩接踵，容不得人在那里闲步，船价又贵，干脆自力更生，充分利用"11路"（双腿），既欣赏了风景，又锻炼了身体。

今天的西湖，已不是淡妆清抹，而是艳妆浓抹了，四周树木花草郁郁葱葱，修饰得整齐美观，各色鲜花盛开，四季如春。过去西湖一圈走不通，现在已经可以打通关了。湖滨路建成了供市民闲庭信步的公园；新开辟了里西湖，建成了杨公堤公园，给西湖又增加了几分景色。

我喜欢在湖边散步，那可以用手捞着的湖水，好像一大盆清水放在你的脚边，人与水有一种亲近感。我与老伴常常从早上九点开始，沿着西湖，漫步在草坪森林之中，边走边聊，有时回顾往事，有时妄评时事，不知不觉会走到下午三四点钟，差不多走完一圈。这时才想起，饥肠辘辘，该进餐了。找一个小饭馆，一碗汤面，一碟小菜，比什么盛宴都舒适。

夜晚的西湖，20世纪60年代时，像沉睡着的西子，万籁俱寂，只听得簌簌风声，吹得阵阵花香。今天夜晚的西湖已经如盛装的少女，湖周围万紫千红的霓虹灯照映得湖水漪漪如镜，湖边的茶楼酒吧"隐隐笙歌处处随"。西湖的变化反映了时代的变迁。昔日恬静的西湖，现在变成了旅游胜地、上海的后花园。一到节假日，人挨人，车挨车，多了几分喧闹，少了几分宁静。但西湖毕竟是西湖，淡妆浓抹总相宜，无论是人多人少，总可以欣赏到美丽的湖光山色。

西湖的美还美在她躺在周围群山的怀抱之中。北面有葛岭，西面有北高峰、南高峰，南面有玉皇山、凤凰山。山虽不高，但它们衬托着西湖，使西湖既有山又有水，山水相映。

我们也喜欢爬山，每年到西湖，除了环湖散步外，总要去爬爬山。20世纪60年代爬山，一口气就上了北高峰、玉皇山。现在年纪大了，爬上玉皇山都要在中间小憩多次。前年他们用汽车把我们送上半山腰，再往上爬，其趣味就大不如前了。但我们坚持让车回去，自己下山，而且从玉皇山转到凤凰山。这条线路，一般游客不会来，所以游人稀少，比较清静。周围山林带着几分野趣，另有一番风韵。我们一面欣赏西湖秋色，一面闲聊生活琐事，不知不觉到了万松书院。下山已经是下午三点多钟了。虽然有点感到疲劳，但心情却十分舒畅。

每次到西湖，忘不了要到孤山走一趟。由断桥上白堤，两边景色无限。20世纪60年代白堤北面的里西湖是不开放的，种满荷花。现在已经开放，有各种新式游船，是供年轻父母带着孩童玩耍的。走过白堤就到了"平湖秋月"，再过去就是浙江省博物馆，是90年代新建的。博物馆免费开放，而且开全国博物馆免费之先。我非常赞赏杭州之举，曾为此写了随笔《浙江省博物馆免费开放有感》一文。杭州余杭是良渚文化的发源地之一，博物馆里内容丰富。如要细细欣赏，一两天都不够。从博物馆出来绕过后山就到了西泠印社的后门。60年代到杭州，总要到西泠印社来走走，常常会买几块小石头。手指大小的鸡血石也就是几元钱，寿山青田石更是便宜。现在再到印社，只有欣赏的资格，却无购买的资本，不起眼的石块，动辄几千元、几万元。但即使不买什么，每次来西湖总要来西泠印社转一圈。也算是附庸风雅吧。

虽然近几年来每年都到西湖，但仍感到西湖玩不尽，游不完。

站在孩子的视角谈教育[*]

———————————

* 顾明远：《站在孩子的视角谈教育》，天津，天津教育出版社，2014。

教育理念编

三个面向*
——中国教育改革和发展的战略思想

  北京景山学校是1960年由中央宣传部直接创办和领导的一所实验性学校，当时北京师范大学抽调了一批教师到这所学校任教。"文化大革命"前开展了十年一贯制、课程内容和教学方式改革等多项实验。"文化大革命"中受到严重破坏。"文化大革命"后拨乱反正，景山学校又恢复了生气。当时中宣部秘书长童大林是"文化大革命"前景山学校的创办者和直接领导者，组织了几位同志，包括中央文献研究室的龚育之、原国家科委吴明瑜、景山学校原校长敢峰、校长游铭钧、书记贺鸿琛，从北师大邀请了丁尔陞和我，几个人多次座谈景山学校的发展前途。正在迷惘摸索之时，得到了邓小平为景山学校的题词——"教育要面向现代化，面向世界，面向未来"，使我们豁然开朗，明确了景山学校发展的方向、中国教育发展的方向。

  邓小平的题词是从时代发展的前景、世界发展的趋势和我国社会主义建设的现实出发提出来的，高瞻远瞩，具有强烈的现实性、时代性、前瞻性，为中国教育改革和发展指明了方向。时间过去30年了，今天再

---

* 2013年9月24日在四川广安"三个面向"发表三十周年纪念会上的发言，载《教师教育学报》2014年第1期。

来重温这个题词，更感到邓小平的远见卓识。"三个面向"将永远成为中国教育改革和发展的战略思想。

一

"文化大革命"以后中国教育向何处去？怎样发展？是简单恢复到"文化大革命"之前的状况，还是要有所发展、有所创新？邓小平指出，中国教育必须和中国的社会主义现代化建设联系起来。邓小平在1978年全国科学大会上的讲话中指出："在20世纪内，全国实现农业、工业、国防和科学技术的现代化，把我们的国家建设成为社会主义的现代化强国，是我国人民肩负的伟大历史使命。"又说："四个现代化，关键是科学技术的现代化。"[①]并深刻论述了科学技术是生产力，发展科学技术要有一支又红又专的科学技术队伍，最后说："科学技术人才的培养，基础在教育。"[②]也就是说，我国的教育要为实现社会主义现代化强国培养科学技术人才，这是中国教育发展的最根本的任务。1985年中共中央《关于教育体制改革的决定》就是按照邓小平同志的精神提出的："教育必须为社会主义建设服务，社会主义建设必须依靠教育。"[③]

教育要面向现代化，就是要面向现代科学技术的发展。30多年以前邓小平就指出："现代科学技术正在经历着一场伟大的革命。"[④]并详细分析了科学技术发展的内容和特点及对社会生产的影响。30年过去了，正如邓小平当年预言的一样，科学技术迅猛发展，日新月异，以互联网为标志的信息化改变了整个世界，第三次工业革命正在迎面而来。我国历

---

① 《邓小平文选》(第二卷)，85~86页，北京，人民出版社，1994。
② 同上书，第95页。
③ 《教育改革重要文献选编》，15页，北京，人民教育出版社，1986。
④ 《邓小平文选》(第二卷)，87页，北京，人民出版社，1994。

史上曾经是科技发达、生产力水平很高的国家，明末清初我国是世界上第一大经济体。但是由于不重视科学技术的创新，我们错过了第一次工业革命；由于列强的侵略和压迫，我们又错过了第二次工业革命。今天我们与其他国家一样，都处在第三次工业革命的起跑线上。我们需要抓住时机，迎头赶上，才能实现中华民族伟大复兴的梦想。教育是基础，教育要为科技发展培养人才，为建设社会主义现代化服务。

二

改革开放初期，我国还是一个比较封闭、落后的国家。先进的科学技术和先进的生产力都掌握在西方发达国家手中。我国要建设现代化，只有打开门户，向西方学习、向世界学习。"文化大革命"结束后，邓小平主持工作时就派了多个高级代表团走出国门，考察发达国家的先进技术、先进生产线和科学管理。上海交通大学第一个派高等教育代表团出国考察发达国家培养人才的经验。党的十一届三中全会以后，我国全面实行改革开放，开始引进西方的技术和资金，但人才却跟不上。邓小平同志求贤若渴，早在1977年5月和7月，他两次找方毅和李昌谈话，指出科学和教育工作的重要性，并且提出在党内要营造"尊重知识，尊重人才"的氛围。要培养掌握先进科学技术的人才，教育就要向西方发达国家学习，面向世界的科学技术、面向世界的先进教育经验。

第二次世界大战以后，随着科学技术的发展，教育现代化在西方国家逐渐展开。1957年苏联第一颗人造地球卫星发射成功，震惊了美国朝野，美国国会为此通过了《国防教育法》，拉开了教育现代化的序幕，开展了课程改革、设备更新、人才培养等多方面的改革。这些改革影响到世界各国。但正当世界教育大发展大改革、实现教育现代化之时，我国却正在大闹"文化大革命"，使我国教育落后世界教育约30年。此时，我国教育要迎头赶上，只有虚心地向世界学习。我所在的北京师范大学国际与比较教育研究院，前身是"文化大革命"前由中央批准成立的外国教育研究机构，出版了《外国教育动态》杂志。"文化大革命"中该机构受到严重破坏，"文化大革命"后积极恢复工作，在教育部的领导下，与兄弟院校的外国教育研究机构一道，翻译和介绍了世界各国的教育制度、教育理论和教育经验。邓小平"三个面向"题词的发表，鼓舞着比较教育工作者开展大量研究，引进了国外的现代化教育理念和教育改革的经验，为我国恢复教育秩序、推进教育现代化做出了一定的贡献。

教育要面向世界，就是要面向世界的先进科技、面向世界的教育现代化。为此，邓小平指示"要引进外国教材，吸收外国教材中有益的东西"。在国家外汇储备十分紧张的情况下，中央财政拨出十万美元，从美国、英国、西德、法国、日本等国进口了大批中小学教材，促进了我国课程和教材的现代化改革。①

教育要面向世界，不仅要引进国外先进的教材和教育理念，而且要派出留学生到国外学习，直接把先进的科学技术学到手。在邓小平的指示下，"文化大革命"以后第一批留学生52人于1978年12月启程去西方国家留学，其中就有中国科技大学原校长、中国科学院院士朱清时。以后留学生逐年增多。学成回国的留学生，为我国科学技术的发展做出了重大贡献。

① 任才：《永远铭记邓小平对中小学课程教材改革的丰功伟绩》，见课程教材研究所主编：《课程教材改革之路》，11页，北京，人民教育出版社，2000。

三

教育本来就是未来的事业，是为未来社会培养人才。因此，教育要有前瞻性、预见性，不仅要考虑现在，而且要考虑未来的发展。

教育要面向未来，就是要面向未来的科技发展。当前，第三次工业革命正向我们扑面而来，它既给我们带来了机遇，又带来了挑战。新的工业革命要求创新型、开拓型人才。我们的教育只有按照邓小平的指示，面向未来的科技发展，才能实现中华民族伟大复兴的梦想。

教育要面向未来，就要面对复杂多变的世界。当今世界，竞争激烈、危机四伏。教育需要培养具有国际视野、懂得国际事务和规则、能够参与国际事务的人才。

教育要面向未来，就要面对未来可能遇到的种种危机。2008年由美国次贷危机引起的世界经济衰退至今还看不到复兴的曙光；工业发展带来的环境污染、气候变化，至今还没有解决的办法；科技发展带来的物欲增长、道德滑坡以及许多伦理问题正越来越多地引起人们的担忧。凡此种种，教育如何面对？这值得每一个教育工作者认真思考。

四

邓小平"三个面向"的思想是一个整体，面向现代化科学技术的发展是核心，建设社会主义现代化强国是目标。要达到这个目标，就要放眼世界，吸收世界一切文明成果；就要面向世界复杂多变的形势，把握未来的发展趋势。教育是基础，教育首先要现代化，要培养掌握先进科技文化、具有国际视野和创新精神的人才。

贯彻邓小平"三个面向"的战略思想，教育需要彻底改革。教育现代化绝不只是校舍设备的现代化。首先要改革教育观念，把教育从面向眼前的"应试教育"解放出来，回归教育的本真，把发展人的潜能、提高人的素质作为教育的根本。

改革学校制度，下放教育教学的权力，鼓励学校办出特色。新一轮课程改革把过去的"教学计划""教学大纲"改为"课程标准"就意味着执行课程标准的自主性和灵活性。但现在教育行政部门对学校的教学工作统得太死。这种管理方式很难使学校办出特色，培养出创新人才。

改革人才培养模式。要重视学生的个性化学习，给每个学生提供适合的教育才是最好的教育。要走出学习知识越多越好的误区，重视学生思维能力的培养。2012年经济合作与发展组织发表了《为21世纪培育教师　提升学校领导力：来自世界的经验》报告，指出21世纪学生必须掌握以下四方面的技能：①思维方式：创造性、批判性思维，问题解决、决策和学习能力；②工作方式：沟通和合作能力；③工作工具：信息技术和信息处理能力；④生活技能：公民、生活和职业，以及个人和社会责任。[①]这值得我们认真地借鉴。

信息技术在教育领域的应用正在改变教育形态。教师已经不是唯一的知识载体，也不再是知识的权威。教师将是为每个学生设计最好的学习环境的设计者，是指导学生正确选择和处理信息的指导者，是帮助学生克服学习困难的帮助者。信息化、数字化带来了教育的变革，但要恰当地应用信息技术，充分发挥信息技术个性化、网络化的特点。要把握好在运用信息技术中的器（硬件）、技（软件、技术）和气（内容、精神）的关系，坚持育人为本，不应因技术掩盖育人的本质。

---

① 经济合作与发展组织：《为21世纪培育教师　提升学校领导力：来自世界的经验》，第35页，2012。

中国梦，教育梦[*]

百年大计，教育为本。教育是民族振兴、社会进步的基石，是实现中国梦的人力源泉。传承文化、提高国民素质、促进人的全面发展，是实现中华民族伟大复兴的必由之路。教育工作者要认真贯彻党的十八大精神，努力落实《国家中长期教育改革和发展规划纲要（2010—2020年）》，办好每一所学校，教好每一个学生。

第一要认清形势，教育工作者要认清形势和我们肩负的重要使命。当今世界变幻莫测，科学技术日新月异，国际竞争日益激烈。国际竞争说到底是人才的竞争，是创新能力的竞争。今天第三次工业革命正扑面而来。第三次工业革命给了我们机遇，也向我们提出了挑战。我国曾经错过了第一次和第二次工业革命，如果再错过第三次工业革命，我们强国的梦想就更加难以实现。第三次工业革命的特点是人在生产中的地位和作用空前提高。只有培养具有高度社会责任心并有创新精神和实践能力的人才，迎头赶上，才能实现中华民族的伟大复兴。

第二要更新观念。科学技术的发展和社会的变革与进步，要求我们更新陈旧的教育观念。传统教育是传授现存的知识，现代教育是要创造知识，向未知世界进军。教育的目标不是让学生记住死的知识，而是要

---

[*]　原载《中国教育报》2013年7月3日，原题"实现中国梦是教育工作者的神圣使命"。

培养学生捕捉新知识的能力。去年3月经济合作与发展组织发表了《为21世纪培育教师　提升学校领导力：来自世界的经验》报告。报告介绍"21世纪技能评估与教学项目组"汇集了来自世界各地60多个研究机构的250多名研究者的意见，指出21世纪学生必须掌握以下四方面的技能：①思维方式：创造性、批判性思维，问题解决、决策和学习能力；②工作方式：沟通和合作能力；③工作工具：信息技术和信息处理能力；④生活技能：公民、生活和职业，以及个人和社会责任。[①]这对我们有很大的启发。

第三要改革创新。改革创新是教育发展的强大动力。教育制度要创新，要研究学校制度的多样化，使职业教育的中高级联通、职教与普教的沟通，使每一个愿意学习的人都能得到深造的机会，形成全民学习、终身学习的学习型社会。改革考试评价制度，不以单纯的考试成绩作为评价学生、评价教师、评价学校的依据，采取全面的、综合的、经常的评价方式，改变一考定终身的局面。改革现代学校办学体制，扩大学校办学自主权和教师参加学校管理的权利。

第四要改革人才培养模式。在当今时代，教师已经不是唯一的知识载体，也不再是知识的权威。学生可以从各种渠道获得知识。教师的责任是根据学生的需要和条件，为学生创造适合于他们的学习环境，指导学生正确收集信息、处理信息的策略与方法，帮助学生解决他们遇到的困难。因此，教育教学要以学生为主体，培养学生的学习兴趣，引导学生主动地、积极地参与教育教学活动。教师要改进教学方法，摒弃灌输式教学，采用启发式教学、探究式教学、参与式教学，使学思结合、知行统一。减轻学生的课业负担，把时间、空间还给学生，使学生有时间

---

① 经济合作与发展组织：《为21世纪培育教师　提升学校领导力：来自世界的经验》，第35页，2012。

思考、有时间参加社会实践、有时间参加他们喜爱的科技文体活动，让他们在活动中成长。

第五要深刻理解教育工作者的使命。教育是一项事业，而不是单纯地为了谋生的职业。教育事业关系到我们下一代的成长、民族的未来、国家的兴衰。教师要有真诚的教育理想，要有长远的教育规划，有自觉自愿的教育担当；要有高尚的师德，敬业爱生；时常思考培养什么样的人、怎样培养人的问题；要不断学习、不断创新，致力于自身专业品质的提升，以"学高为师，身正为范"为标准促进自身的专业发展。

中国梦是强国之梦，强国必先强教，教育强，国家兴。世界任何国家都把教育作为实现强国的发展战略。1957年苏联第一颗人造地球卫星发射成功以后，美国马上检讨自己的教育工作，国会于1958年通过了《国防教育法》，把教育事业与国家的安全联系起来。20世纪80年代初，日本产品在美国倾销，美国立即反思自己的教育，美国高质量教育委员会于1983年发布《国家处境危险，教育改革刻不容缓》报告。世纪之交，美国总统布什又批准了《不让一个孩子掉队》法案。这一切都说明，世界上最发达的国家，总是把教育放在强国的首要位置。我们还是发展中国家，我们要实现中华民族伟大复兴之梦，就更要认真贯彻落实党中央提出的"科教兴国"战略，优先发展教育，促进教育公平，提高教育质量。如果说，促进教育均衡发展主要由政府来承担，那么，提高教育质量则是每个教育工作者的任务。我们有责任办好每一所学校，上好每一节课，教好每一个学生，办好让人民满意的教育。

办一流的教育，建一流的国家*
——读《温家宝谈教育》

2006年夏天，我曾经有幸参加了温家宝同志召开的基础教育座谈会。他在会上讲："只有一流的教育，我们国家才能有一流的实力，才能够成为经济社会发展一流的国家。"这句话给了我深刻的印象。今天读了《温家宝谈教育》，我更加理解温家宝同志情系教育、心怀国家的高瞻远瞩的思想。《温家宝谈教育》一书，是温家宝同志对我国教育改革和发展的深入思考，体现了他对教育事业的重视，展示了他站在时代的高度、从国家发展的要求所提出的一系列重要教育论断。这些论断已经成为我国教育改革和发展的科学决策，指导着全国的教育改革和发展。

该书分三大部分：第一部分是关于教育工作的讲话；第二部分是关于教育工作的通信，是给学校老师学生的书信；第三部分是与大学师生的座谈。

温家宝同志在书中深刻地论述了教育的重要性。教育是人类传承文化、培养人才的社会活动，是社会进步、民族振兴的基石，在我国社会

---

* 2013年12月5日在《温家宝谈教育》学习座谈会上的发言。

主义建设中具有基础性、全局性、先导性的作用。我们党历来重视教育事业，"文化大革命"结束，邓小平同志主持工作后，就首先提到教育的重要性，他郑重地提出："四个现代化，关键是科学技术的现代化。"①而"科学技术人才的培养，基础在教育"②。党的十四大确立了"科教兴国"的战略，教育被放在社会主义建设优先发展的地位。温家宝同志在任国务院总理10年期间，努力实现"科教兴国"战略，强调教育对社会建设、个人发展的重要性。他在2010年7月全国教育工作会议上的讲话中指出："教育是千秋大业，关系到国家民族的长远发展，关系到人的全面发展。"又说："一个国家的发展和强盛，从根本上取决于国民素质；国民素质的提高，关键靠教育。"③在和学者、学生通信中，他一再强调教育的重要性，在《致复旦大学百年校庆的贺信》中说："国于天地，教育为本。"④

温家宝同志把办好教育作为改善民生、促进社会公平的重要途径。教育涉及千家万户，教育可以改变一个人的命运。接受良好的教育，是人民群众的迫切愿望。教育公平是社会公平的基础。温家宝同志一再强调，要办好教育，促进教育公平。他指出："义务教育的本质，是为每一个人的生存和发展提供一条公平的起跑线。"因此，要进一步办好义务教育。他说："在基本解决了有学上的问题之后，我们下一步的工作重点是要逐步解决义务教育资源配置不均衡问题，以满足人民群众上好学的要求。"⑤

温家宝同志十分关心教师队伍的建设。书中专门收录了他在北京

① 《邓小平文选》（第二卷），85～86页，北京，人民出版社，1994。
② 同上书，第95页。
③ 《温家宝谈教育》，2页，北京，人民教育出版社、人民出版社，2013。
④ 同上书，第270页。
⑤ 同上书，第4页。

市第三十五中听课后的讲话，"教育大计，教师为本"。他说："如果说教育是国家发展的基石，教师就是基石的奠基者。"他多次引用夸美纽斯说的"教师是太阳底下最光辉的职业"一语，并且说："无论一个人的地位有多高、贡献有多大，都离不开老师的教育和启迪，都凝结了老师的心血和汗水，在老师面前永远是学生。"①他对教师提出了三点要求：一要充满爱心，忠诚事业；二要努力钻研，学为人师；三要以身作则，行为世范。②2007年他在与北京师范大学师生座谈时说："师范院校肩负着提高国民素质的重大责任，国家兴衰在于教育，教育好坏在于教师。"③他对师范教育提出了要求，说："只有同国家和民族命运连在一起的师范教育，才是真正的师范教育"，"一般大学的学生可以'独善其身'，而师范大学的学生要'兼济天下'。"④并且多次呼吁要"让懂得教育的教育家办学"。就是在2006年那次基础教育座谈会上，他提出了免费师范生问题。有人误认为是我提出的建议，其实在我提出建议以前他就想好了。当我提议给师范生免费或者贷款时，他立即说："不，就是要免费，先在六所部属师范大学试点。"第二年在人大会议上做政府工作报告时就正式提出实施免费师范生试点工作。

温家宝同志关爱青年学子，十分注重和学生的交流。他到学校考察，总要和学生座谈。通过交谈，虚心听取第一线师生的心声，了解学生的学习、生活、思想情况，同时把自己的想法告诉学生，心与心交流，循循善诱。书中第三部分与大学师生的座谈，反映了他与学生交流的生动场面。

---

① 《温家宝谈教育》，2页，北京，人民教育出版社、人民出版社，2013。
② 同上书，第170页。
③ 同上书，第334页。
④ 同上书，第335、342页。

温家宝同志关于教育的精辟论述，来源于对教育事业的热爱和重视；来源于深入基层学校的调查研究；来源于和师生的直接交流。书中收录的讲话、与教育工作者的通信和与大学师生的座谈，都充满了对教育的炽热情怀。

《温家宝谈教育》一书，思想深刻，观点鲜明，感情浓烈，励志心切，启人心扉。对于深入贯彻党的十八大和十八届三中全会精神，在新的历史时期进一步落实科教兴国战略，实施《国家中长期教育改革和发展规划纲要（2010—2020年）》有着重要的指导意义。

全社会都来推进教育领域综合改革[*]

党的十八届三中全会通过的《中共中央关于全面深化改革若干重大问题的决定》（以下简称《决定》）对教育领域的改革提出"深化教育领域综合改革"，并对改革提出了总体要求，明确了改革的方向和具体举措。《决定》提出："全面贯彻党的教育方针，坚持立德树人，加强社会主义核心价值体系教育，完善中华优秀传统文化教育，形成爱学习、爱劳动、爱祖国活动的有效形式和长效机制，增强学生社会责任感、创新精神、实践能力。"

教育是人类传承文化、培养人才的社会活动，是社会进步、民族振兴的基石，在我国社会主义建设中具有基础性、全局性、先导性的作用。中华人民共和国成立以后，特别是改革开放35年来，我国教育发展取得举世瞩目的成就，但还不完全适应国家经济社会发展和人民群众接受良好教育的要求。要坚定不移地深化改革，把改革创新作为教育发展的强大动力。改革体制机制，消解教育领域中的各种矛盾，为中华民族的伟大复兴提供人才资源。

深化教育领域的综合改革，需要全社会的努力，共同营造一个良好

＊　原载《光明日报》2013年12月16日。

的教育环境，使我国的教育健康发展。

要坚持把教育放在优先发展的战略地位。《国家中长期教育改革和发展规划纲要（2010—2020年）》中指出："各级党委和政府要把优先发展教育作为贯彻落实科学发展观的一项基本要求，切实保证经济社会发展规划优先安排教育发展，财政资金优先保障教育投入，公共资源优先满足教育和人力资源开发需要。"2012年，我国教育经费已实现占国民生产总值4%的目标，今后仍然要坚持这个目标并逐年有所增长。

要正确理顺政府与学校的关系。简政放权，政府加强宏观调控和管理，扩大学校的办学自主权，使学校办出特色；探索多样化办学体制，开展多样化学校制度的改革实验，有条件的地方实现义务教育九年一贯制、十二年一贯制的实验；高中阶段实施综合高中的改革思路，把普通教育与职业教育结合起来；鼓励多元主体多种形式办学，支持民办教育发展，充分发挥市场对民办教育资源配置的作用，把民办教育作为教育事业的重要增长点和教育改革的重要力量。

学校要深化教育教学改革。校长教师要更新教育观念，改变人才培养模式。坚持以人为本，克服应试教育的弊端；坚持以学生为主体，把选择权还给学生；坚持德育为先，能力为重，全面发展和个性发展相结合，培养学生服务国家和服务人民的社会责任感、创新精神和实践能力。学校要为学生营造良好的学习环境，恰当地利用信息技术，改进教育教学工作；教师要树立正确的教育观、学生观、质量观，加强自身的师德建设。教师要为每个学生精心设计适合自身的学习方案、指导学生有效学习的策略和方法，帮助学生解决学习和生活中的困难，成为学生学习的设计者、指导者、帮助者。

要改革评价制度和考试招生制度。这是家长关心、教师关心、学校关心和全社会最关心的事情。要解放思想、力行改革，实行学生综合素质评价制度；实行考试与招生分离，高考实行以学生的综合素质评价为基础，分类考试、多次考试的制度，改革一考定终身的局面；有些科目如外语，可以实施社会等级考试、一年多考；扩大高等学校自主招生权，重点大学可在统一考试的基础上加考相关专业的知识和能力。例如，对报考生命科学专业的考生加试生物化学等知识，对报考环境科学专业的考生加试天文地理方面的知识。这样既能选拔有专业兴趣和能力的学生，又能引领中学课程和教学的改革。

深化教育领域的综合改革需要家长的配合，学校教育和家庭教育形成合力，就会变成巨大的教育力量。当前出现学校和家庭的矛盾，学校要减轻学生的学业负担，家长要增加学生负担。这当然不能怪家长，这是教育的激烈竞争带来的矛盾。消解这种矛盾，一方面需要家长克服陈旧的观念，了解儿童青少年成长的规律，尊重孩子，用正确的教育方法促进孩子思想品德、生理心理、学习能力全面健康地发展。另一方面学校要主动与家长沟通，交流教育思想，交流教育方法，使家长理解减轻学生学业负担对孩子健康发展的重要性。

社会媒体要发挥媒体的教育功能，为学校提供正能量。电视、网络是孩子们接触最多、最喜爱的媒体，他们从各种媒体中获得许多有益的信息和知识。但无可讳言，当前媒体，特别是网络媒体存在许多不利于儿童青少年健康成长的内容。有些网站散布色情、暴力等内容，恶化学习环境。有关部门要加强监管，坚决取缔不法网站和网吧，同时媒体主办单位应该负起应有的社会责任，以我们的子孙后代健康成长为重，以民族未来为重，发挥媒体的教育作用，杜绝一切不良内容。

社会舆论要树立尊师重教的社会观念。教育领域中存在众多矛盾，社会舆情要全面分析，切忌以偏概全；要鼓励改革，不要求全责备，不要一有改革，首先就出来质疑。这样就会使得改革缩手缩脚，不能深入或者半途而废。要大力宣传教育领域中的先进事迹，鼓舞士气。我国1 400多万教师，绝大多数坚守教育第一线，敬业爱岗，爱护学生，为教育事业贡献了毕生精力，值得全社会尊重。至于个别教师出现失德行为，教育部门要依法严肃处理。

总之，教育是系统工程，教育不只是教育部门的事，需要全社会共同努力，通力协作，创造一个具有中国特色的崭新的现代教育制度。

立德树人是教育的根本任务[*]

党的十八大报告提出，把立德树人作为教育的根本任务，培养德、智、体、美全面发展的社会主义建设者和接班人。这是从建设社会主义现代化强国的高度，从办人民满意的教育的现实提出来的教育工作的历史使命。落实十八大精神，需要认真贯彻党的教育方针，坚持改革创新，坚持以人为本，统筹各种教育资源，协同努力，办让人民满意的教育。

一

（一）立德树人是我国教育的优秀传统。我国教育历来重视"做人"的教育，特别强调人的道德主体精神的弘扬、人的精神境界的追求，同时重视基本知识和基本技能的培养。立德树人是指人才的整体，人才就是德和才的统一，所谓德才兼备。教育首先是培养年青一代做人的品质，然后是做人的才干。《礼记·大学》曰："《大学》之道，在明明德，在亲民，在止于至善。"提出"修身，齐家，治国，平天下"的主张，认为教育就在于格物致知。这就是要培养年青一代具有正确认识自己、

———————
＊ 写于2013年11月23日。

正确对待他人、正确对待社会的高贵品质，对社会、对国家、对民族有高度的责任感，成为一个有完善人格和博学多识的人才。

（二）立德树人是时代的要求。当今世界，一方面科学技术高速发展，日新月异；另一方面社会变革，风云莫测，特别是文化多元，各种思想交相融合与冲突。青少年学生成长环境发生了深刻变化，他们正面临着这种复杂环境的挑战。教育要积极地应对这种挑战，坚持立德树人，把社会主义核心价值体系融入教育的全过程，引导学生形成正确的世界观、人生观、价值观；坚持能力为重，优化知识结构，丰富社会实践，努力提高学生的学习能力、实践能力、创新能力；坚持全面发展和个性发展的统一，培养具有坚定信念、德才兼备的创新人才。

（三）立德树人是当前教育现实的需要。改革开放以来，我国教育取得了巨大成就，但教育还不完全适应国家经济发展和人民群众接受良好教育的要求，主要表现在教育观念陈旧，重智育轻德育、体育和美育，重考试分数轻能力培养，片面追求升学率；培养方式落后，小学、中学、大学教育缺乏有机衔接，教学重课堂轻实践，重统一轻个性，综合育人效果发挥得不足；教育评价、考试、招生制度滞后于教育教学改革；社会舆论缺乏统一认识，缺乏育人的合力。因此，需要端正教育观念，改进教育方式，把立德树人作为教育的根本任务，培养具有服务国家、服务人民的社会责任感、有创新精神和实践能力的时代新人。

二

课程是教育的核心，是教育思想、教育目标和教育内容的主要载体，集中体现国家意志和核心价值观，是学校教育教学活动的基本依据，在人才培养中发挥着核心作用。课程改革必须将立德树人的根本任务贯穿其中，把党的教育方针和素质教育的有关要求具体化和细化到课程改革的各个环节中。因此，要认真修订课程标准。我国新一轮课改已经进行10多年，有必要总结经验，听取第一线教师的意见，认真修订。同时，要修订教材，使各地编写的教材都能符合课程标准的要求，切合学生的实际。

各校要开足规定的课程，不能把课程分为主科和副科，每门课程在培养学生全面发展中都起着不可替代的作用。要改进学科教学的育人功能，将学科育人思想和教学内容有机整合。当然各科教学不是贴德育的标签，而是充分挖掘学科教学中的文化内涵、育人因素，各科教学互相配合，真正做到教书育人。

育人是一项系统工程，课程改革需要遵循儿童青少年成长规律，与他们的生活、学习结合起来。在课程改革中统筹各个学段，使幼儿园、小学、中学、大学有机衔接。要特别注意各学段年龄的不同特点，循序渐进。学生在天赋、爱好和生活环境上都有差异，教育要因材施教，给每个学生提供适合他的教育，充分发挥他们的潜能，使每个学生获得成功。

学生成长在活动中，要把课堂学习与社会实践结合起来，让学生走到大自然中、走到社会中去，在实践中认识世界、认识社会。充分发挥学生在教育教学活动中的主体作用，引导学生在活动中体悟生活，在活动中、在与同伴交往中，学会与人相处，逐步养成正确地对待自然、正确地对待社会、正确地对待他人、正确地对待自己的思想品质。

立德树人需要利用社会的一切资源，家长的资源、社区的资源、社会各种文博的资源。要统筹学校和社会各种资源，为学生提供优越的学习环境。学校老师特别要与家长沟通、配合，形成教育合力，共同培养身体健康、品德高尚、知识丰富、能力较强的一代新人。

要改革当前的评价体系，克服以单纯的考试成绩衡量学生。评价要体现经常性、全面性、综合性、发展性。要用发展观来评价学生，切忌用分数排名次。学生的发展不是线性的，是曲折上升的，因此不能用一时一事来评价学生，要从发展的角度全面地、综合地评价。利用评价来鼓励学生，增强他们的自信心。

　　教育的本质是传承文化、创造知识、培养人才的社会活动，立德树人是教育的根本任务。传承文化、创造知识也是为了更好地育人。立德树人不是喊什么新的口号，而是全面贯彻教育方针的最终结果。

教育的发展在于对教育的深刻认识[*]

最近10年是我国教育大发展、大变革的10年：全面普及了义务教育；基本扫除了青壮年文盲；高等教育实现了跨越式发展，2011年毛入学率达27%；基础教育开展了新的课程改革。《国家中长期教育改革和发展规划纲要（2010—2020年）》（以下简称《规划纲要》）的公布更加促进了教育的改革和发展，教育优先发展、促进教育公平、提高教育质量已经成为全社会的努力方向；素质教育观念日益深入人心，并逐步转化为各地各部门的积极探索和生动实践，学生思想道德建设、基础教育课程改革、学校阳光体育和科技艺术活动，以及评价、招生考试制度等环节正在发生积极而深刻的变化。

取得这些成绩应归功于党和国家对教育事业的高度重视，同时也由于我们对教育的认识不断深化，坚持解放思想，改革创新。

我们对教育的认识是经过曲折过程的。"文化大革命"前和"文化大革命"中长期把教育视为阶级斗争的工具，"文化大革命"以后又单纯地强调教育为经济建设服务。经过不断的探索，终于认识到教育是民生之基，强国之本。教育的根本目的是传承民族文化、促进人的全面发展。教育离不开社会，必须为社会的经济、政治建设服务，但教育的服

---

* 原载《光明日报》2012年11月15日。

务是通过传承文化、创新知识、提高国民素质和培养人才来实现的。同时，经济社会发展的根本目的也在于改善民生，使国民享受文明、幸福的生活。正如《规划纲要》中指出的，"百年大计，教育为本，教育是民族振兴、社会进步的基石，是提高国民素质、促进人的全面发展的根本途径，寄托着亿万家庭对美好生活的期盼"。

10年来本着对教育深刻的认识，党和政府提出教育优先发展的战略。大幅度增加教育投入，2007年开始在全国范围内实现了义务教育阶段免费教育，同时向西部、农村地区倾斜，使每个学龄儿童不因家庭困难而失学；大力发展职业教育，为经济发展方式转变培养了大批技术人才；在高等学校实施"211"工程、"985"工程，促进了高等教育的发展和水平的提高。

教育是民生工程，接受教育是每个人的权利，教育公平是社会公平的基础，关系到千家万户的幸福。因此实现教育的均衡发展，促进教育公平就是教育工作的重点。教育公平首先是入学机会的公平，免费普及义务教育，使所有的孩子有学上，这是实现教育公平的第一步。同时，要创造条件，实现区域内的均衡发展，办好每一所学校，使所有的孩子都能上好学，上有质量的学。这就是教育过程的公平。最后通过课程和教学改革，给每个学生提供适合的教育，使每个孩子的潜能都得到充分的发展，获得学习的成功，达到结果的公平。

教育的根本目的是促进人的全面发展。10年来教育工作强调"以人为本"，具有重大而深远的意义。长期以来只重视教育的社会功能，忽视促进人的自身发展，即育人的功能，把两者对立起来，甚至一度批判"以人为本"的思想，提出"以人为本"是思想解放的结果。其实，教育的社会功能与育人功能是密不可分的，只有把育人的功能充分发挥，培养有理想、有道德、有文化、有纪律的人，才能充分发挥教育的社会功能。坚持"以人为本"，学校就要坚持以学生为本，一切为了学生，尊重学生的主体性，启发学生的主动性。坚持"以人为本"，全社会都要尊重教师，鼓励教师献身于教育事业，成为精于教育的教育家，不断提高教育教学质量。

教育的发展在于改革创新。有了对教育的深刻认识，改革创新就有了方向。10年来我国教育发展的巨大成绩，就在于实现了教育理论的创新、教育制度的创新。

10年来，我国人民教育观念有了很大的变化。前面讲的对教育认识的转变，就是教育观念的最大变化。人才观、质量观、教学观也正在发生深刻的变化。实施素质教育是我国特有的教育创新。素质教育是我国在改革开放新时期，为适应社会主义现代化建设、全面提高国民素质的要求提出来的，核心是培养什么人、怎么培养人的教育的根本问题。虽然目前推进素质教育遇到许多困难，但素质教育的思想已深入人心，各地都为推进素质教育采取了许多措施，许多学校也都在积极探索，已经创造了许多经验。

10年来，我国教育取得的成绩是解放思想、改革创新的结果。今后教育的发展仍然需要解放思想，深化对教育本质的认识，在教育体制上改革创新。特别要在现代学校建设和人才培养体制上改革创新。要用现代教育理念和现代管理理论来改造旧式的管理模式和培养模式。要充分发扬教育民主，充分发挥教师和学生的主体性和积极性，利用各种资源为培养人才服务。

解读《国家中长期教育改革和发展规划纲要（2010—2020年）》*

——答《现代教育报》问

1.《国家中长期教育改革和发展规划纲要（2010—2020年）》（以下简称《规划纲要》）讨论稿已经公布，征求各方面的意见。我认为《规划纲要》最突出的亮点是凝聚在工作方针中的二十个字，即"优先发展，育人为本，改革创新，促进公平，提高质量"。育人为本是教育的根本目的，教育工作要把培养人才放在最本质的地位，培养德、智、体、美全面发展的社会主义建设者和接班人。促进公平和提高质量是今后10年的两大工作重点。教育公平是社会公平的基础，是每个人受教育的权利；提高质量是培养人才的永恒的主题，同时也是促进教育公平的基础。现在之所以出现教育不公平的现象，就是因为教育质量不高，发展不均衡，只有普遍提高教育质量，才能真正达到教育公平。改革创新是制度保障，要实现上述育人的目标、教育发展的目标，唯有改革创新，克服阻碍教育发展的制度性障碍，在制度上予以保障。优先发展教育是我国社会主义现代化建设的战略重点，是时代的要求。今后10年是

---

*　写于2010年3月6日。

我国建设和谐小康社会、创新型国家的关键时期，经济增长方式的转型、国际竞争的日趋激烈都对人才培养提出新的要求。而人才培养的基础在教育。所以温家宝说，"没有一流的教育就没有一流的人才，就不可能建设一流的国家"。

落实这二十个字，到2020年我国教育就可以实现"两个基本""一个进入"，即基本实现教育现代化，基本形成全民学习的学习型社会，进入人力资源强国的行列。

2.《规划纲要》对于促进县（区）域内的教育均衡发展提出具体可操作性的举措。如建成覆盖城乡的基本公共服务体系，实现基本公共教育服务均等化，缩小区域差距，建立城乡一体化的义务教育发展机制；制定学校的基本标准，办好每一所学校，教好每一个学生，不让一个学生因家庭经济困难而失学。《规划纲要》还特别强调教育发展要向弱势群体倾斜，切实解决进城务工人员子女平等接受义务教育问题。

特别强调政府在教育均衡发展、实现教育公平中的责任，强调加强省级政府的教育统筹。

解决择校问题主要要依靠区域的均衡发展，这就要求政府增加投入，改善薄弱学校。要制定学校建设的统一标准。但关键还是在于教师的质量。因此，提倡实行校长、教师定期交流的制度。当然在执行的时候要保护教师应有的权利。这需要全社会努力，要解放思想，并在制度上创新。

3. 高校考试招生制度的改革，《规划纲要》已经提出了改革的思路，就是要改变"一次考试定终身"的弊端，实行"学校依法自主招生，学生多次选择，逐步形成分类考试、综合评价、多元录取的考试招生制度"。当然具体实施还要有详细的设计。北京大学实行39所中学校长实名制推荐就是一种改革的试点。现在许多省市正在研究改革方案。

4. 建立城乡一体化的义务教育发展机制，实现城乡教育均衡发展，上面已经讲到，关键是教师队伍的质量。教师配置要向农村倾斜，要对农村教师加强培训。现在国家还为农村教师设置特岗制度，鼓励大学生参加特岗教师招聘；免费师范生毕业以后也主要到农村学校任教。所以，教师向薄弱学校流动只是实施区域教育均衡发展的一种措施，不是唯一的措施。实施的时候当然不能影响原有学校的水平。教育均衡发展不是把好学校拉下来，而是把薄弱学校扶上去。另外教师流动要考虑到教师的权益。例如，给予农村补贴、住房优惠政策等。

5. 温家宝多次提出教育家办学。也就是说，地方教育行政工作者、校长、教师都要学习教育理论，懂得教育规律，遵循教育规律办学。教育行政领导不要瞎指挥，不要用升学率压学校、压教师；校长、教师要懂得教育规律，懂得学生成长规律，敬业爱生，循循善诱，不以升学率论英雄，认真培养人才。《规划纲要》中提出要更新教育观念，以育人为本，树立五种观念，即树立全面发展观念，努力造就德、智、体、美全面发展的高素质人才；树立人人成才观念，面向全体学生，促进每一个学生成长成才；树立多样化人才观念，尊重个人选择，鼓励个性发展，不拘一格培养人才；树立终身学习观念，为学生的持续发展打好基础；树立系统培养观念，推进大学、中学、小学有机衔接。有了正确的教育观念，在工作中不断钻研，形成自己独特的教育风格，就能成为教育家。

《规划纲要》中设专章"加强教师队伍建设"，强调提高教师的素质，包括师德建设，提高业务水平，培养一批教育教学骨干、一批名师。同时强调要提高教师地位，实现绩效工资制度；对长期从教、贡献突出的教师给予奖励，设立荣誉称号；统一中小学教师职务（职称）系列，设置正高级职务（职称）等。鼓励教师不断钻研教育理论，自主学习创造，开展科学实验，创新教育思想，形成独特的教育风格，终身从事教育工作，成为教育家。

6.《规划纲要》旗帜鲜明，指标明确，措施具体。为了落实，《规划纲要》最后还设计了十大工程项目和十大试点项目。这些项目有的是需要全国来实施的，有的需要地方来试验。《规划纲要》的落实需要解放思想，改革创新，大胆试验。同时要有法规的保证，以法治教。因此，要修订、完善教育法律体系。《规划纲要》提出要修订《职业教育法》《教育法》《学位条例》《高等教育法》《教师法》《民办教育促进法》，制定"考试法""学校法""终身教育法""学前教育法""家庭教育法"等，有的专家还提出制定"教育投入法"，确保各地政府能够依法治教。

读书无用吗？
——答《光明日报》记者问

最近出现一种"大学无用论"的思想，这是当前上学就业矛盾反映出的一种极端思想，值得我们理性地去分析。

当前，大学毕业生就业难的现象是存在的，原因却是复杂的，不能说我国的大学毕业生太多了。我国劳动人口中受过高等教育的比例，2009年只有9.9%，与发达国家相比还有很大差距。但为什么毕业生出现就业难呢？首先，因为大多数毕业生都愿意留在大城市，不愿意到西部、农村、贫困的地区去，造成需要人才的地方没有人愿意去，愿意去的地方又难以找到工作；其次，一方面毕业生难以找到合适的工作，另一方面许多企业抱怨招聘不到适用的人才，这说明我国的高等教育需要改革。

高等教育需要认真改革，要克服同质化现象。我国高等教育已经从精英教育阶段发展到大众教育阶段。高校领导不能再用精英教育的理念来办学，都想办成高水平研究型大学。要克服盲目攀比的思想，面向社会，为地区经济社会培养多种类型的人才。现代社会的人才结构是多元多层次的，高等学校不能都办成清华、北大。当前我国制造业、服务业需要大量应用型、技术型人才，国家也正在鼓励和支持应用型、技术型人才的培养。

　　家长也需要转变观念，不能用精英的理念来看待大学毕业生，只能从事白领的工作。我国人民大众受传统观念"读书做官"的影响，认为大学毕业就应该是高人一等，不屑于做蓝领工作，认为做蓝领就"不如拾垃圾"。

　　还有一种陈旧观念，把供养子女上学看成是一种投资，要求有丰厚的回报，如果大学毕业不能找到好的工作，觉得不合算。这就有点把子女当作私有财产之嫌了。子女是我们的未来，是民族的希望，长者总希望自己的后代胜于前代。因此供养子女读书是父母的义务。正如鲁迅先生说的："所以后起的生命，总比以前的更有意义，更近完全，因此也更有价值，更可宝贵；前者的生命，应该牺牲于他。"（鲁迅《我们现在怎样做父亲》）读书固然为了谋生，改善生活环境，但读书也为了提升自己的品质。掌握了科学文化知识和生存技能，并且有较高的思想品质，我想社会绝不会抛弃他。

校长遴选：关键在内容不在形式*
——对话教育家顾明远

对于一所大学来说，好校长的标准到底是什么？好校长又是如何选出来的？目前试点的公选制度还有什么需要改进的地方？什么样的遴选机制才是最理想的？这不但是我国教育界研究的热点问题，也是我国社会普遍关心和探讨的问题。就此，《科学新闻》与北京师范大学教授、我国著名教育家顾明远进行了一场对话。

科学新闻：此次教育部公选大学校长，您最关注什么？

顾明远：公开招聘校长，这在我们国家教育人事制度改革上讲，确实是一个很大的进步，突破了过去光是委派任命的制度。我最关心的是这种制度上的变化。

因为过去选拔校长，组织上也考察、也推荐，但是透明度不够，考察的范围也比较小，只是找一些学校的领导和知名的教授征求意见，意见提出后往往没有下文；往往从外面委派来一位校长，本校的老师都不认识、不了解。现在的公选要在社会上公开，让全校师生都知道，透明度更大一些，选拔更有才能的人当校长，是比较明显的进步。

---

* 原载《科学新闻》2012年第4期。

科学新闻：在您看来，在校长选拔制度上，公选优于委派吗？

顾明远：当然，公开选拔的过程也不是十全十美。1995—1996年，同济大学等国内几所高校都曾经有过一次校长公开选拔的尝试。同济大学选出来的吴启迪校长就做得很好。

但是，也有不太成功的校长。他们虽然在学术界德高望重，个人修养也出类拔萃，但是由于缺乏管理经验和办学理想，并没有很大的作为。可以说，这次公开选拔的结果并不是尽如人意。所以说，光靠群众推选，也是不行的。公开推荐需要被推荐的候选人出来亮相，说明他的办学思路，让大家了解他有没有能力领导好学校，这样才能真正选出有组织和管理能力、有办学思想和办法的校长。

我觉得公开选拔从制度上来讲，是前进了一步，但是这是一个方法问题，从实质上来讲还是要看内容。就是要真正选对人，选拔出一些在学术上有威望、管理上有能力、思想道德上过硬，并且有办学理想的大学校长。

从这个角度来说，组织任命的未必是不好的，公选的校长也不一定都是合适的。

科学新闻：那您认为，校长选拔制度由任命转向公选，它进步的实质是什么？

顾明远：我认为，恐怕最根本的还是高校自主权的问题。如果高校没有什么自主权，即使是公选出来的也不见得一定能做好。比如，在专业设置、学校发展等方面，如果上级管得很多，即使是选出来的很好的校长也可能没什么作为。

实质的问题是这个。不在乎选拔的形式是任命，还是公选。上级行政主管部门最终的放权程度，给高校多少自主权，可能是最关键的。

科学新闻：目前的校长公选制度会是最终的形态吗？

顾明远：恐怕这是一个过渡的形态。目前试点的这两所学校，需要进一步总结公选的经验，为在更大范围内公选校长提供参考。

科学新闻：什么是比较适合中国的大学校长公选制度？

顾明远：我觉得比较适合国情的校长选拔途径应该是上下结合的选拔模式。目前教育部直属的高校办学主要依靠财政拨款，与国外一些私立高校的治理结构有很大不同，也不能完全拷贝其校长公选的模式。

所谓上下结合，就是学校的上级主管部门负责组织所辖大学的教授成立遴选委员会，其中应该以本校教授为主，学生、行政职员都能参与。与此同时，还需要负责制定选拔条件，协助教授们做好公选的调研和把关等，起到协助、监督的作用。

但是最了解学校实际情况的还是本校的教授，因此校长公选依靠的主体是教授，他们在遴选委员会中应该占较大的比例。

校长候选人的办学思想演讲过程应该是公开的，所有教授都可以来参加，还可以给遴选委员会提意见，不过投票权在遴选委员会。

遴选委员会负责筛选候选人、组织候选人做公开办学思想演讲以及最终投票等。当然，这个选拔的最终结果仍需要上级主管部门来最终确定。

科学新闻：由此公选出来的校长最终应该对谁负责？

顾明远：应该对学校的教授负责，对学校负责，而不是对上级主管部门负责。做到这一点，才是高校自主权最真实的体现。

智慧学与人才的培养[*]

现在大家都在研究如何破解"钱学森之问",怎样培养杰出人才。钱学森除提出临终疑问外,还提出了智慧学的问题。也就是说,杰出人才必定是具有较高智慧的人。

什么叫智慧?《辞海》里的解释是:对事物能认识、辨析、判断处理和发明创造的能力;犹言才智,智谋。这有两个含义:一是对事物,当然也对人,能够认识本质、辨析是非曲直和变化、判断处理矛盾,等等;二是能发明创造,包括发现事物发展的新规律。

怎样培养智慧?这就和教育有关了。智慧不是天生的,是需要培养的。天才是有的,但天才也不是生下第一声的哭声就是创造,而是通过学习培养逐渐获得的。学习是有一定规律的,即使是天才,也不是学习几天就能有智慧的;而且也不是知识越多越有智慧。现在是信息社会,但是信息不等于知识,知识不等于智慧。如果只是书读得多,但不认真思考,不与实际相联系,就变成死读书、读死书,变成书呆子。

我们现在在培养人才方面有许多误区:

第一个误区是许多家长都认为自己的孩子是天才,因而过早地让他们识字、读书。现在大家重视早期教育是非常正确的,但对早期教育的

---

* 2012年12月8日在第四届智慧学研讨会上的发言。

目的是什么，怎么进行，都不是很了解。早期教育对开发儿童的智力确实是很重要的，但不是让他们过早地识字、算数。智力的开发是多方面的，包括他们的认知能力，特别是非智力方面的能力，如养成良好的生活习惯、认识自然界的事物、培养与其他小朋友交往合作的能力、培养开朗阳光的性格等，要在活动中、游戏中自然地获得这些能力。过早地小学化，会压抑他们丰富的能力的发展。

天才是有的，但不是生出来就会知道他是天才，天才是在大众中冒出来的。90年以前鲁迅在北师大附中校友会演讲《未有天才之前》，就说，要培养天才，首先要有泥土。大众就是泥土，有了大众的教育，才能发现天才。

第二个误区是知识学习得越多越好。前面已经讲过，知识不等于智慧。知识要变成智慧，需要活学活用，在知识运用过程中产生疑问和矛盾，在解决疑问和矛盾过程中产生智慧。任何一名科学家、政治家都不是读了书就成为科学家、政治家的，都是解决了科学上或社会发展中的某些课题时才能成为科学家、政治家的。当然学习知识是不可或缺的，知识是产生智慧的基础，但知识并不等于是智慧，更重要的是要会运用知识。毛主席说，经验有两种：一种是间接经验，即书本知识；一种是直接经验，是实践中获得的知识。学习也有两种：一种是读书；一种是实践。把两者结合起来，就能产生智慧。所以我说："让学生在活动中成长。"

第三个误区是"不能输在起跑线上"。但是每个儿童的起跑线是不一样的。儿童的天赋是有差异的。有的儿童发育早，有的儿童发育晚。例如语言，一般儿童一岁多就能说话了，但有的儿童两岁还不太会说话，可是这不等于他永远不会说，可能长大以后很会表达。因此，做家长的不能互相攀比，要根据儿童不同的特点，因材施教。

怎样的学习才能增长智慧？我没有研究，主要听各位代表的意见和经验，因为你们是研究者、实践者。我只是作为一名老教育工作者，凭我的经验谈一点体会，不一定正确，供大家讨论。

其一，从小要保护儿童的好奇心。任何一个儿童都有好奇心，这是儿童的天性。孩子从会说话开始就对外部世界充满了新鲜感，总想问为什么。特别到三四岁的时候，他就会问这问那。问太阳为什么每天从东方升起，月亮为什么会跟着人走，鸟儿为什么会飞，鱼儿为什么会游，等等。随着知识的增长，问题会更多，老师就要积极引导。这种好奇心就是创造性的来源，就是智慧的发动机。要像保护火种一样，不能让它熄灭。

其二，就是要培养学生的学习兴趣。没有兴趣就没有学习。兴趣是学习之母，是学习最强有力的动力，或者叫作学习动机。学习动机有两种：一种叫外部动机；一种叫内部动机。各种外部的压力和奖励都能产生外部动机，但这种动机是不能持久的，压力取消了，或者压力往往会产生反压力，学习的动力就会消失；奖励得到了，或者因为得不到奖励，动力也会消失。内部动机是对学习本身的兴趣，出自内心的需要，才是长久的。当然有时外部动机也能转化为内部动机，如学生本来不爱写作文，但偶然一次作文受到老师的好评和鼓励，激发了他的兴趣，他喜欢起作文来了。因此，兴趣才是学生持久学习的内部动力。如果一个学生对某门学科不感兴趣，他就不可能去学习和钻研它；如果他对它发生了兴趣，他就会想方设法去探究它。

那么，兴趣从何而来？一是来自儿童的天性，儿童生来就有好奇心。二是来自活动。在儿童的活动中会产生很多疑问，总想寻求答案。所以老师要组织学生活动，来激活他的思维，提高他的兴趣。课堂教学中如果只有老师讲，学生被动地听，没有活动，思维激活不起来，学生对学习就会缺乏兴趣。学生对学习缺乏兴趣往往与我们教育不得法有关，同时，师生关系如果不好，也会影响到学生的学习兴趣。

其三，要把学习的主体搞清楚。学习的主体是谁？毫无疑问是学生。但是学生学习又是在教学过程中，是在教师指导下进行的，那么，学生在教学中是不是主体？有些教师就犹豫起来。教师要起主导作用，教师要讲解教材，于是就把学生应有的地位忘记了。就像唱戏的，如果不管听众听不听，自顾自唱戏，陶醉于自己的艺术，这叫孤芳自赏，不能叫演出。演出是要让听众欣赏的。演戏的主角是演员，但整个演出的主体是听众。教师和演员不同，演员可以孤芳自赏，一个人在家里自唱自乐，却不会有哪一个教师在家里自教自乐的，他总是和学生在一起。教就是为了让学生学。因此，教师不能忘记学生的主体地位。教师仍然要起主导作用，这种主导作用就在于教师要钻研教材、钻研学生，设计教学、优化教学过程，其中包括启发学生的主体性，引导他们饶有兴趣地、正确地学习。

其四，重视培养学生的思维能力。今年3月经济合作与发展组织发表了一篇报告，名字叫《为21世纪培育教师 提升学校领导力：来自世界的经验》，提出21世纪学生必须掌握以下四方面的技能：①思维方式：创造性、批判性思维，问题解决、决策和学习能力；②工作方式：沟通和合作能力；③工作工具：信息技术和信息处理能力；④生活技能：公民、生活和职业，以及个人和社会责任。

培养学生的创造思维和批判思维是第一位的，只有通过这些思维才能增长智慧。孔子说，"学而不思则罔"。学习而不思考，学习的知识就不能理解透彻，就不能举一反三。因此，要引导学生在学习中思考，培养他们发现问题、提出问题的能力。我们和国外教学的差距，就在于我们不重视对学生思维的训练，不注意培养他们的创造性思维和批判性思维。

要改善教学方法，提高学习效率。教学方法千千万，很难说哪种方法好，哪种方法不好，问题在于运用得法。好的方法总能启发学生的思维。学习是一种积极紧张的脑力活动。学习的时候获得的信息在大脑中会引起紧张的活动。神经细胞要对新的信息加以识别，引起联想，从旧的贮存着的信息中迅速地检索，看有没有类似的信息，并加以比较、分析、综合、归纳，把新的信息与旧的有关信息相联系，思索它们之间的关系等，这就是我们通常讲的思维活动。在积极的思维活动中，必然会产生矛盾，从而引起不少疑问。因此在学习中提出问题，是积极思维的结果。学问学问，就是学习一定要问，问了才能有学问。我曾经说过，不会提问的学生不能算是好学生。因此，老师要鼓励学生发现问题、提出问题。启发式教学与注入式教学的区别就在于能不能启发学生的思维。所谓启发式教学，不能理解为老师提问学生回答，就是启发式。更重要的是去启发学生思考，而后提出问题。

这就要求我们一改过去重结果轻过程的传统。我们往往把现存的结论告诉学生，学生记住了这些结论就算掌握了知识。这只是死知识，不是活知识。活的知识应该知道它的源头在哪里，怎样流过来的，还将流到哪里去。也就是让学生了解知识产生的过程，思考知识未来的发展。科学的发现和发明，一方面要靠知识的积累，同时要靠对原有知识的质疑，指出它的不足和谬误，科学才能向前发展。我们要培养学生的创新精神和创造性思维，就要在平时教学中重视引导学生提出问题。

这就需要给学生留有思考的空间。我们在课堂上满讲满灌，在课下又布置了许多作业，学生哪还有时间去思考？所以要减轻学业负担，让学生有时间思考，有时间去广泛学习其他知识。知识面拓宽了，思路打开了，就会提出更多的问题，从而增长智慧。

其五，重视非智力因素的培养。非智力因素和智慧是有密切联系的。思想品德高尚，性格开朗，有坚韧不拔的毅力，学习执着，就能产生智慧。一个心胸狭窄、自我封闭，或者见异思迁、缺乏毅力的人，很难成为大智大勇的人。所以我常常说，兴趣加勤奋是成功之母。综观历史上杰出的人才，没有一个不是对自己的事业充满兴趣和爱好、通过不懈的努力而获得成功的。最突出的例子是德国化学家李比希（1803—1873），他出生在一个药剂师的家庭，从小帮助父亲配制各种药品。他喜欢制作炸药，一次把炸药带到学校里做实验给同学看，结果爆炸了，于是他被学校开除。但他立志要成为一名化学家。父亲介绍他到朋友家当学徒，人家提供给他一个阁楼做实验，但有一次他把人家的房顶炸掉了，只好回家。后来他考入大学，精心研究化学。他15岁时，就通过实验得到了一种前所未有的物质——雷酸。他研究有机化学，并用相当多的时间研究农业化学，成为"有机化学之父""农业化学之父"。香港中文大学原校长高锟，从1960年开始研究光纤。当时许多人讥讽他，但他不为所动，终于成功研究出光纤，并因此获得诺贝尔物理学奖。

可见兴趣、理想加上勤奋努力，不怕困难和挫折，一定能成功。

大众智慧与教育[*]

关于智慧学我没有什么研究。但"智慧"二字是大家都知道的，如何增长智慧，恐怕就是智慧学所要研究的问题。智慧学如何建立，它的理论体系如何构建，这是需要认真研究的。但开启智慧，确是人人可以做到的。所以目前把智慧学的研究定位在开启大众智慧这个层面上，我认为是明智的。

有几个概念需要有一个明确的界定，这样才可以有对话的基础。否则各吹各的号、各唱各的调，就无法进行讨论，无法达成共识。

什么叫智慧?《辞海》的解释是：对事物能认识、辨析、判断处理和发明创造的能力。《辞海》对智力的解释是：指人认识、理解事物和运用知识、经验解决问题的能力，包括记忆、观察、想象、思考、判断等。

《新华字典》（第11版）对智慧的解释是：迅速、灵活、正确地理解事物和解决问题事物的能力。

《现代汉语词典》第6版（2012年）对智慧的解释是：辨析判断、发明创造的能力。对智力的解释与《辞海》基本相同。

《辞海》解释说，智力即智慧。

---

* 2013年11月1日在第五届智慧学暨第三届思维科学研讨会上的发言。

你们看，连字典和《辞海》的解释都不一样。我认为，智力和智慧还是有区别的。《辞海》中说，智力是指人认识、理解事物和运用知识、经验解决问题的能力，包括记忆、观察、想象、思考、判断等。这些能力谁都有，除非智障儿童，人人都有一定的智力。但智力有高低。有的人记忆力强，有的人记忆力差；有的人思考很敏捷，有的人思考很迟缓；有的人思考虽然敏捷，但不严谨，比较肤浅，有的人思考虽然很迟缓，却很深刻；有的人想象力很丰富，有的人缺乏想象力。所以说，智力是人人都有的，智慧却不是人人都有的。因此我认为，智慧应该是高水平智力的灵活运用。它的基础是高水平的智力品质，然后是综合运用这些智力来判断事物发展的趋势，选择解决问题的策略和方法，预测未来发展的结果并取得成功的能力。因此，智慧不仅具备高水平的认知能力，还包括非智力因素，如情感、意志、价值观、人生观等。这些非智力因素对问题的解决和事业的成功有时起着决定性的作用。

智慧有大智慧，有小智慧。大智慧可以解决重大的战略问题。比如邓小平同志就是一个有大智慧的人，他解决了社会主义发展的理论问题，建立了中国特色社会主义理论体系。恐怕下棋也需要有大智慧，好的棋手能调动全部智力，观察、记忆、想象、思考，认真审视棋局发展的态势，要考虑棋子下去以后的几十步乃至几百步的结果，而且要沉着，能控制自己的情绪。小智慧就是解决一个具体问题，比如解决工作中的一些具体问题，解决一些具体矛盾。

中国是一个有高度智慧的国家，古代有很多反映智慧的故事。诸葛亮，大家都知道，他是一名大智慧家，善于分析形势、因势利导，使得三国鼎立达数十年。又如田忌赛马的故事。齐国有一位将军叫田忌，他经常与齐威王赛马。赛马的规则很简单，每人拿出上等、中等、下等马各一匹进行比赛。因为田忌的马没有齐威王的马好，所以每次都输给齐威王。后来他请教大军事家孙膑。孙膑告诉他，你用下等马对他的上等马，用上等马对他的中等马，用中等马对他的下等马。结果田忌以2∶1赢了齐威王。中国优秀传统文化中的"和为贵""求同存异"等都是中国智慧的结晶。所以我曾大胆地说，周恩来总理能够在万隆会议上提出和平共处五项原则，正是继承了中国的优秀文化传统，反映了中国智慧。当今世界，风云变幻，无论是应对全球化的挑战还是科技创新，都需要发挥中国智慧的威力。

智慧和聪明既有联系，又不完全是一回事。一般说智慧就是聪明。但智慧总是褒义词，而聪明不完全是。耍小聪明往往不被人看好。《红楼梦》中的王熙凤就是一个很聪明的人，但曹雪芹说她聪明反误了她的性命。可见聪明是好的，耍小聪明就不好了。

智力人人都有，但不是与生俱来的，需要通过学习锻炼，逐步提高。聪明就有点先天的成分，《新华字典》对聪明的解释是"天资高，记忆和理解能力强"。我们说，这个孩子很聪明，往往指他的天赋比较好。智慧就不能说成是天赋，纯粹是后天培养出来的。天资高的人如果不经过后天的培养，也不能成为有智慧的人。历史上这样的人很多，王安石写的《伤仲永》中的仲永就是这样的典型。

智慧是一个人的综合能力，包括高水平的智力和优秀的非智力因素。非智力因素主要指人的情感、气质、意志、性格。这也会影响人的智力发展。一个人的智力水平很高、很聪明，但性格很孤僻，不能与人合作，或者缺乏毅力（即意志），遇到挫折不能坚持，就成不了大事，高智力无法变成智慧。最近商务印书馆出版了一本书叫《自古英杰多磨难》，列举了中外几十个有成就的大人物，都曾经过多种磨难，是靠他们的意志挺过来的。我国古代历史学家司马迁就是最好的例子。因此，启发学生的智慧就需要对他们进行全面培养。当前，贯彻党的全面发展的教育方针，推进素质教育，提高学生的综合素质，就是最基础的工作。这里，知识是基础，能力是核心，品质是灵魂，缺一不可。

智慧总是和创造联系在一起，所以《辞海》中又把智慧解释成"发明创造的能力"。要想发明创造，就要综合运用智力和非智力因素，能够攻坚克难。获得诺贝尔奖的高锟，是光纤之父，几十年前他研究光纤传导，有人曾讥讽他，一根头发丝粗细的光纤怎么能传输那么多信息。但他不为所动，坚持研究，终获成功。这体现了他的智慧远见和惊人的毅力。

知识是重要的，各学科的知识都为学生的全面发展奠定知识的基础，也为智慧的产生和增长提供了知识资源。但知识不等于智慧。智慧需要把知识内化为自己的信念和能力，要有灵活运用这些知识的能力。因此，在学习知识的过程中就要重视培养学生的能力，提高学生观察力、记忆力、想象力、思考力，其核心是思考力，即思维方式。去年，经济合作与发展组织发布的一份报告中说，21世纪学生要掌握的最重要的技能，第一个就是思维方式。需要培养批判性思维、无定式的思维方式。思维有多种品质：思维的敏捷性、敏锐性，有的人思维很敏捷，看问题很敏锐，有的人思维比较迟缓，对事物不敏感；思维的逻辑性，有的人思维很有条理，有的人的思维很混乱；思维的深刻性，有的人思考问题很周到、很深刻，有的人的思维很肤浅；思维的广阔性，有的人思维很广阔、很发散，有的人思维很狭窄，容易钻牛角尖；思维的批判性，有的人对问题有自己的见解，不是人云亦云，有的人只会盲从，不会独立思考。这些思维品质又与观察力、记忆力、想象力有联系。比如，观察力强的人往往思维比较敏锐，想象力丰富的人往往思维比较发散。举一个例子来讲，我们日常生活中缝衣服要用针和线，针眼总是在粗的一头，这样一根针一根线，缝一件衣服要好几天。如果换一种思维，把针眼放在针尖上，就发明了缝纫机，缝一件衣服就很快了，工作效率提高很多倍。这就是智慧。第二次世界大战以后出现了原子笔（现在叫圆珠笔），开始的时候写几下就写不出来了，制造商以为笔尖的滚珠硬度不够，滚几下就变形了，滚不动了。但要提高滚珠的强度成本很高。后来据说是日本人发明了油墨，使油墨适应滚珠，等到油墨用完了，滚珠也就差不多要报废了。所以日本制的圆珠笔很好使。这就是运用智慧于发明创造。

智慧的产生和增长不只要靠知识的积累，能力的培养也不能只依靠书本知识的学习，还要靠实践。毛泽东同志在《改造我们的学习》一文中开头就说道："中国共产党的20年，就是马克思列宁主义的普遍真理和中国革命的具体实践日益结合的20年。如果我们回想一下，我党在幼年时期，我们对于马克思列宁主义的认识和对于中国革命的认识是何等肤浅，何等贫乏，则现在我们对于这些的认识是深刻得多，丰富得多了。"[1]说明经过20年的革命实践才真正认识到中国革命的道路。邓小平讲的社会主义初级阶段建设要"摸着石头过河"。这就是说要实践，实践中出智慧。这是讲的大智慧。具体小智慧也要通过实践，许多智慧是在实践中产生的。例如老农，他没有多少知识，但在种地方面他有许多智慧。当然他如果学习了知识，知道如何科学种田，产量就会增加，他种田的智慧也就增长了。但也还是要通过种田的实践，才能真正增长种田的智慧。

教育要培养学生的智慧，也需要让学生到实践中去，所以我常说，学生成长在活动中。在实践中学生不仅能学会把知识运用于实际的能力，而且可以获得新的知识，可以学习到正确对待事物的方法，培养起创新精神；学习到正确对待他人，学会与人交流、沟通和合作等思想品德，从而增长智慧。因此，学校教育要重视组织学生的实践活动，在活动中培养他们的思维能力和健全的品格。

开展智慧教育有重要的现实意义。我们天天在讲，教育要培养创新

---

①《毛泽东选集》第三卷，795~796页，北京，人民出版社，1991。

人才。什么叫创新人才？就是有智慧的人才。创新要靠智慧，要能敏锐地发现新问题、新事物，及时地抓住发展的机遇，正确地分析形势，所谓审时度势，采取正确解决问题的策略和方式，然后执着地、不屈不挠地钻研，直到成功。但是我们现在的教育方法恰恰与此背道而驰：只重视考试的分数、升学的比率，不重视能力的培养、智力的发展；只培养掌握现存的答案，不培养学生独立思考的能力；只喜爱唯唯诺诺、听话的孩子，不喜欢独立创新的学生。开展智慧教育就要打破这种传统的、陈旧的教育观念和培养模式，培养有智慧能创新的人才。

要开展智慧教育，首先要转变教育观念，树立正确的教育观、学生观、质量观，以人为本，立德树人，把提高学生全面素质作为教育的根本任务。要改革培养模式，把学生放在学习的主体地位，着重培养学生的兴趣和爱好，放手让学生自己学习，让学生自己去活动，使他们在实践中受到锻炼，从而增长智慧。智慧就是学生的综合素质，智慧教育就是素质教育。

人类的智慧是随着人类的进化、社会的进步不断增长的。今人的智力比古人的智力要强得多。今天的信息化社会要求人们有更高的智慧。科学技术的进步，特别是信息技术的发展，不仅极大地提高了生产力，而且促进了人的思考力。正如1995年卢嘉锡院士在一次报告中说的，微处理机的大量生产和广泛使用，"揭开了扩大人脑能力的新篇章"[1]。而互联网的出现，能够汇集众人的智慧，大大地扩大了人脑能力。当今世界，科学技术日新月异，社会变革瞬息万变，人们需要通过不断的学习和实践，特别是思维方式的训练，来增加智慧，才能应对复杂多变的世界。同时，在现代社会，个人的智慧已经不足以解决问题，无论是科学

---

① 卢嘉锡：《当代科技发展与高等教育的教学改革》，见国家教委高等教育司：《当代科学技术发展与教学改革》，3页，北京，高等教育出版社，1995。

技术问题还是社会问题，还需要依靠集体智慧。因此，大众智慧的教育就更具有重要意义。

关于智慧学，顾秉钧所长已经带领张家港智慧研究所开展了10多年的研究，在理论上和实践上都有丰硕的成果。特别值得我们佩服的是，顾所长离休后，离而不休，热心教育事业，关心下一代，开创智慧学研究。他在耄耋之年，不辞辛劳，奔走在各所学校、幼儿园，亲自讲课，亲自辅导，推广智慧教育，提升学生的智慧，并且他的多部著作相继出版，论述了各行各业的智慧，创造了大众智慧学。我对智慧学没有什么研究，但为顾所长的精神所感动，所以积极参加他所组织的活动，并且每次都有许多收获，加深了我对教育工作的思考。所以，应该感谢顾所长对教育的热情，学习他执着的精神。

最后祝大会圆满成功！

怎样破解钱学森之问[*]

我对钱学森的教育思想确实没有什么研究，钱学森是在我们北师大附中上的中学，那是1923—1929年的事。我有幸在北师大附中工作过，但已经是中华人民共和国成立以后了。我在北师大附中工作是1958—1962年，当了四年教导处的副主任。2011年，附中成立了一个钱学森的纪念馆，我去参观了，受到很大的启发。我对钱学森的教育思想和他在附中的学习情况有了一些了解。钱学森讲到他一生中最重要的、对他最有影响的时期一个是在中学，就是在北师大附中的六年，另一个是在美国加州理工学院读研究生时期。现在大家都在讲"钱学森之问"，刚才查有梁同志的报告也讲到怎么解读"钱学森之问"的问题。温家宝同志听了钱老的讲话，钱老讲了他在附中的一些生活细节。北师大附中搞校史的时候，也去采访过钱老几次，他也讲到在附中学习的一些情况，我觉得确实对我们有很大的启发。

钱学森虽然没当过教师，是一个科学家，但是他非常重视教育，非常重视人才培养。这也不奇怪，搞科学要靠什么？要靠人才。科学技术发展需要人才，他深有感触。邓小平讲，我们要把科学技术搞上去，关键是人才，基础在教育。钱学森提出大成智慧学，我也是早就听说过，

---

* 2012年4月20日在钱学森教育思想研讨会上的发言，略有修改。

刚才查有梁同志说是1992年，但是我记得还要早一些。他所主张的大成智慧学，我自己的理解，所谓大成，也就是查有梁刚才讲的集"大成"。集什么"大成"？通过我对钱学森一些讲话的了解，就是集自然科学、人文科学、社会科学、思维科学这些科学的大成。"必集大成，才能得智慧。"他也经常讲他从小喜欢音乐，在科学上遇到疑难问题时，往往就听听音乐、拉拉小提琴，尤其是听听他夫人蒋英演奏的音乐，所以他认为他的科学成就和艺术是分不开的，逻辑思维和形象思维结合起来了。

另外一个问题就是讲到学制的问题，大成智慧学要从小就开始，刚才查有梁也已经讲到了，4岁就上学，4～12岁八年一贯制完成小学教育和初中教育；义务教育八年就完成。12～17岁上完高中和大学毕业，5年时间把高中和大学读完，18岁取得硕士学位。他的这个思想是有一定科学根据的。因为从脑科学的研究结果来看，我们大脑的开发还是远远不够的，甚至只开发了一小部分。而且这个大脑的发展从儿童来讲，0～6岁是大脑发育的关键时期，到6岁的时候大脑细胞已接近成年人，一般成人的脑细胞是140亿个，那么到6岁时已经接近了。早期教育是完全可能的，而且是非常必要的。当然，早期教育怎么理解，如何进行，可能大家的理解有所不同。这次《国家中长期教育改革和发展规划纲要（2010—2020年）》（以下简称《规划纲要》）制定的时候，特别对学前教育给予了关注。公布出来以后，大家提意见最多的也是学前这一部分。可见大家对早期教育越来越重视了。国务院常务会议专门讨论了学前教育的问题，发了文件。国务院开常务会议讨论学前教育，这是少有的，可见领导的重视。现在各个地方都很重视学前教育，可以说全面地铺开了。但是现在的问题是缺乏合格的师资。按照《规划纲要》的要求，是逐步地实现，首先实现一年的学前教育，这一年的学前教育可以在小学里设学前班，然后逐渐普及2年、3年。按照《规划纲要》的要求规划是逐步实施的，但是现在各地的积极性都很高，一下子都办起幼儿园，要普及3年的学前教育，这当然是好事。但是我比较担心，担心的是师资，现在师资跟不上，真正懂得学前教育的教师不多，如果让不合格的教师去当幼儿教师，可能比没有学前教育还要差。现在不是已经出现了拿熨斗烫孩子手的事件吗？有不少幼儿教师向孩子施暴的行为。还有孩子调皮了，让孩子吃安眠药睡觉这种情况。所以说如果没有合格的教师，比不办幼儿园还要惨。所以，培养幼儿教师是非常重要的，要懂得幼儿的心理，因为幼儿就是一棵小苗，很嫩，掐掉一点尖它就不长了。幼儿的情感是非常脆弱、非常敏感的。我举一个例子来讲，我有一个学生，她就讲，她的女儿第一天上幼儿园的时候，就看见园里有一个老教师，这个老教师很受孩子的欢迎，幼儿园的孩子见到她都抢着去拉她的手，拉她的衣服，抱她的腿等，因为她的女儿是新来的，挤不上去。后来看到后面来了一位年轻的老师，她就跑过去很想跟这位年轻老师亲热一下，但这位年轻老师没有理她就走了，孩子回去就非常伤心，告诉妈妈说再也不到幼儿园去了。就这么一个举动，对儿童的伤害是那么大。其实这位老师可能是不经意的，孩子扑上来了，没在意就走过去了，不能说这位老师不好，但是她不经意的举动就给孩子造成了很大的伤害。所以幼儿园老师的一言一行，对孩子的爱护、感情、心灵的安抚非常重要。现在学前教育有很多误区，包括家长也有错误的认识，认为送孩子到幼儿园去就是让孩子学知识。还有其他很多事，包括很多年以前，我就呼吁不要评"三好"学生，现在谁都知道评"三好"学生弊端很多。所以我这次写了一个微博：我们的思维定式"虽然……但是……"，这个思维定式影响我们很多！"虽然"评三好学生有很多弊端，"但是"还是要评。还是"虽然……但是……"，我说如果当年小岗村家庭联产承包责任制也用这个思维定势的话，就不会有今天的改革开放。邓小平同志很英明，他不认可"虽然……但是……"——"虽然"

小岗村的改革很好，"但是"有资本主义因素，这一下子就完了。"虽然……但是……"这么一个思维定式，影响了我们思想解放，所以我看了这次开会的会议手册以后有所感觉，钱老非常重视思维科学研究，我们应该学习钱老这种精神。

重视学前教育，改革基础教育，当然不能完全破解钱学森之问，但基础教育，包括学前教育是为人的一生打基础的，有了良好的基础，才能培养出拔尖创新人才。

戎马将军教育情[*]
——纪念王震将军 100 周年诞辰

看了反映王震将军生平的六集电视文献纪录片《将军情》以后，感动不已。过去只听说王震将军是我国著名的传奇式将军。他戎马一生，为我国人民的解放、为共和国的建设奉献了一切。他善于打仗，又会生产，创造了"南泥湾精神"，使《南泥湾》这首歌唱遍了全国。他是中华人民共和国成立初期我们这批年轻人崇拜的英雄。看了纪录片以后，对王震将军有了更全面的认识。他尊重知识、尊重人才，其重视科学的精神和为此创造的教育事业，不仅为社会主义建设做出了巨大的贡献，而且使我们这些知识分子感到无限的温暖和感动。

纪录片中最让人感动的是他对知识分子的重视和爱护。在革命的年代他就重视知识分子，千方百计地把知识分子留在自己的部队里；在共和国建设时期他更重视知识分子。他像一块知识分子的吸铁石，把许多有大学问的知识分子都吸引到他的队伍中。他爱护知识分子，和知识分子交朋友，充分发挥知识分子的作用。纪录片第三集中讲到他爱护、帮助诗人艾青和作家丁玲的故事，令人潸然泪下。一位久经沙场的将军能

* 原载《中国教育报》2008年4月11日。

够这样重视知识分子，在历史上是少有的。

我作为一名普通的大学教师，和王震将军接触不多。"文化大革命"以后，王震将军担任国务院副总理期间兼任上海交大的校务委员会主任。当时我也不太理解。一位副总理去大学任校务委员会主任干什么？后来才明白，他是在贯彻落实邓小平同志关于实现现代化关键是科学技术、基础在教育和尊重知识、尊重人才的精神，以上海交大为基点，关心和指导我国科技人才的培养和建设。看了纪录片更了解到，他为上海交大的发展做了许多工作，也为"文化大革命"后我国高等教育的改革开放开辟了道路。

他时刻想着教师。纪录片中他以国家副主席的身份去看望农垦大学的教师，向他们鞠躬行礼的镜头真是太让人感动了。后来他主动担任中小学幼儿教师奖励基金会的理事长，也是为了尊师重教，提高教师的社会地位，鼓励辛勤劳动在第一线的普通中小学幼儿园教师。他主张募捐十几个亿，实实在在地奖励成千上万名教师，而不是蜻蜓点水似的做个样子。

1987年教师节，王震同志到北京师范大学慰问教师，他在教师节庆祝大会上讲了教育的重要性。他说："十年树木，百年树人。教育工作是崇高而神圣的事业，关系到中华民族的振兴，关系到社会主义祖国的昌盛。""人民教师是人类灵魂的工程师，不仅要教书而且要育人。"他勉励教师要贯彻十一届三中全会精神，不断地吸取新的科学技术，努力提高业务水平，加强自身的思想修养，做到自尊、自爱、自重、自强，为人师表，用自己的知识，以自己的言行，把我国两亿多青少年培养成有理想、有道德、有文化、有纪律的新一代。他赞扬北师大培养了大批教师，为祖国的教育事业做出了贡献。他勉励北师大再接再厉，认真总结经验，深化教育改革，培养更多的优秀人民教师。会前他听取了学校领导的汇报，和教师座谈，我参加了座谈会和庆祝大会，第一次与王震将军近距离接触。他对我们北师大的勉励、对我们教师的勉励，至今记忆犹新。

他十分关心儿童青少年的成长。大约是1990年，日本松下电器公司的董事长深井大先生倡导零岁教育，北京日报出版社为他出版《零岁——教育的最佳时期》这本书，王震将军在人民大会堂接见并宴请深井大先生，当时我也参加了接见和宴会。王震将军很赞赏深井大提倡的幼儿教育，认为幼儿教育要从零岁抓起的想法非常好。

王震将军关心教育、关心教师的事情真是说不完。有一次中国教育学会副会长、上海市教育局局长吕型伟同志到北京来，王震将军和夫人王洁清同志特地请他到家里做客，向他请教教育改革的问题。吕老多次谈到这件事。

我看了纪录片，特别感到王震将军的教育思想也值得我们学习和研究。他总是把教育放在建设社会主义大背景下来思考，真正做到社会主义建设要依靠教育，教育要为社会主义建设服务。这个方针是1985年《中共中央关于教育体制改革的决定》中提出来的，但王震将军在20世纪50年代就这样做了。他不是为教育而教育，而是在建设中办教育。他在新疆垦荒中办大学，在黑龙江北大荒办大学，在海南岛橡胶树种植园办大学，都是为了培养人才。他的办学方针就是教学、科研、生产相结合，他办的学校是教育与生产劳动相结合的典范。这种办学思想既实事求是，从当时的实际出发，又具有创新性、超前性。我们现在办学仍要坚持这个方针，把教育与生产劳动和社会实践结合起来，学校才有生命力。他办学重视教师队伍的建设，把教师放到学校的中心地位，事事向教师请教，依靠教师办学，反对长官意志，重视科学决策。这也是今天值得提倡的。

王震将军为中国人民的解放事业和共和国的建设做出了巨大贡献，给我们留下了十分宝贵的精神财富，值得我们永远学习、继承和发扬。我们永远怀念他。

教育让生命放光彩*

　　教育的本质就是生命教育，是让人的潜能得到充分发展，实现人生的自我价值。人类和其他生物一样，一要生存，二要繁衍，三要发展。要生存，就要解决衣食住行的问题；要繁衍，就要生儿育女；要发展，就要受教育、学习，把前辈的生产经验、生活经验传承下来。人类几十万年来就是这样学习、创新、发展的，战胜恶劣的环境，获取更好的生存、繁衍、发展的条件。人类发展的历史就是人类通过教育，不断超越自我的历史。因此，教育的本质就是生命教育。

　　自古以来的教育家们都是在追求如何使下一代的生命得到更好的发展。无论是西方的苏格拉底、柏拉图，还是东方的孔子、孟子，都追求个人身心的健全发展。但由于人类进入阶级社会以后，一方面教育被统治阶级所利用，另一方面被统治阶级接受不到应有的教育，教育的本质被掩盖了，教育成了各种利益集团的工具，忽视了个人的生命的发展。在中世纪的欧洲，神权统治一切，人性受到压抑。文艺复兴以来，打破了神权，提倡人权。儿童发展问题逐渐得到教育家、思想家的重视，特别是启蒙思想家，如夸美纽斯、卢梭等，都关注儿童的自由发展。

　　20世纪以来，美国进步主义教育家杜威主张"儿童中心主义"，提

---

*　写于2014年2月28日。

出"教育即生长""教育即生活""学校即社会"，再一次引起对儿童生命发展教育的关注。陶行知先生从他的老师杜威那里得到启发，在中国创建"生活教育"，并且把老师的主张翻转过来，提出"生活即教育""社会即学校"。两者的理念是一致的，都是关注儿童的生命发展。

第二次世界大战以后，随着社会民主的扩大，人们逐渐认识到教育是每个人的权利，更是儿童发展的权利。1989年11月20日第44届联合国大会通过第25号决议《儿童权利公约》(*Convention on the Rights of the Child*,以下简称《公约》)，明确提出，儿童（至18岁）具有生存权、受保护权、发展权、参与权。在发展权中，指明充分发展儿童全部体能和智能的权利，儿童有权接受正规和非正规教育，以及有权享有促进其身体、心理、道德和社会发展的生活条件。《公约》宣布，"应以儿童的最大利益为一种首要考虑"，因而确立了"儿童第一"的原则。这使生命教育有了国际法律依据。

当前提倡生命教育有着重要意义。原因是今天的教育已经陷入功利主义的泥潭，违背了教育的本质，压抑了儿童的发展。学校为了自己的荣誉，片面追求升学率，很少考虑学生体能和智能的发展；家长为了孩子能够考上名牌大学，只顾孩子的知识学习、考试成绩，不考虑培养孩子的健全人格；政府官员只考虑自己的政绩而不顾学生的成长；一些社会教育机构为了赚家长口袋里的钱，只顾用没用的知识去充塞孩子的头脑。可以说大家只看到眼前的利益，谁也不认真思考一下儿童将来的前途。教师为考试而教，学生为考试而学，每天十几个小时埋头于沉重的作业负担之中，身体健康受到伤害、思想品质得不到提高，学生的生命受到摧残。同时，由于生命教育的缺失，许多学生不知道尊重生命、爱惜生命，不会规划自己的人生。因此今天正要发出"救救孩子生命"的呐喊！所以有识之士提出"生命教育"，是非常重要的。

什么是生命教育？它的内涵是什么？如何实施？目前已有许多研

究，也有不同的观点。我没有深入地研究。以我的浅见，生命教育不是一种教育模式，而是一种教育理念。一个人的生命有物质生命和精神生命两个方面，当然这两者难以分开。物质生命是指健壮的体魄，是生命的基础；精神生命是指健全的人格，是生命的灵魂。有了健全精神生命就会使物质生命生活得更有价值、更幸福。生命教育的任务更多是帮助学生建立有价值的精神生命。我们要通过生命教育来转变教育观念，更新教育方法，使学生认识生命，尊重生命，创造生命价值，使他们幸福地生活、健康地成长。

生命教育要贯穿到教育的全过程。所谓全过程，从纵向来讲，从儿童懂事之日起，就要告诉他生命是如何来的，知道爱护自己的生命，同时爱护一切生命；逐渐地教育他们尊重生命，了解生命的价值；直到规划人生、树立理想、创造人生价值。从横向来讲，各门课程中都可以渗透生命教育，使学生潜移默化地受到具有人文关怀的生命教育。当然在高年级也可以适当地开设生命教育或者生涯教育的课程，帮助学生理解人生价值、规划人生发展。

更重要的是，教师要有生命教育的理念，把学生的生命放在本职工作的第一位。敬畏生命，尊重学生，时时把学生的发展放在心上，以满腔的热忱给学生投以人情关怀。学校要建设成具有人文精神和充满生命活力的学习环境，让学生时刻感受到关爱和尊重，树立起自尊、自信、自强的精神，让生命放出光彩。

中国比较教育发展研究之路*
——答《世界教育信息》问

1. 我是学教育基本理论的，从苏联回国后也主要从事教育学的教学工作。1964年我国几所高等学校成立外国研究机构，北京师范大学成立外国教育研究室，把懂得外语的老师都调到外国教育研究室，开始研究外国的教育。比较教育是在改革开放以后才恢复的。1980年教育部邀请华裔美籍比较教育学者胡昌度到北师大讲学。当时我任北师大外国教育研究所所长兼教育系主任，负责胡昌度教授的讲学和比较教育大学教师进修班。后来组织大家编写了新中国第一本《比较教育》教材，从此走上了比较教育研究之路。

2. 比较教育是一门比较年轻的学科。先从国际上说起，比较教育开始于18世纪的欧洲国家。当时工业革命促进教育的普及，民族国家刚刚建立，各国都在发展本国的教育，为了借鉴别国的经验，出现了各国教育的比较研究。到第二次世界大战以后，殖民地国家纷纷独立，国际上比较教育的研究方向已经转变，主要是许多宗主国家研究如何把自己的教育制度输送到刚刚独立的民族国家。同时"冷战"开始，国际竞争也

---

* 写于2010年9月16日。

促进了比较教育的研究。"冷战"结束后，国际比较教育研究逐渐转向教育发展的方法论研究，当然也十分关心新兴国家的教育研究。

从中国来讲，比较教育一出现就定位在通过对各国教育改革和发展的比较研究来探索教育的一般规律，同时介绍发达国家教育经验，为我国的教育改革和发展作借鉴。走过了几个阶段：第一个阶段是20世纪80年代，当时是介绍几个发达国家的教育制度、先进的教育思想，引进先进的课程内容。对于我国在"文化大革命"以后恢复教育秩序、重建教育制度起了不可磨灭的作用。第二个阶段是20世纪90年代，开始对各级各类教育和各种专题进行比较研究，如出现了《比较高等教育》《中外职业技术教育比较》《师范教育比较》《现代课程论》等著作。同时，研究的领域也扩大到发展中国家的教育，在比较教育学科建设上也有了较大发展。第三个阶段是20世纪90年代后期到今天，比较教育研究主要在专题上展开。如世界一流大学的比较研究、发展中国家普及教育的研究、各国课程改革研究等。比较教育研究有了许多增长点：一是对国际教育问题的专题研究，如国际环境教育研究、国际全纳教育研究、国际理解教育研究、国际女童教育研究；二是对各国文化传统与教育现代化的研究；三是对国际组织与教育发展的研究，如世界银行教育报告和援助对各国教育的发展研究、联合国教科文组织的教育理念对各国教育的影响研究等；四是对比较教育方法论的研究，如文化学研究方法、人类学研究方法、和而不同的方法论理念、国际教育论坛的理念。

有的学者提出"比较教育危机"，这种提法是从比较教育缺乏自己的方法提出来的。认为什么学科都要比较，同时比较教育总是借用社会学、历史学、政治学、经济学、文化学等学科的方法，没有自己的方法论体系，构不成一门学科。其实，建立一门学科不光靠有自己的方法。建立一门学科首先要确立研究对象、研究领域、概念范畴、理论体系，当然也包括方法论体系。任何一门学科都需要借助其他学科的方法，单一的学科方法是不存在的。关键是有没有独特的研究对象和研究领域。从这个意义上来讲，比较教育不仅不应有危机，而且有广阔的领域需要比较教育学者去研究。

3. 对于王承绪先生百年华诞，我要首先祝贺他健康长寿，学术常青。关于对他的评价，可见中国教育学会的贺信的内容：

王承绪先生是新中国比较教育学学科的创始者和奠基人。他领导中青年学者编撰了新中国第一本《比较教育》，他编写的《比较教育学史》等著作奠定了我国比较教育学科的建设。他不仅关心祖国的教育事业，而且时时注意国际教育发展的动向，不断介绍国外的经验和发展趋势。尤其值得钦佩的是，逾90高龄仍手不释卷，近几年来翻译了数部国外高等教育的著作并已出版，在国内高等教育界产生了重大影响。

王承绪先生学养深厚，中西贯通，执教于杭大、浙大的几十年里，勤奋耕耘，教书育人，诲人不倦，培养了一批又一批人才，他们都成为我国社会主义建设的栋梁之材，学术无愧人师，德行堪为世范。

4. 我在比较教育方法上提出文化研究的方法论，是基于一个国家或者一个民族的教育离不开该国或该民族的文化传统，不研究他们的文化就很难理解他们的教育。为此我承担了中国教育"九五"规划课题"民族文化传统与教育现代化"的研究，召开了国际会议，出版了专著；我个人又研究了"中国教育的文化基础"，也出版了专著。北师大国际与比较教育研究院的其他学者也有其他专著。

5. 现代教育是现代生产的产物，本来就具有国际性，是互相学习、互相借鉴的结果，我国现代学制就是舶来品。在当今经济全球化的背景下，教育国际化的程度加深。我国教育只有扩大开放，才能吸收世界一切优秀文化，才能借鉴先进教育经验，促进我国教育改革和发展；同时也才能把我国的教育经验介绍到国外，使世界也了解我们。

6. 扩大教育开放，仍然要坚持"立足中国，放眼世界"的原则。开放不是目的，目的是吸收世界一切优秀成果，为我所用。比较教育要深入研究世界教育发展的趋势，预测未来；同时在宏观上要研究各国教育的政策，在微观上要研究人才培养方法，包括先进的课程和教学方法等；随着中国国际地位的提升，比较教育应该研究许多国际组织对教育的影响及国际化人才的培养。

7. 比较教育的出版物太多，无法一一评论。这些出版物都可以开阔视野，启发思考，促进我们的教育改革。它们的贡献也就在于此。对于比较教育的学科建设已在第二个问题中详细谈到。

8. 1964年由我编辑的《外国教育动态》是受中共中央宣传部的委托办起来的内部期刊，目的是介绍外国教育发展的动向，供领导参考。1980年在改革开放的方针下，该刊成为正式出版物，国内外公开发行。20世纪90年代初，为了体现它的学术性，同时作为中国教育学会比较教育分会会刊，改为《比较教育研究》。

杂志的创办对一门学科的发展及队伍的成长具有重要意义。列宁办《真理报》时讲过，办一个出版物对于宣传马克思主义、武装工人阶级思想、团结工人阶级、建立政党至关重要，大意如此。这是从社会革命来讲的。从学科来讲，也需要通过刊物来发表研究成果、交流学术思想，同时给学者提供发表成果的平台，团结研究队伍，对于年轻人的成长尤为重要。

办好杂志的关键是质量。所以，我所主编的几份期刊都不收版面费，以文章质量为取舍稿件的标准。

9. 我原本是研究教育基本理论的，我除懂得俄语外，英语的水平很低，德语学过两年，也没有过关，不利于比较教育研究。所以我对比较教育研究不深，贡献不大，只做了一些引导工作，提出一些想法而已，更说不上是大师。大学需要大师，可惜我们的青春都被浪费了，我开始比较教育研究时已经年逾半百，所以难有成就。大师要靠我们新生一代了。

我培养研究生就是放开手让他们自己去研究。我的时间不如他们多，外文不如他们好，记忆力不如他们强，读的书不如他们多，怎么能指导他们？我只能指明方向，指出必读的书目，另外采取波普证伪的方法，指出他们研究中的不正确的东西、不足的地方。如此而已。

10.比较教育学会是比较教育学者的学术团体。学会主要任务是团结大家开展研究和学术交流，繁荣比较教育学术。希望学会开展多种学术活动，活跃学术氛围，坚持"百花齐放，百家争鸣"的方针，开展交流和探讨，为我国教育改革和发展提供外国教育的经验，成为教育领导部门的智囊团和资料库、国际教育交流的平台、青年学者成长的舞台。

11.我认为，教育口述史只是研究教育发展历史的一个辅助方法，可以了解历史发展的一些背景和细节，但更重要的还是要靠文献的研究。因为口述史会有一些个人的误记和感情色彩。研究历史更重要的是掌握事实的真实性，不能光靠口述史。

社会科学研究也需要科学的思维方式[*]

袁行霈等主编的《中华文明史》（四卷本），内容十分丰富，读后受到了一次中华文明史的教育，受益匪浅。我觉得中国的大学生，无论是学文科的还是学理工科的，都应该读读这部书，中小学老师更应该读读这部书。近来常常听到有人讲，我们要有文化自觉，如果对本民族的文明史都不了解，何来文化自觉。

我读了这部书，有许多心得，其中一点是对研究问题思维方式的思考。《中华文明史》中讲到乾嘉年间出现考据学，于是引发了汉儒与宋儒之争。我们不去议论汉儒与宋儒谁是谁非。我觉得通过他们的争论，可以学习到科学的思维方式。《中华文明史》在谈到考据学时首先表明"考据首先是一种观念，其次才是方法"^①，说明乾嘉年间出现的考据学不只是研究儒学的方法问题，汉儒与宋儒之争也不只是方法问题，而是由一批学者对宋儒的批判而引发的。观念的不同引发了方法的迥异。通过汉儒与宋儒的论争，我们认识到学术研究需要科学的思维方式，这里面要处理好几个关系：

一是整体与局部的关系。我说过，中国传统文化"重整体轻分析，

---

* 原载《教育学报》2014年第1期。

① 袁行霈等主编：《中华文明史》第四卷，173页，北京，北京大学出版社，2006。

重归纳轻演绎"[①]。近代科学没有在中国产生，虽然有多种原因，但不能不说与我国的传统思维方法有关。《中华文明史》中也写道："中国传统学术习惯于从整体把握自然与社会，对抽象而玄虚的'天''道''理'之类的思辨，凌驾于对具体学术的分析，宋儒更将这一趋向发展到了极点。"[②]重整体并没有什么不好，事物总是整体存在的，重视整体才能了解事物的全貌。如果只重视局部，就像"瞎子摸象"一样，不可能真正知道象是什么样的。但是如果只重视整体，不对局部进行分析，就不会了解事物具体的内容，对整体只能停留在笼统的、模糊的形象上。科学研究需要精细分析每一个细节。两者要结合起来，了解整体要从局部的分析入手，分析细节需要着眼于整体，才能真正得出科学的结论。

二是正本清源与理解精神的关系。社会科学研究与自然科学研究不同。自然科学研究是客观地探究自然界的真实，社会科学研究总会掺杂着研究者主观意识和价值观，也就是我们经常讲的研究者的立场和观点。社会科学研究很难做到价值无涉的客观主义。汉儒与宋儒之争也掺杂着两派的主观意识。乾嘉考据学批评宋儒"不拘古经，拓展思维，但想象杜撰，有时流于牵强附会"，而汉儒"长于训诂，持论有据，注重师传宗法，视述旧典"。[③]前者就是理解精神，后者则是正本清源。其实，正本清源与理解精神也是辩证关系。正本清源的目的也还是为了理解儒学的精神实质。"不拘古经，拓展思维"是后人对儒学的理解和发展，只要不是杜撰和牵强附会，各人的理解不同也是允许的。当然，正本清源很重要，只有在原本经典上来理解才不至于杜撰和牵强附会。我们从事社会科学研究的这两种方法都需要，回到原点，寻根究底，但又不能拘泥于经典，需拓展思维，才能有所创新。现在社会上出现的"国

---

① 顾明远：《中国教育的文化基础》，86页，太原，山西教育出版社，2004。
② 同上，第179页。
③ 同上，第178页。

学热",恐怕两种片面性都存在。

三是博与精的关系。《中华文明史》中提到考据学重视博与精的结合。这是学术研究很重要的思维方法。没有博,难有精;没有精,博就成了万金油,就没有创新。我们现在硕士、博士研究生的论文就缺乏这种博与精的结合。有些论文流于空泛,缺乏深度,没有创新;有的论文虽然很专,但又缺乏广度、高度。更有些论文和著作,言必历史,论必经典,然而既没有真正做到正本清源,也没有真正理解古人或西方人研究的精神实质。此种学风不改,难有精品出现。

通过学习我国学术思想的消长,可以启发我们如何坚持科学的思维方法。

素质教育编

德育为先　立德树人[*]

党的十八届三中全会通过的《中共中央关于全面深化改革若干重大问题的决定》中提出："深化教育领域综合改革。全面贯彻党的教育方针，坚持立德树人，加强社会主义核心价值体系教育，完善中华优秀传统文化教育，形成爱学习、爱劳动、爱祖国活动的有效形式和长效机制，增强学生社会责任感、创新精神、实践能力。"立德树人是教育的根本任务，是培养什么人，怎样培养人的根本问题。要培养德智体美全面发展的社会主义建设者和接班人，就必须把德育放在首位，立德树人，使我们培养的人才既有高度的道德素养，又有建设社会主义的真实本领。

我国有立德树人的传统。中国传统文化特别强调人的道德主体精神的弘扬、人的精神境界的追求，注重个人的道德修养，从而正确处理个人与家庭、个人与国家的关系。《礼记·大学》整篇都是讲述"修身，齐家，治国，平天下"的道理。修身，就是立德树人，成为一个有道德教养的人。

中华人民共和国成立以后，党和政府历来重视思想政治教育和道德教育。《国家中长期教育改革和发展规划纲要（2010—2020年）》明确

---

* 原载《中国教育报》2013年12月6日。

提出："坚持德育为先，立德树人，把社会主义核心价值体系融入国民教育全过程。"习近平总书记2013年11月在山东考察时指出："国无德不兴，人无德不立。必须加强全社会的思想道德建设，激发人们形成善良的道德意愿、道德情感，培育正确的道德判断和道德责任，提高道德实践能力尤其是自觉践行能力。"

但是，当前我们的教育正在遭遇到多元文化、多元价值观的挑战，社会各种思潮通过各种信息媒体向我们的青少年奔涌而来。如果我们不能用正确的世界观、人生观、价值观加以引导，我们的青少年可能就会迷失方向，走入歧途。加强道德教育是时代的要求，是当前形势的迫切要求。

当前"应试教育"的弊端也不得不让人担忧。"应试教育"把学生束缚在考试的战车上，让他们整天埋头于作业，脑子里只想着分数，不关心他人、不关心社会、不关心国家，缺乏应有的道德修养。那么他们长大以后怎么能肩负起建设社会主义的重任，怎么能完成实现中华民族伟大复兴的历史使命？加强道德教育是现实社会的要求。

道德教育要从娃娃抓起，特别是学龄儿童青少年时代，是长身体、增知识，逐步形成世界观、人生观、价值观的关键时期。因此，需要把道德教育融入学校教育的全过程，也就是要把道德教育从幼儿园开始贯穿到小学、中学、大学的学校教育的全过程；学校工作要把德育放在首位。学校德育不是负责德育工作的副校长一个人的事，而是全体教师的事；德育不只是班主任、辅导员的事，也是所有任课教师的事；德育不只是教育教学工作的事，也是学校管理的事。所以，学校要做到教书育人、管理育人、环境育人，使学校的一人一事、一草一木都能提升学生的品质，熏陶学生的情操。

课程是教育的核心，是学校教育教学活动的主要形式，在人才培养中发挥着核心作用，必须将立德树人的根本任务贯穿到课程改革中，把党的教育方针和素质教育的有关要求具体和细化到课程改革的各个环节中。改进学科教学的育人功能，将学科育人思想和教育内容有机整合。当然，各科教学不是贴德育的标签，而是充分挖掘学科教学中的文化内涵、德育因素、人文精神，各科教学互相配合，真正做到教书育人。

道德教育需要遵循儿童青少年成长规律，与他们的生活、学习结合起来，循序渐进。在教育改革中注意幼儿园、小学、中学、大学的衔接。幼儿园主要培养幼儿良好的习惯，由习惯而养成观念和自觉行为。要防止幼儿园小学化。所谓小学化，是指把小学的课程下放到幼儿园，过早地学习书本知识而忽视幼儿良好习惯的养成。幼儿不是不能学知识，而是让他们在游戏中学到知识，在大自然中学到知识。小学要让儿童了解个人与自然、人与他人、人与社会的关系，培养爱祖国、爱社会主义、爱人民、爱科学、爱劳动的思想品德。中学则要让学生认识世界、认识社会、认识人生，为逐渐形成正确的世界观、人生观、价值观打好基础。大学要加强理想信念教育，形成坚定的信念和敢于担当的精神。

当前要把诚信教育放在重要位置。诚信是中国的传统美德，古人说："人所以立，信、知、勇也。"诚信既是一个人的立身之本，也是一个民族、一个国家的生存之基。诚信是人与人之间建立良好关系的基础，也是建设和谐社会的重要基础。但是随着市场经济的推进，各种利益集团追名逐利，社会出现许多失信的怪现象，极大地影响青少年的教育。因此，加强诚信教育，从我做起，实是刻不容缓。

学生成长在活动中，这是教育的一条重要规律。德育工作要以学生为主体，充分发挥学生在教育教学活动中的主体作用。要让学生走到大自然中，走到社会中去，引导学生在实践中认识世界，认识社会；在活动中体悟生活，在与同伴交往中，养成正确地对待自然、正确地对待社会、正确地对待他人、正确地对待自己，从而提升自己的道德修养。现在，许多学校在组织学生社会活动时有种种顾虑，怕出安全问题，因而因噎废食，不敢组织学生到自然中去、到社会上去，结果孩子们缺乏锻炼，将来长大难以适应瞬息万变的世界。

道德教育要利用社会的一切资源，家长的资源、社区的资源、社会各种文博的资源。特别是要与家长沟通、配合，形成教育合力。社会媒体要充分发挥媒体教育功能，杜绝不健康的内容。全社会共同努力，把我们的下一代培养成身体健康、品德高尚、知识丰富、能力较强的一代新人。

科技、道德及青少年道德教育*

当今，我们正处在一个不断变化的时代。由于科学技术的迅猛发展，使得经济生活、社会生活和精神生活出现了许多新的情况。人们需要用新的观念来理解世界。

不可否认，科学技术的发展是促进社会变化的巨大杠杆。从人类第一次获得一种支配自然的能力——会用火，到电子计算机、互联网的广泛应用，科学技术的每一次进步都促进了人类社会的发展。科技革命不仅引起了人类知识的激增，而且创造了崭新的物质文明，改变了世界的面貌，同时也改变了人们的思维方式、行为方式和生活方式。

科学技术引起世界变化的一个重要表现，就是人自身的变化。众所周知，人总是生活在一定的社会中，总是要遵循一定的道德规范从事社会活动。人类道德总是随着社会的进步而进步。其中，科学技术的发展对社会道德的进步有着十分重要的影响。

今天，科学技术的进步给社会带来了丰富的物质财富，但社会的道德水准却有所下降。当前物欲膨胀、享乐主义流行、环境恶化。不得不使人怀疑，科技进步是给人们带来了幸福，还是带来了灾难？

一派意见是，科技发展必然导致道德的堕落。我国古代老庄学派和

---

* 2013年7月13日在"2013亚欧道德教育论坛"上的发言。

西欧的卢梭就是这种观点的代表。另一派意见是，科技发展必然自然而然地提高人们的道德水平。我国古代即有"仓廪实而知礼节，衣食足而知荣辱"的说法，法国哲学家爱尔维修也持这种观点。

我认为，科技发展和道德进步是辩证统一的。一方面，科技发展为道德进步提供了物质基础，使人们过上了文明的生活。另一方面，道德也影响着科学的发展，科学工作者的坚持真理、献身精神、合作精神，都是一种道德力量。至于当代人们的物欲扩张、尔虞我诈等非道德行为，并非是科技发展的必然结果，恰恰是因为道德教育的缺失。

因此，加强青少年的道德教育就十分重要。从青少年个体发展来讲，有必要加强道德教育。因为他们将来要走向社会，只有遵循社会的道德才能在未来社会中工作和生活。因为道德是维护社会秩序、调节人们关系的杠杆。

教育的本质是育人，是把一个出生时还是一个与动物区别不大的生物体变成一个社会人。教育最重要的任务是向青少年传授知识，也就是传授做人的经验、人类的文化。所以，中国颁布的《国家中长期教育改革和发展规划纲要（2010—2020年）》强调要德育为先，立德树人。首先教育学生会做人，做一个正直的、诚实的、会与人沟通和合作的人。然后才是教会学生做人的本领。1997年，联合国教科文组织提出教育的四大支柱：学会认知；学会做事；学会与人相处；学会发展。

青少年道德教育也是时代的要求。当今社会复杂多变，物质丰富，青少年难以适应动荡不安的世界，容易受到各种诱惑。因此，要加强道德教育，使青少年了解社会，增强"免疫力"。同时使他们有自信，用自己的努力创造一个美好的未来。

中国是一个历史悠久的礼仪之邦，历来重视道德教育。儒家文化就是典型的伦理文化。儒家文化的核心是"仁"和"义"。仁者爱人，主张互相尊重，互相友好。孔子曰："己所不欲，勿施于人。"就是不要强加于人。孔子主张"义"，就是一切行为要符合道德的标准，不道德的事不做，不道德的利益不去占有。

中国青少年道德教育既要继承中国道德教育的传统，又要赋予时代精神，适应现代社会的需要。从历史传统和现代社会要求的结合来说，中国青少年道德教育要加强以下五个方面的内容。

第一，热爱祖国和人民。现代道德教育绝不是要人们闭门思过、修身养性，而是要与社会相结合。一个有道德的人，必须要忠于自己的祖国，热爱人民大众，关心国事，关心人民的疾苦，这是中国传统美德。所谓"先天下之忧而忧，后天下之乐而乐""老吾老以及人之老，幼吾幼以及人之幼"，把爱心献给每一个人。

第二，热爱劳动与科学。劳动创造世界，这是颠扑不破的真理。劳动包括体力劳动和脑力劳动。当今知识经济时代，科学技术是第一生产力，因此要热爱科学、崇尚科学精神。在从事科学活动中，最重要的品质是求真的精神、不屈不挠的精神和献身的精神。

第三，自强不息、积极进取。自强不息、刚健有为是中国传统文化的核心。自强不息的精神就是顽强不屈、积极进取、自力更生的精神。当今世界，科学技术日新月异，国际竞争十分激烈，更需要这种自强不息、积极进取的思想品质。

第四，团队合作的精神。在现代社会中任何一项活动都无法单人行动，必须互相合作、互相配合。因此，团队合作精神十分重要。

第五，诚信待人的精神。中国传统文化特别强调诚信，认为这是一个人的立身之本，"言必信，行必果"是中国人处世待人的人生哲学。但是近些年来由于受消费主义、功利主义的冲击，社会诚信缺乏，带来了人们的不安全感。这是当前道德教育最值得关注的问题。

道德教育需要进行的内容可能还有很多。道德作为人与自然、人与社会、人与他人的关系的调节器，我把它概括为四个正确对待，即正确对待自然，正确对待社会，正确对待他人，正确对待自己。

道德教育要贯穿学校教育全过程。有些国家设置有道德课程，有的国家不设道德课。不论设不设课程，道德教育应该贯穿在学校工作的全过程。不能把道德教育只赋予道德课程、赋予班主任，每位教师、每一项教育活动都应该含有道德教育的内容。所谓"教书育人"，道德教育不能停留在道德知识的传授上，重要的是要实践。要让学生在各种活动中体现应有的道德精神。因此我提倡，教书育人在细微处，学生成长在活动中。

民主、平等是德育的基础[*]

党的十八届三中全会通过的《中共中央关于全面深化改革若干重大问题的决定》提出："全面贯彻党的教育方针，坚持立德树人。"立德树人是教育的根本任务，也是素质教育的核心。学校要把德育放在优先地位，贯穿于学校所有工作中。德育不只是负责德育的副校长的事，也是全体教师的事；德育不只是班主任、辅导员的事，也是所有任课教师的事；德育不只是教育教学工作的事，也是学校管理的事。所以，学校要做到教书育人、管理育人、环境育人，使学校的一人一事、一草一木都能提升学生的品质，熏陶学生的情操。

现在许多老师觉得德育难做，学生不大听老师的话；许多学者则认为现在的德育流于形式，针对性不强，效率不高。如何改进德育工作，大家讨论得已经很多了。其实，不要把德育看作十分严肃的工作，板着教训人的面孔做德育，无论如何是没有效果的。所谓德育，就是培育学生的精神世界。每个人都生活在物质世界和精神世界之中，日常生活中就包含着一个人的精神世界。因此，德育也应该在日常生活中结合实际事例平平淡淡地进行，不必板起面孔说："我在做德育工作。"对学生来说，恐怕最讨厌老师说教、训话。他们往往是在和老师交往中受到教育

---

[*] 原载《新教师》2014年第1期。

和熏陶。因此，老师以身作则，平等地和学生交往，循循善诱地影响学生，这是最好的德育方法。

首先要信任学生，相信每个学生都是愿意进步的，都有积极上进的一面。只有老师信任学生，学生才会信任老师。现在大家都在传看获美国总统奖的著名教师雷夫·艾斯奎斯的《第56号教室的奇迹》一书，他之所以能把落后社区的孩子个个培养成人，就在于他对孩子的信任。苏联著名教育家马卡连柯的《教育诗》中有一个故事，讲述高尔基公社收养了一群胡作非为的流浪儿，有一次马卡连柯让这群流浪儿的一个头头到区里去取一笔政府拨给公社的经费。这个流浪儿深感马卡连柯对他的信任，在那兵荒马乱的日子里把公社的经费安全地取了回来，从此思想得到了转变，成为一名优秀人才。所以说，教育是建立在互相信任的基础上。

老师教育学生要有的放矢，针对学生存在的问题，因势利导。因此要了解学生，知道学生在想什么，需要什么，缺乏什么，为什么犯错误。了解清楚了才可以有的放矢地开展工作。

要了解学生就要与学生交流沟通，要使学生愿意把自己的心里话告诉你。我们的孩子往往到十二三岁时就不愿意和大人交流了。为什么？因为他认为"你们都是大人，你们总是教训人，你们都是对的"。也因为老师常常把学生看成是不懂事的孩子，不能静心倾听他们的诉说。也就是说，学生感到不平等，不是在平等的基础上对话。因此，老师要与学生交流沟通，就要放下老师的架子，使学生感到老师平易近人，师生是平等的。

德育就是培育学生精神世界的工作，精神世界的交往就是心灵的互动。老师要用自己的心灵与学生的心灵交往、互动。所谓"心灵"不是什么神秘的东西，就是人的情感、意志、人格、价值观的具体体现。老师用自己的情感、意志、人格、价值观和学生交流。在交流中采取民主、平等、开放的态度，就会收到效果。只有遵循这种态度，学生才会向你敞开心扉，也才能接受你的思想、情感。当前德育之所以失效就是因为是在不平等的状态下进行的。学生首先觉得你在教训人，你在讲大道理，就抱着一种叛逆的心理，拒绝接受老师的教育。所以，民主、平等是交往交流的基础，也是德育的基础。

当前素质教育存在的误区及其危害和几点建议[*]

素质教育是我国在改革开放新时期，为适应社会主义现代化建设、全面提高国民素质的要求，针对现有教育弊端提出来的，核心是解决"培养什么人，怎样培养人"的教育根本问题。《国家中长期教育改革和发展规划纲要（2010—2020年）》已明确提出"德育为先、能力为重、全面发展"的基本要求，面向全体学生，促进学生全面发展，着力提高学生服务国家、服务人民的社会责任感及勇于探索的创新精神和善于解决问题的实践能力。但是当前受到应试教育的严重干扰，社会对素质教育的理解存在若干误区，造成中小学生学业和心理负担过重，对学生、家长和社会产生了很大的危害。

一、当前素质教育存在的几大误区

误区之一，"不能输在起跑线上"。家长望子成龙、望女成凤的思想是可以理解的，尤其现在大多是独生子女，希望他们受到更多、更好的教育，完全是合理的。但是"不能输在起跑线上"的说法是不符合儿童

---

* 写于2013年3月8日。

成长规律的，也不符合教育规律。儿童生来是有差异的，用一种模式去塑造他，必然会扼杀他的特长。古代的教育著作《学记》中讲道："使人不由其诚，教人不尽其材。其施之也悖，其求之也佛。"就是说，教师要了解学生的学习情况，了解他们的优势和劣势，根据不同的情况指导他们的学习，否则就不会成功。同时，儿童成长有一定的阶段性。超越儿童发展的阶段性，不仅不能促进儿童的成长，反而会阻碍他的成长。

误区之二，只重视孩子知识的增长，忽视人格的培养。现在，幼儿园小学化的倾向十分严重，许多家长都要求幼儿园教识字、教数学，不注意儿童行为习惯和人格品德的养成。其实，幼儿时期儿童的可塑性最大，从小培养他们良好的行为习惯和人格品德可以受用一辈子。基础教育对于儿童身心健康发展是重中之重，除了学好最基础的知识，主要是要培养他们对学习的兴趣、创造学习的能力、克服困难的毅力、开朗的性格。有了这些品质，他们的学习和将来的事业就会成功。

误区之三，认为高学历就是人才。因此，家长很早就给孩子预设进名牌学校，考高分，拿高学历。当今社会，科学技术日新月异，社会变革日益激烈，只有学历没有能力的人很难适应今天社会的变化。社会的发展趋势必然会从"学历社会"转向"能力社会"。现在社会中许多企业招聘人员时都看重人员的综合素质和各种能力，包括组织能力、合作能力、人际交往能力、创新能力，等等。尤其是一些高新技术领域，还需要很强的动手能力。现在，我国高等教育扩招后取得高学历文凭并不难，难在有没有真本事，有没有发展的潜能。

误区之四，认为学习越多越好，练习越多越好。因此，家长买许多课外辅导材料，让孩子上各种补习班，恨不得把天下所有题目都让孩子做过，把孩子的所有时间都占满了。其实，学习是有规律的、有方法的。关键是要教会学生学习，能够理解学习的基本概念，掌握学习的基本方法，就能举一反三。一味地死记硬背、机械练习，不仅会抹杀儿童的学习兴趣，而且会抑制他们的创造能力。所以，我们提出要把学习的选择权还给学生，培养孩子的学习兴趣，学思结合，要留给孩子思考的时间。

误区之五，对学生越严厉越好。最近大家都在议论"虎妈""狼爸"，似乎他们都是用严厉的方法把孩子送进了名牌大学。我无意评论他们的教育方法。因为，进入名牌大学并非最终的结果，他们的人格特征还无法判断，人生还要靠他们自己去设计、去发展，父母是无法包办到底的，现在还难以判断他们的教育是否成功。心理学家马斯洛说，人有五种需要：生理的需要、安全的需要、社会的需要、尊重的需要、自我实现的需要。儿童也有这些需要。如果一味地要求儿童学习，而其他合理的需要得不到满足，他们就会郁闷，就会自暴自弃，甚至心理扭曲，反过来用暴力对待父母。

误区之六，认为素质教育就是在课外补充各种体育艺术活动。学校流传一种说法："课内搞应试教育，课外搞素质教育。"把素质教育排斥在学校正常教学活动之外，从而增加了学生学业负担。其实，素质教育要以课程为核心、课堂教学为基础，课内课外相结合。

二、中小学生课业和心理负担过重

以上误区加重了中小学生的课业和心理负担，特别是"应试"学科的学习，主要表现在：

一是早起晚睡，睡眠时间少于国家规定时间。据有关调研表明，中小学生长期睡眠不足，许多学生早五点半起床，晚十点才能睡觉。有些学校在毕业班的教室里还贴着"生时何必久睡，死后自会长眠"这样一种反教育、反人道的标语口号。

二是上课时间长，考试测验次数多，自由时间少。据有关调研表明，中学生平均每天上课11节，其中高中生平均每天上课12节。小学生平均每天上课6～7节。初中学生在一周之内语文、数学、英语的考试与测验次数平均为4次，高中为3次。中学生课后在校基本上没有自由时间。

三是家庭作业多、补课多、上校外补习班多。据有关调研表明，中学生平均用2～3小时做家庭作业，校外请家教或参加课外补习班的学生比例为13%，大部分学生不做任何家务，没有任何体育活动。小学生每天平均用100分钟做家庭作业。中学生周六到校上课平均时间超过6小时。高三和初三毕业班学生暑假一多半时间在学校或补习班上课。小学请家教的占24%，上补习班的占71%，有的学生参加多达五六个补习班。

中小学生课业负担存在地区差异，情况较为复杂。一些大城市的择校问题造成小学生周六、周日课外班多，负担很重。广大农村地区小学生负担不太重，县城中小学特别是中学的学生负担过重现象相当突出，而大城市因择校导致学生负担特别重。

三、造成的严重后果

（一）学生体质下降。不少学生在露天集会时晕倒；据某高校新生体育测验时发现，一般学生做引体向上不超过10个，有的学生竟然拉不起1个。我国的民族体质堪忧。

（二）思想品质下降，人格心理扭曲。在沉重的学业负担和老师、家长的压力下，学生的心理扭曲。许多学生缺乏自信心；以自我为中心，缺乏责任感；经不起挫折，有时会妒忌别人的成绩。据某报调查，中小学生中有相当一部分学生有厌世情绪。最近出现的小学生自杀、中学生雇凶杀父杀母的惨案虽然是个别的，但也不得不反思我们的教育了。

（三）缺乏创新思维能力和实践能力。应试教育只重视考试的成绩，只知道让学生做题答题，不重视思维能力的培养。有的老师甚至要求学生拿到考卷"一看就会，一做就对"，把学生培养成应付考试的机器。民族创新能力的发展堪忧。

四、素质教育发展困境的原因分析

素质教育问题之所以长期得不到解决，是因为教育外部及内部因素综合造成的，原因复杂。需要放在我们国家基本国情、发展阶段、就业形势、招生考试、教育体制等多种因素中综合深入分析研究。

（一）就业竞争和社会用人制度的原因。我国当前就业形势十分严峻。再加上正处于社会转型期，社会分层加剧，收入分配差距拉大，导致就业竞争日趋激烈。以就业竞争为核心的社会竞争，以学历、文凭为主要标准的选才方式，对教育产生着根本性的深刻影响。

社会用人制度的选择性和人才标准的单一性导致人们追求高学历，缺乏衡量人的全面素质的有效手段，学历或者是否来自名牌大学等就成为录用的基本依据。学生为了获得较高社会地位，相对稳定、薪酬较优厚的工作岗位，就必须努力上名牌高校，取得高学历。

（二）学校发展不均衡，优质学校与普通学校在教育质量上差距较大。虽然重点学校的名称取消了，但在家长心目中并没有消失。家长千方百计地想把孩子送进优质学校。这些优质学校为了选拔学生，就要求学生有什么特长、得了什么奖、考了什么等级等。家长只好把孩子送到补习班去学习。所以，往往学校减少了作业，而家长又在加码，正所谓"不能输在起跑线上"。许多地方教育部门出台了减负政策，反而受到家长的诟病。教育部门和学校处于两难的境地。

（三）传统观念的陈旧落后。"学而优则仕""读书做官"的思想观念在中国人的头脑中根深蒂固。还有中国人把子女看作自己的私有财产，子女考不上好的大学，认为自己没有面子。现在高等教育大众化了，上大学并不那么困难，但大家又在攀比上名牌大学。因此，旧的观念不转变，学习竞争永远解决不了，中国只要办几所重点大学就行了。

（四）缺乏科学的、全面的评价制度。许多校长、教师认为，高考制度不改革，素质教育难以推行。现在是一切都以考试成绩、升学率作为评价学生、评价教师、评价学校的标准。学生凭考试成绩升学，教师凭考试成绩晋级，学校凭考试成绩获奖。政府官员把升学率作为他的政绩。学校招生录取附加各种加分条件，加剧了各种考试的竞争。

（五）教师队伍发展不均衡，教育观念陈旧，教育方法落后。有些教师不懂得教育规律、儿童成长的规律，不会优化培养模式，只会让学生死记硬背，用题海战术来追求考试的成绩。有些教师还用不恰当的手段来强迫学生学习，使得学生产生厌学情绪。

（六）在学校制度上，缺乏合理的分流和沟通。长期以来，我国对职业教育重视不够，投入不足，职业学校毕业生的起点工资太低，职业教育与普通教育不能沟通。职业学校被认为低一等，学生也被认同是"差生"才上职业学校，社会上对职业教育抱歧视的态度。这种态度促使了普通学校系统内的激烈竞争。

（七）一些社会培训机构以营利为目的，开设各种培训班、补习班，出版粗制滥造的辅导材料，对增加学生的负担、考试的竞争起到推波助澜的作用。现在许多地方取消奥数成绩与升学挂钩，但奥数换个名称还继续存在。许多补习班收费高，质量低。

（八）地方政府领导教育观念陈旧，监管不力。很多地方政府仍然把升学率作为教育质量的指标，作为自己的政绩，给教育部门和学校下达升学指标，对"办人民满意的教育"缺乏正确的理解。

五、几点政策性建议

（一）尽早出台高考改革方案，出台综合评价的标准。建立基础教育的质量标准体系，包括与课程标准配套的教学标准、学生评价标准等指标体系建设。

（二）改造薄弱学校，尽快实现区域内的教育资源的均衡，优质资源共享，把优质教育办到家门口。

（三）加强教师队伍建设，提高教师教育教学水平。更新教育观念，改进教学方法，培养学生的学习兴趣，变"要我学"为"我要学"。

解放学生。把时间、空间、健康还给学生，让学生有时间锻炼身体，睡眠时间符合国家规定，有时间参加自己喜爱的科学文艺体育活动和社会实践活动，发展自己的兴趣和特长，享受幸福的学习生活，生动、活泼、主动地发展，做到负担适度，学习效率高。

解放教师。使教师有更多的时间研究学生，研究教材，精心设计课堂教学，提高教学质量，同时加强自身素质的提高。

（四）加强职业教育，在毕业生的就业、工薪上给予补助；研究学校制度的多样化，使职业教育的中高级连通、职教与普教的沟通，使每一个愿意学习的人都能得到深造的机会。用人单位把学历主义转变为能力主义。逐渐改变人们歧视职业教育的陈旧观念。

（五）加强政府的监管力度，在省域内全面禁止学校在假日补课；整顿培训辅导市场和各种辅导材料；取消各种竞赛成绩和等级与升学挂钩。

（六）加强舆论宣传和监督，传播先进教育理念和推进素质教育的优秀经验。例如，山东省在全省范围内规定休息日不补课、上海市的绿色评价制度等。

素质教育十大原则

一、素质教育是我国在改革开放新时期，为适应社会主义现代化建设、全面提高国民素质的要求，针对现有教育的弊端提出来的，核心是解决"培养什么人，怎样培养人"的教育根本问题。

素质教育的内涵是：全面贯彻党的教育方针，以提高国民素质为根本宗旨，以培养学生的社会责任感、创新精神和实践能力为重点，造就具有国际视野、德智体美全面发展的社会主义国民。

二、人的素质，是人所具有的维持生存、促进发展的基本要素，是以人的先天禀赋为基础，在后天环境和教育的影响下形成并发展起来的、相对稳定的身心组织结构及其质量水平。[1]包括人的身体素质、心理素质、文化科学素质、思想品德素质。

人的先天的身体素质、心理素质是有差异的，因此，素质教育不要求每个人都达到同等水平。全面发展是指每个人都能取长补短，潜在能力得到充分发展。全面发展与个性发展结合起来。

三、素质教育要达到以下目的，使每一个学生都具有：

·健全的体魄。身体是一个人生存和活动的基础，学生正处于长身

---

[1] 素质教育调研组：《共同的关注——素质教育系统调研（续）》，24页，北京，教育科学出版社，2006。

体的时期，要把学生的健康放在第一位。

·高尚的思想品德。把社会主义核心价值观贯穿到教育全过程，使学生能够做到正确对待自然、正确对待社会、正确对待他人、正确对待自己。

正确对待自然：保护自然，节约资源；

正确对待社会：热爱祖国，敬业尽责；

正确对待他人：尊重他人，和谐相处；

正确对待自己：知己者明，宠辱不惊。

·强烈的学习愿望和较高的文化科学素养。要在掌握基本知识的基础上，着重培养学生的学习能力、创新精神和实践能力，培养正确认识和运用信息技术的能力。

·较高的审美能力和高尚的情操。

·乐观的心态、丰富的生活、幸福的童年（按联合国《儿童权利公约》界定，0~18岁为儿童）。

四、学校课程是实施素质教育的主渠道。严格执行国家课程标准，开足、开好规定课程，使每个学生都能掌握课程规定的基础知识、基本技能，正确的价值观和态度。上好每一节课，教好每一个学生。减轻课业负担，使学生有时间思考、有时间参加社会实践、有时间参加自己喜爱的科学和文体活动，做到学思结合、知行统一。

五、把学生放在主动发展的主体地位，把学习选择权交给学生。学校开展多种多样的课内、课外活动，为学生选择学习提供各种条件，让他们在活动中锻炼成长。

六、建立科学的评价制度。重视评价的综合性、经常性、全面性和发展性，不对学校和学生按考试成绩排名。改革考试招生制度，各级学校录取新生时，除少数民族和弱势群体给予政策上的照顾外，取消一切附加条件，不得以各种竞赛成绩为录取依据。

七、教师是实施素质教育的关键人物，有了好的教师才有好的教育。教师要提高本身的素质。教师要有敬业爱生的精神、高尚的职业道德；热爱教育、热爱学生，面向全体学生，相信人人均能成才；努力钻研业务，不断提高教书育人的能力；尊重每个学生，善于与学生沟通交流，指导学生掌握正确的学习策略和方法，帮助学生规划生涯。

八、加强学校文化建设，把学校建设成有浓厚的文化气息、有生动活泼的生活节奏、舒适自由的校园，使学生随时随地受到传统文化和现代文化的熏陶。

九、学校要做好家长工作。家长的教育观念、教育方法时时影响着学生，只有学校与家庭、教师与家长在观念和方法上取得一致，才能收到应有的教育效果。学校向家长开放，与家庭沟通。建立家长委员会，吸引家长参与学校的活动是与家庭沟通的有效途径。

十、全社会都来关心学生素质的提高，在观念和制度上创新。政府官员要树立素质教育政绩观，不以升学率评价学校和教师；学校教育制度要创新，建立普通教育与职业教育的立交桥；用人单位要改变重学历轻能力的倾向，以综合素质作为选用人才的唯一标准；把推进素质教育与建立终身教育体系和学习型社会结合起来。

把学校文化建设好[*]

尊敬的各位领导、各位专家、代表们：

你们好！

首先请允许我代表中国教育学会向中国教育学会学校文化研究分会的成立表示热烈的祝贺，向来自各地参加论坛的代表表示欢迎。

学校文化建设是学校发展的根本。学校是文化教育机构，是传播知识、培育人才的场所。因此学校必须重视文化建设，营造育人环境，使学生在学校中能够生动、活泼、主动地发展。有人会说，既然学校是文化教育机构，它天然就具备了一定的学校文化。确实是这样，问题是学校文化是优秀的还是卑劣的？是先进的还是落后的？如果一所学校，它的办学思想是为了追求升学率，不重视学生的思想品德教育，不重视学生的个性发展，那么这样的学校文化只能说是落后的文化。如果学校的老师缺乏热爱学生的热情，恶言恶语随意伤害学生，这个学校的文化只能是卑劣的文化，或者叫作破坏了学校文化。所以，优秀的学校文化不是自然生成的，是要全校师生用心营造的。

为什么要建设学校文化？因为学校文化是学校的灵魂，建立了学校文化，全校师生就有了共同的价值观、共同的信念、共同的愿景、共同

---

* 2010年5月30日在中国教育学会学校文化研究分会成立大会上的讲话。

的努力方向。因此，学校文化起着统领的作用、规范的作用、激励的作用、熔炉的作用。能够凝聚师生的意志、规范师生的行为、激励师生追求卓越，形成积极、向上的精神风貌。

学校文化建设包括学校的精神文化建设、制度文化建设、校园物质文化建设、师生行为习俗的建设。其中，核心是精神文化建设。学校文化的核心是学校的办学思想、教育理念、价值观念、思维方式。办学思想、教育理念首先表现在人才观上，即培养目标、培养什么人、怎么培养的问题。毫无疑问，学校的培养目标是育人，按照国家的教育方针，培育德、智、体、美全面发展的社会主义建设者和接班人。这一条大家都能背出来。但事实上是不是这样呢？有的学校并不是这样，而是把目标放在追求升学率上。升学率也是需要的，没有升学率家长不答应，社会不满意。但是升学率是要建立在育人的基础上。育人，包括道德品质的形成、体质的增强，也包括知识的增长。在学生的素质全面提高以后，升学率也自然会上去。

学校的精神文化建设还体现在学生观、师生观上。要树立人人都能成才的观念，热爱每一个学生，不歧视任何学生，哪怕他身上有很多缺点；师生的关系是平等的、民主的、互相理解和信赖的、和谐的。有了这样的师生关系，教育就能顺利进行。

学校文化建设还表现在课程上、教学上。当然，课程本身包含着知识文化的传承，但是全校师生如何看待课程和教学是值得探讨的问题。有两种态度：一种是单纯地传授知识，缺乏探讨课程和教学的文化内涵；另一种是认识到课程和教学是文化的载体，在教学中重视教材中的文化内涵，不仅传授知识，而且重视价值观的培养、思想情感的熏陶。

学校文化建设说到底是校风的建设。什么是校风？校风包含着教师的教风、学生的学风、学校领导的作风。校风主要是指一个学校的思维方式、治学态度。从思维方式来讲，就是学校怎么办，办成什么样子，有什么办学思路。治学态度表现在教师怎么教、学生怎么学的问题。校风表现在领导班子身上就是有没有先进的办学理念，有没有人文管理的精神，有没有组织团队不断学习、不断进步的规划；表现在教师身上就是有没有敬业爱生的精神、教书育人的品质；表现在学生身上就是有没有学习的兴趣、刻苦钻研的态度、开拓进取的精神，等等。优良校风不是一代人就能建立起来的，而是经过几代人的努力，一代一代传下来，为全校师生所公认，形成传统。有了这样的传统，学校就有了灵魂。

学校的制度建设也很重要，有了制度，学校的工作就会有条不紊。学校工作的头绪很多，有教学工作、思想工作、后勤保障工作。学校是人员集聚的地方，是最活跃的场所，有人群、有活动就会产生各种矛盾和问题。学校要有成文或不成文的制度，使全校师生知道哪些可以做，哪些不可以做，哪些由谁负责，等等，制度明确，职责分明。制度的建设必须和办学理念相结合，以办学理念为指导。也就是说，制度建设是服从于学校的精神文化建设的。

学校的物质文化建设包括校舍的建设、校园的设计、环境的布置，等等。学校的物质文化建设不仅是学校教育教学工作的保证，而且体现着一个学校的精神，是学校文化外显的部分。学校的物质文化建设要以人为本，特别是要以学生为本。校园文化建设要体现学校的主流文化，要让师生感到舒适、多样、整洁、欢快，愿意在这样的环境中学习、生活。学校要重视仪式、标志的建设。一条校训、一枚校徽、一支校歌往往能反映学校的精神面貌。总之，要让学校的一草一木都有教育意义。所以我说："学校建设在细微处，学生成长在活动中。"

学校文化是社会文化的组成部分，因此学校文化首先要认同社会的主流文化。当代我国社会的主流文化是坚持中国特色社会主义，坚持改革开放、继承创新，弘扬中华优秀文化传统，汲取人类优秀文明成果，创造社会主义新文化。树立社会主义荣辱观是社会主义精神文明建设和建设和谐社会的基础工程，也是培养社会主义建设者和接班人的重要内容。因此，社会主义荣辱观应该成为学校文化建设的核心内容。

学校文化不是一朝一夕能够建立起来的，是通过几代人的努力积淀下来的。今天我们提倡学校的文化建设，不是说抛弃传统，另建一套，相反，是要挖掘历史传统，同时根据现在的办学环境、时代的新要求、教育的新理念，在传统的基础上创造新的学校文化。学校文化建设不是学校领导几个人的事，需要全校师生的积极参与，共同策划，细心培育。学习是学校文化建设的动力和源泉。在我国建设学习型和谐社会的今天，学校应该成为学习的典范。通过学习求学校的发展，通过学习求师生的发展，使学习成为学校的主流文化。

以上讲得不对的地方请大家批评指正。

加强青少年性健康教育[*]

今天这个会议很重要。

过去一提到性的问题，大家都回避，认为是敏感的问题，是见不得阳光的事。但是这个问题是回避不了的。任何动物到了一定年龄都会有性的需求，人类的延续靠生殖。但是人是高级动物，是有理智的动物。人的性行为当然与动物有着本质的不同，它不仅是一种生理行为，而且是一种道德行为。因此，对适龄儿童要进行性健康的教育，使他们获得性健康的知识。

1911年，鲁迅在浙江两级师范教书，就曾给学生讲生殖知识。在那个封建时代敢讲生殖知识，在我们这样现代化的时代倒反而不敢讲了，这是说不过去的。周恩来总理在20世纪60年代就提出过要对青少年进行性教育，但没有得到社会的重视。现在已经到了不得不重视的时候了。现代的青少年在生理上性成熟已经提前，而在心理能力上还很不成熟，存在着差距和矛盾，再加上现在的媒体不断反映男女两性关系，因此，不明事理的青少年就容易犯错误。少女怀孕、同性恋已经不是个别现象。我国艾滋病患者中就有青少年。一个学校中只要有一名这样的学生，全校就会鸡犬不宁。沈阳某学校就有一名男生，已经考上大学并就

---

* 2011年8月12日参加性健康教育会议发言稿。

读半年，因同性恋染艾滋病，查出后被学校劝退。他回母校要求复读重考，学校很为难。艾滋病在学校传播，不仅影响到本人的健康，而且引起了全校恐慌。同时，在学校中性侵犯的事件时有发生。青少年学生缺乏性的知识，不知道保护自己，容易受到伤害。由于旧的观念作祟，受到伤害以后还不敢揭露，使坏人有恃无恐。因此，在青少年中开展性健康教育刻不容缓。

2011年中央发布了《中国儿童发展纲要（2011—2020年）》。在发展领域、主要目标和策略措施中就有专门一条："提高适龄儿童性与生殖健康知识普及率。"因此，开展性健康教育是利国利民、关系到民族未来的大事，要引起各级教育部门和学校的重视。

开展性健康教育关键是观念问题，也有方法问题。人们怕讲性知识，就怕引起学生的好奇，起到负面作用。据报道，某市教育局局长到学校去听课，听老师讲性知识，他扭头就走了，而且要求取消这门课。这就是观念问题。还有方法问题，要研究青少年能接受的方式，对不同的年龄用不同的方式，由浅入深。不仅要讲性生理知识，更要讲对性别的认识，尊重异性；讲保护自己的隐私，不受性侵犯；讲性道德知识、性行为的后果；讲社会责任，讲性行为对对方应有的责任，等等。总之，要全面地教育青少年懂得人类繁衍、生殖与社会发展和个人发展的关系，使他们正确对待男女之间的关系。

我对这方面缺乏研究，但有些单位和专家已有许多研究成果。希望通过这次会议，大家互相交流，互相启发，提高认识，研究有效的举措和方法。

预祝会议取得圆满成功。

教育公平和优质均衡发展[*]

——新华网对顾明远访谈录

1. 顾会长您好，请您简单谈一谈中国教育学会的现状，以及教育学会的定位。

中国教育学会是面向基础教育的全国群众性教育学术团体，团结和组织全国基础教育工作者开展学术活动，研究教育的理论和实际问题，为促进教育的改革和发展、繁荣教育科学、建立具有中国特色社会主义的教育体系服务。为此，我们开展了群众性的教育科学研究，建立了教改实验区，每年举办各种研讨会和论坛，研讨教育领域内的热点问题。

学会下设五十多个分支机构，涵盖了教育学科的所有分支学科、中小学各学科教学、教育管理等教育工作的各个方面。它们在中国教育学会领导下开展各自领域的学术活动。

学会还创设有全国性核心期刊《中国教育学刊》，每月发行。

2. 2011年是《国家中长期教育改革和发展规划纲要（2010—2020年）》（以下简称《规划纲要》）的开局之年，围绕《规划纲要》中国教育学会有哪些举措？

---

* 写于2010年3月6日。

《规划纲要》制定过程中，我会有会长、副会长共四人担任战略专题组的组长，还有两位副会长参加了调研工作。学会又组织分支机构开展广泛的调查，向中央递交了调研报告。《规划纲要》公布以后，我们立即组织会员学习、领会《规划纲要》的精神，制定了"十二五"教育科研规划指南，动员广大会员贯彻落实《规划纲要》提出的目标和要求。去年11月召开的第23届全国学术年会就围绕《规划纲要》的主题，探讨"完善多样化高素质人才和创新人才培养模式"。

2011年我们要召开教改实验区工作会议，研究贯彻落实《规划纲要》精神和措施，要召开小学校长大会，讨论的主题是"个性化教育与学生全面发展——为每个学生提供适合的教育"。各分支机构也制定了贯彻落实《规划纲要》的课题研究和活动方案。

3. 拔尖创新人才的培养是近期人们关注的热点问题，您认为各级各类学校应该如何做才能培养出我国的大师级人物？

大师级人物不是培养出来的。大师级人物的出现要有各种环境和条件。当然学校也有作用。学校主要培养学生对学习的兴趣、学习的能力，同时培养学生克服困难的意志和毅力。纵观以往的大师级人物，无不与他们对专业的兴趣和他们执着的意志和毅力有关。

4. 在您的眼中什么样的校长才是好校长？什么样的学校才是好学校？什么样的学生才是好学生？

一名好的校长需要懂得教育规律，懂得青少年成长的规律，有清晰的办学思路，并且能组织和团结全校教师为他树立的办学理想而共同努力。校长要走出会议室，走进课堂、走近教师、走近学生。

能够坚持以人为本、育人为本，面向全体学生，为每一个学生提供最适合他的教育；坚持素质教育，能够上好每一节课、教好每一个学生的学校就是好学校。

学生的潜能能够得到很好的发展，有诚信、有责任感的学生就是好学生。不能要求每一个学生都优秀，但要学会做人、学会学习、学会与人共处、学会自我发展。

5．针对人们普遍关注的教育公平和优质均衡发展，您有什么建议？

要做到教育公平，首先要学校之间发展均衡。这就要改造薄弱学校，扩大优质教育资源。使每个学生都能有公平的入学机会，享有教育资源的公平。至于结果的公平，是指每个学生都能充分发挥他们的潜能。每个人的天资不同，因此，给不同的学生提供适合他的教育才是最公平的教育。公平与差异才是最好的选择。

6．自从温家宝提出"大力提倡教育家办学"以来，教育家办学已经是全社会上下一致的共识，您认为什么样的校长才是中国的教育家？如何才能产生中国的教育家？

热爱教师事业，热爱儿童，终身从事教育工作，努力钻研业务，不断提高教育质量，有自己的教育思想，形成自己的教育风格，为教育事业做出贡献的就是教育家。

社会和政府要给教师专业化成长创造条件，鼓励他们在工作中创新。社会和家长应该尊师重教，给予教师更多的鼓励和支持，而不是指责。

向教育公平迈出一大步[*]

大城市小升初择校问题一直困扰着学生家长，也困扰着教育部门。它不仅影响到教育公平，也造成教育的激烈竞争，导致学生学业负担过重，影响学生的健康成长。虽然教育部在20世纪90年代就规定小升初不考试、就近入学，但由于学校发展不均衡、政策不配套，这个问题一直没有很好地解决。现在时机已到。经过几年的努力，各地都投入大量资金改善薄弱学校，有些城市用集团办学的方法，由优质学校带动薄弱学校，并采取教师流动、资源共享等举措，使得区域内的学校逐渐趋于均衡，就近入学的条件已经成熟。教育部颁布《关于进一步做好小学升入初中免试就近入学工作的实施意见》（以下简称《实施意见》）适逢其时。这是贯彻落实十八届三中全会精神和《国家中长期教育改革和发展规划纲要（2010—2020年）》的具体举措，表明了政府实施教育公平、深化教育改革的决心。

《实施意见》规定得很具体，其中有几个要点：一是把小学和初中对口，小学毕业直升初中，避免了考试或变相考试的激烈竞争。我一直建议有条件的地方创办九年一贯制学校，这种小中对口也相当于九年一贯。二是建立学区制，在学区内按照就近入学原则，依照街道、路段、

---

* 原载《基础教育参考》2014年第5期。

门牌号、村组等，为每一所初中合理划定对口小学（单校划片）。对不能单校划片的地区也规定了具体的小中对口的招生办法。由于每个学区内都有名校，这些名校可以带动学区内的学校共同前进，资源同享，缩小学区内教育质量的差距，家长可以不必担心学校的教育质量。三是充分利用全国中小学生学籍信息管理系统组织实施小升初工作，严格实行"一人一籍、籍随人走"，公开透明，为遏制学生无序流动等提供基础性保障。四是无论是公办还是民办学校均不得采取考试方式选拔学生，公办学校不得以各类竞赛证书或考级证明作为招生入学依据。《实施意见》的一些规定都具有现实性、透明性、可操作性，向教育公平迈出了一大步。

最近一些年来，大家都在议论教育公平问题，诟病教育不公，似乎是一件坏事，但仔细一想，这是社会发达、教育发展中的问题。当社会还不发达，教育还处于精英教育阶段的时期，哪里谈得上教育公平的问题。只有等到教育普及以后，人人都有接受教育的机会的时候，教育公平才能提到议事日程上。每个家庭都希望自己的孩子能够和其他孩子一样接受良好的教育，所以这是一件好事，说明我们的国家发达了，教育普及了，人民群众对教育的要求提高了。

长期以来学校发展的不均衡，造成了择校的竞争。这种竞争使得学生学业负担过重，损害了学生的健康、挫伤了学生的学习兴趣和积极性、抑制了学生创造能力，同时耗费了家长的大量精力和财力，甚至影响到社会风气。因此，解决小升初的择校问题，不仅是解决教育公平问题，也是解决当前教育顽症的突破口。它解放了学生、解放了老师，也解放了家长，使大家把精力投入到提高教育质量上来，使教育还原到本质，立德树人、培养全面发展的社会主义创新人才。

也许有人会说，这是治标不治本的举措，治本的办法是把每一所学校都办成优质学校。当然这是最理想的结果。现在各地政府都在努力改造薄弱学校。上海提出办好"家门口"的学校；杭州早在几年以前就开始集团办学，由优质学校带动普通学校组成集团，统一领导、资源共享；北京近年来采取优质学校举办分校的办法引进优质资源，东城区今年还将建立九所九年一贯制学校。通过各种措施，区域内的教育均衡发展有了很显著的进展。但是由于历史原因，均衡发展要有一个过程，而且不可能也没有必要把所有学校都办成一个水平、一个模式，绝对均衡是不可能的。因此在目前条件下，采取分片小学与初中对接是最可行的办法。

我建议，小学和初中对接以后，不只解决小学毕业生直升初中的问题，而且要解决小学教育和初中教育衔接问题。小学要让学生了解对口初中的情况，做好升学准备；初中要关心对口小学的教育。特别是九年一贯制学校可以进行课程改革和培养方式的试验，使各片各校办出特色，创造新的办学经验。

在推进教育均衡发展时，应鼓励民办学校办出特色，为一些有特殊需要的家庭提供选择的机会。

给每个学生提供最适合的教育*
——央视网专访顾明远实录

央视网树仁教育频道总监麋仁海（以下简称麋仁海）：顾老师您好！感谢您抽空接受我们的专访。我们现在比较关心教学方法的改革。为什么我们会关心这个话题呢？一是因为关心的人比较少；二是我们感觉老师尤其是中小学校的老师们教得不开心，学生学得不快乐，家长当然也不快乐。

顾明远：现在的情况是，教育是一个系统工程，涉及许多方面，包括教育制度、课程、教材、教育方法，等等。现在我们非常关心教育培养模式的改革，因为我们的培养模式有一个很大的缺陷，就是比较单一。

我们应该寻找多样化的、适合学生个体发展的培养模式，也就是因材施教的培养模式。因为我们国家这么大、地域那么广，过去的培养模式都是固化了的，包括课程、教材和培养方式都是统一的一个模式，不能适应各个地方的需要。

即使在同一个地方，学生的智商也好，兴趣爱好也好，天赋、生活

---

* 写于2013年12月30日。

方式都不同，我们的培养模式却都是一个样子，所以我们很难培养出杰出的人才。温家宝四次去看望钱学森，每看一次都提到我们国家要培养杰出人才。培养杰出人才是大家很关注的问题。人人都能成才，人才各有不同，这里面就有一个公平和差异的问题。

我们一提出来要有英才教育，网上一定会有很多反应，觉得失去了公平。可是我们一讲公平有时候就忽视了效率，忽视了因材施教。所以，我前年就提出了我们的教育既要公平也要差异。其实，有了差异才能真正达到公平，有的孩子很聪明，天赋比较好，但是他的天赋没有真正发展，没有得到很好的培养，对他来讲是不公平的。另一个学生本身对理论的东西不感兴趣，但他的动手能力很强，你非让他去搞理论研究，这对他来说也不公平。所以我觉得公平和差异不是矛盾的，因此我们的培养模式要改一改，从教育的规律来讲，从小就要培养学生的兴趣、爱好，充分发挥他们的特长。我们不一定专门办英才教育，但要从小培养学生学习的兴趣、爱好。现在每一个家长都认为自己的孩子是天才，一办英才教育就会引起竞争。所以不能从小就选拔，而且这种选拔弊端也很大。比如说现在的奥数班，奥数本来只适合于极少数人，现在人人都学奥数，其实对一般学生来说是一个很大的摧残，扼杀了他们其他的特长。所以不可能用一种办法，用竞赛呀什么的去选拔，这是不科学的。

杰出人才也是要在普通教育里头逐渐培养出来的，培养他的兴趣，让他脱颖而出，让他自然而然地出来，而不是揠苗助长。现在很多做法无异于揠苗助长，但是揠苗是不能助长的，最后让孩子难受。所以我们现在提倡要在普通的学校里头，研究学生、了解学生，因材施教。

我们提出一个口号：给学生提供一个最适合他的教育，使每一个学生都能成功，或者让每一个学生都能健康地成长。给每个学生提供最适合他的教育，这就要去研究学生，因材施教，就要考虑到每个学生的特点是什么，在统一的教学计划、统一的课程、统一的教材的情况下给予他一定的自由空间。

在小学就要开始培养学生的兴趣。有些兴趣是要培养的，不是说孩子天生就喜欢这个喜欢那个。老师要在小学阶段培养学生各方面的兴趣，在这个基础上让学生慢慢地选定自己最感兴趣的东西。到了初中的时候就可以让学生有所侧重地学习他所感兴趣的东西，在中学阶段特别是高中阶段要减少必修课，增加选修课，让他有一个自由学习的空间，让他的兴趣和爱好有一个发展的空间。这个时候打好了基础再到大学去，才能成长为杰出人才。

培养杰出人才，各个国家做法都不同，比如说韩国有科学高中，从每一所初中选拔一名最优秀的学生，这是培养杰出人才的学校。过去的苏联和现在的俄罗斯有特科学校（数学物理学校、生物化学学校、外语学校等），但是都是在高中阶段而不是在小学初中。我们现在有少年班，这也是一种方式，可以试验。有些人对少年班有一些看法，我觉得搞一些试点是无可非议的。少年班出来的大多都成才了，不能因个别现象就说少年班失败了。当然少年班不要普遍地搞，不要像搞奥数班似的，普遍地去追求，要在一定的范围之内试验。

现在我们比较关心的是培养模式的改变，培养模式的改变又需要教育观念的转变，教育观念不转变，培养模式就改变不了。教育观念的转变问题就比较多了，有教师本人的观念，有地方官员的观念。

现在许多教师觉得教学不愉快，为什么？因为压力太大，升学压力太大。有上面政府给压力，今年升学率低了就挨批评，扣奖金；下面有家长的压力，家长担心孩子输在起跑线上，从小就让孩子补课，认为自己的孩子是最好的。这种观念要改变。

现在有一种怪现象，在北京也好在重庆也好，很多高分的学生都选择复读，为什么？考上了大学还不满足，非要上名牌大学。现在好一些的重点中学比的已经不是升学率，而是重点大学录取率，比上清华、北大的录取率，把今年考得很好的中学生留下来明年再考。这种观念不改变，我们国家的教育将会很危险。

这种观念的改变有多方面：一是我们政府的政绩观，就是像经济似的，不要以国内生产总值（GDP）作为他们的政绩观，而要以科学发展观，来全面地协调作为政绩观。教育也是一样，不能只看升学率，要看培养出多少合格的公民。二是要从制度上来保证，从制度上来改革。观念的改变不能靠行政命令，它一定要有物质基础做保证，一定要有制度的保证。比如用人制度的改革。我曾看到网上讲江苏苏州市委书记是个大专毕业生，不以学历文凭为准而以能力为准，受到网友的赞赏。我们的用人要以能力为准，不要重学历轻能力。

另一个从物质基础上讲，比如说我们现在很缺技术工人，我们就应该提高技术工人的物质基础，提高技术工人的社会地位和生活待遇。所以我觉得要改变培养模式就要改变观念，改变观念就要改变制度，给予实实在在的东西，比如解决待遇问题。教师的问题，也是因为教师的待遇不高，真正优秀的人才不当教师。我不是说现在的教师都不优秀，现在的教师都很辛苦。但是从宏观上讲，要吸引优秀的人才当教师必须提高教师的待遇。现在试办免费师范生，可以吸引贫困地区的优秀学生来学习师范，这就是物质基础。如果进一步把教师的地位提高了，教师的待遇提高了，大家就不会去考公务员而是去考教师了，教师的水平就会提高，教师的教育方法就会改变。现在的教学方法为什么改变不了？比如说，探究式的教学方法为什么实现不了？有些是受教师水平的限制。

糜仁海：有些是没水平，有些是没精力，要完成现有升学的任务。

顾明远：我不是说教师不好，我们全国一千二百万名教师都很辛苦，但是许多教师由于过去受教育的局限，教育观念还停留在以前的水平上。他们的观念要改变，他们的水平要提高，他们的方法要改进，这都需要教师本身质量的提高，教师质量的提高需要有一个物质基础。观念的改变要靠大环境和物质基础。这个观念要改变很复杂，要扎扎实实地做一些基础工作。

糜仁海：我们现在注意到要改变一些观念，要从这些做法上有突破，要有优异的地方领导和很强的经济基础。我们现在关注到少数地方已经在高中免费了，那么在高中免费就意味着它有财力来支付，如果我们假设它不在高中免费，可以把那部分钱放在初中以下的小班制教育，那么您刚刚谈到的两个理想——第一个有教无类，所有人都能受教育；第二个因材施教——实现的可能性就会大一些。有教无类仅仅是一个初级的公平，所有人都能受教育，真正的教育公平是要达到因材施教。如果是小班制教学我们感觉到可能要好一些，不知道您有没有这方面的信息或者有没有地方在做，在小班制上？

顾明远：小班制教学当然好，香港那里在推行，那边现在的孩子少，经济实力强，那边能做得到。现在上海也开始小班制教育试点，经济发达的地区是能做到的。义务教育要不要延长，现在有很多议论，普及教育应该要延长，我们现在规划到2020年，全国都普及十二年教育，但是不一定是义务的。我认为义务教育还是实施九年或者往下延伸到幼儿园，先一年，再逐渐到三年。现在我们很多地方政府官员的政绩观不是按教育的规律来办事，而是按照他自己的想法，他们觉得实施了十二年义务教育，就有亮点了。如果按照教育规律来讲，有能力应该向幼儿教育延伸，另外实施小班制。当然实施小班制花的钱比免费十二年教育要多得多，免费义务教育一般只免学费，而小班化则要增加校舍、教师。小班制是教育现代化的一个重要指标，实行小班制才能提高质量，一个班七八十人，甚至一百多人，老师怎么能照顾得过来？随着社会经济的发展，实施小班制是有可能的。

糜仁海：但是我们收到的信息是，小学的孩子是在越来越少，地方的做法是合并学校，让很多孩子集中在一个学校，最后还是变成了大班。

顾明远：这个问题比较复杂，各个地方的情况不一样。学校合并有几种情况：一种情况是过去点比较分散，有些地方教师水平不高，有的学校课开不齐，如山区，教师缺、设备差，合并起来有利于提高质量，这是比较合理的，但也不能变成大班；城里儿童减少了，有的小学可以改成幼儿园，有些合并起来，但不应再变成大班。将来班额要规范。我们提出在2020年基本实现教育现代化，其中有一条就是要实施小班制。造成大班的原因还在于教育不均衡，大家都往优质学校挤。现在县里头的学校大班到什么程度？我听说最大的班有二百多人，一般的大班都有七八十人，这哪还有优质可言，这是个问题。但是，如果全部搞小班的话，比免费教育更难，需要增加教师、设施等，耗资很大，但至少班额不能超过国家规定的四十五人的限额。经济条件比较好的地区可以逐步搞小班制。现在农村都是小班，内蒙古有个地方，一百五十个学生有四十多个老师，农村里的学生都到县城去上学了，农村里小班化很厉害，但这不是一般意义的小班制，不是我们讲的小班制，所以不能绝对地讲小班化。香港地区在搞小班制，我们在研究小班制教学有什么特点，小班制应该怎么教育。小班制的教学模式要改变，教学方法要改变，这都是需要研究的问题。

我从事教育工作已经60周年了，这当中有很多感触，我感触最深的是：没有爱就没有教育，没有兴趣就没有教育。但是，什么叫爱，怎么爱？有些老师还不懂。他认为布置作业多就是爱，让孩子上奥数班就是爱。其实这不是真正的爱。真正的爱是要让孩子很好地成长。没有兴趣就没有学习，过去讲得比较少，但是这个很重要。小孩为什么不喜欢这个课不喜欢那个课，就是因为他对这个没兴趣。没兴趣的原因有很多，有的是他本身的问题，但关键还是老师培养的问题，就是老师没有从小培养他的兴趣。不是他生下来就对这个没兴趣，而是老师教的问题。所以，老师要注意培养学生的兴趣，而不是强迫学生学习。

糜仁海： 有些孩子不喜欢一个老师，所以不喜欢这门课，也有一些老师和家长会让学生把学习和痛苦联系在一起，所以孩子就没有兴趣。

顾明远： 这个是很糟糕的，具有很大的破坏性。所以培养孩子的兴趣很重要。最近我们在调查研究，要普及教育、公平教育，要给学生最适合他的教育。我们常常在讲以人为本，以人为本就应该以每个个体为本，针对每个孩子不同的特点找到最适合他的教育方法。

糜仁海： 我们现在也在关注一些新的教育方法，我们发现了一个叫汤笑的退休老师，是北大毕业的，他现在在推广"激情教学法"，就是说教育要有激情，老师要有激情，一套很好掌握的东西，应该对我们现有的教学有所帮助，魏书生先生非常肯定。适当的时候我会将他的材料拿给您看看。

顾明远： 好的。

给每个学生提供适合的教育是最好的教育，最公平的教育。

为创新人才的涌现营造良好的土壤[*]

现在创新人才的培养成为大家谈论的热门话题，不由得使我想起1924年1月17日，鲁迅在北京师大附中校友会的一次演讲《未有天才之前》。鲁迅在演讲中说："天才并不是自生自长在深林荒野里的怪物，是由可以使天才生长的民众产生，长育出来的，所以没有这种民众，就没有天才。"他把民众比作"好土"，说："譬如想有乔木，想看好花，一定要有好土；没有土，便没有花木了；所以土实在较花木还重要。"今天我们天天在喊要培养创新人才，创新人才在哪里？是在大众中产生的，是在广大学生中产生的。我们把每一所学校办好、每一堂课上好，创新人才自然会脱颖而出。因此，我认为，办好每一所学校、上好每一节课、教好每一个学生，让每个学生都获得成功，就是在营造创新人才涌现的良好土壤。

鲁迅在演讲中还批评当时的社会现象，一方面要求天才，另一方面又在消灭他，连预备的土也想扫尽。我们今天不也是这样吗？一方面在大声疾呼我们的教育怎么没有培养出杰出的创新人才；另一方面又让我们的儿童从小就去上这个补习班、那个培训班，从幼年就开始扼杀他们的兴趣和爱好，让他们被动地"被教育""被学习"，怎么能成长为创新人才！

花木是有各种品种的，有的喜欢潮湿，有的适宜干燥；有的喜欢酸

---

* 原载《创新人才教育》2014年第1期。

性土壤，有的适宜于碱性土壤。我曾经从广东带回香气扑鼻的米兰，但在北京不久就枯死了，因为北京太干燥了，土壤也不适宜。可见，要想有好的花木，就要有适宜不同花木生长的泥土。

儿童成长与花木的成长有相似的地方。儿童是有差异的，有的天赋好一点，有的天赋稍差一些；有的学习得快一点，有的学习得慢一点；有的喜欢语文，有的喜欢数学，有的爱好体育，有的爱好科学。教育就要根据儿童的不同素质和特长因材施教，就像养花木一样，给他们适合的泥土。因此，我曾说过："给每个学生提供适合的教育，才是最好的教育，也是最公平的教育。"

培养花木是需要细心照料的，但也不能过分，要让它自由生长。我养花有许多教训。花木需要浇水，但我浇得太多了，结果好好一株盆景，根烂掉了。可见浇水也要适度。

教育何尝不是这样，过度教育、课业负担过重会扼杀儿童的学习兴趣。我国当前教育弊端之一就是过度教育，过早地让儿童学习书本知识，幼儿园小学化；小学成人化，过重的学习负担，上各种培训班、补习班、特长班。结果营养过度，消化不良。古代《学记》中说："学者有四失，教者必知之。人之学也，或失则多，或失则寡，或失则易，或失则止。"就是说，教师要了解学生学习有四种失误：或者贪多，或者学得太少，或者把学习看得太容易，或者不求进取，遇到困难即停止。看来古人比我们更懂得儿童学习的不同，更懂得教育应循的规律。

要培养创新人才，我们公众要甘于做好的"泥土"，我们的地方官员，我们的老师、家长，不要急功近利，急于让树木开花结果，拔苗助长，还是踏踏实实地做好每一步教育工作，办好每一所学校，上好每一节课，教好每一个学生，在百花盛开的时候，必然会冒出几株奇葩。当然，在教育过程中发现优秀学生，早期培养也是必要的。但这是在大众中的自然选择，而不是拔苗助长。这就是我对创新人才教育的寄语。

教书育人编

站在孩子的视角谈教育[*]

2007年，我在成都市青羊区参加减轻课业负担座谈会，会上一位小学生发言，他说："希望国家定一天无作业日，就像无烟日、无车日一样。"另一位小学生起来发言说："作业还是要的，但希望老师不要布置那种枯燥的、反复练习的作业。"你听，这是学生微弱的声音，要求并不高。我们很少听到学生的声音。社会上炒得热闹的、媒体反映的，往往是教育者的声音、家长的声音，都是大人的声音。我们的孩子在想什么？他们需要什么？大人们一概不知、一概不理，只要他们埋头做练习，考出好分数，考上所谓好学校。这样能引起孩子们的学习兴趣吗？能培养出人才吗？

心理学家马斯洛说，人有五种需要：生理的需要、安全的需要、社会的需要、尊重的需要、表现的需要。大人有这些需要，孩子们也有这些需要。生理需要，这是最基本的，要吃要喝，要生存。安全的需要，也是为了生存，不受伤害。三岁孩子第一天上幼儿园，哭哭啼啼抱着妈妈的腿，不愿意去。为什么？他离开妈妈感到不安全。等到在幼儿园生活几天以后，觉得没有什么不安全，又有小朋友一起玩儿，他就愿意上幼儿园了。社会的需要，这是人的社会性，人都生活在社会中，需要和

---

* 写于2014年9月1日。

他人交往。孩子也有与人交往的需要。小学生就有自己喜欢的伙伴。到了中学就有参加社会活动的需要，到青春期就有与异性交往的愿望。尊重的需要，这是较高层次的需要。每个人都有人格的尊严，人格受到污辱，往往会发生激烈的冲突。孩子也有尊重的需要，他们最不喜欢大人叫他们小孩子，最不喜欢大人说："你们小孩子，不懂事。"我曾经问过学生，你们最不喜欢的是什么样的老师？是不是严格要求的老师？他们回答说："不，不是严格要求的老师，而是说话损人的老师。"什么叫损人？就是不尊重学生的人格、污辱学生的人格。可见小孩子也十分重视人的尊严。最高层次是表现的需要，即实现自我价值的需要。小孩子虽然还谈不上实现自我价值，但有表现自己能力的愿望。你看，幼儿园的孩子总喜欢在大人面前表演他（她）学会的歌、舞蹈、诗朗诵等。孩子特别是小学高年级学生、初中生，有时会做出一些出格的行动，往往是为了表现自己，引起别人的注意。这都是表现的需要。我们的教育、我们的老师考虑过孩子们的这些需要吗？

教育是培养人的活动，人的成长固然要靠教育，但主要是靠他内在的潜能的发展，教育只是一种外力，因此教育要遵循人的内在发展规律。我们常常讲，教育要遵循儿童成长发展的规律，遵循教育规律。遵循儿童成长发展的规律，就要了解儿童，以儿童为主体，了解他们的需要，站在儿童的视角来设计教育，给每个儿童提供适合于他的教育。

如果我们站在孩子的视角来谈教育，就会发现我们现在的许多教育行为是违背了孩子的愿望的。例如，把学生分成三六九等，强迫学生上这个班、那个班，强迫学生做作业到晚上九十点钟；孩子没有玩的时间、没有参加喜爱的文化娱乐活动的时间等。不从孩子的视角来施教，伤害了孩子，甚至会酿成惨案。2003年某市发生一起一名女生跳楼的事件，就是因为不堪老师的人格污辱。事发的清晨，由于闹铃未响，丁丁（化名）耽误了一节课，班主任老师把她叫到办公室，先用木棍打，然后很凶地责骂："你不看看你自己，又矮、又丑、又肥，你只能当一辈子老处女，连坐台的资格都没有。"丁丁在中午就从学校八楼跳下身亡。这样的事件虽然是极个别的，但用不正当的手段污辱学生的事并不鲜见。

我们常常讲，与人交往要换位思考，即站在对方的立场来思考，这样双方的矛盾就容易解决了。我们的教育是不是也应该换位思考，站在孩子的立场来想想我们怎么施教，想想我们小时候是怎么想方设法玩儿的，我们怎么过来的。我们现在却有点像儿媳妇做了婆婆以后就要要起婆婆的威风一样，忘了做儿媳妇时受的苦难。有的家长说："现在让你受点苦，是为了你将来的幸福。"孩子们说："我们今天也要幸福！"的确，如果没有今天的幸福生活，没有养成开朗的性格、完善的人格、健全的能力，成了书呆子，何来将来的幸福！

所以，希望大家能够站在孩子的视角来讨论我们的教育，多听听孩子们的心声和想法。

爱是教育的源泉[*]

大家都说"没有爱就没有教育"，但怎样才算真正的爱？有的父母每天逼着孩子学习，认为这是对孩子的爱，使他将来能考上好的大学，找到一份舒适的工作，过幸福的生活。可是孩子不理解，他需要的是现在生活得幸福。有的老师给学生布置很多的作业，说是"为你好，将来能考上好的学校"。有的老师因为学生没有完成作业就动手打学生，受到批评还觉得很委屈，认为"我是为学生好"。可是学生不领这个情，反而对学习没有兴趣了，厌学了。就算学生在父母、老师强迫下学习进步了，成绩上去了，但身体垮了，性格扭曲了，脾气怪僻了，将来能有幸福吗？恐怕未必。

因此，什么叫真正的爱？真正的爱是要让自己的孩子、自己的学生能够在德、智、体、美诸方面都得到发展，他的潜能得到充分的发挥，有健全的人格、开朗的性格，这样才能有幸福的人生。

那么，怎样才能做到真正的爱？首先要相信学生。相信每个学生都能成才。霍懋征老师说："没有教不好的学生，只有不会教的老师。"这就是爱的信念。有人说，这句话不全面，我们教的学生也有不成才的。当然一个人成才还有许多条件和机遇，但作为一名教师，就应该相信每

* 原载《今日教育》2013年第10期。

个学生都能成才，并且努力帮助他成才。如果你早就认为他不能成才，那为什么要教育他？所以，教好每个学生是教师的信念。同时只有相信学生，学生才能相信你。师生关系建立在信任的基础上，教育就不是什么难事了。

怎么才能做到相互信任？这就要求老师善于和学生沟通，了解学生的思想、学习和生活，了解学生的需要。一个人有多种需要。心理学家马斯洛分析研究了人的需要，认为每个人都有五种层次需要：最基本的是生理上的需要，要吃要喝；第二是安全的需要，避免伤害；第三是社会的需要，即与人交往、交朋友的需要；第四是尊重的需要，人格能得到别人的尊重；最高层次是自我表现的需要，实现自身的价值。学生也有这五种需要。家长和老师要了解学生的需要。家长和老师往往只关注孩子生理上的需要、学习的需要，不关心别的需要。有的老师体罚或用语言伤害孩子，就是不重视孩子对尊重的需要，这是最伤害学生的。我曾经问过学生："你们最不喜欢的是什么样的老师？"他们回答说："最不喜欢说话损人的老师。"所谓损人，就是不尊重人。十多年前，浙江金华有一名学生把自己的母亲杀了，社会为之惊动。后来有人到监狱去采访他，他对杀害自己的母亲很漠然，他认为自己的任何需要都得不到满足，母亲只逼着他念书，生活没有乐趣。采访者哀叹，实际上他的母亲已经在精神上把自己的孩子扼杀了。可见，我们爱孩子，要了解孩子的需要，合理的需要要给予满足，不合理的需要要加以引导，特别不能伤害孩子的自尊心。

怎样才能理解孩子？就要善于与孩子沟通。要与孩子沟通，就要平等地对待孩子。常常有家长问，为什么孩子到五六年级的时候就不大愿意和父母讲话了？我就问这位家长，你是不是能倾听你的孩子的讲话，能不能把孩子的话听完，然后与孩子交流？有许多父母往往不等孩子讲完，就唠唠叨叨地说孩子这也不对，那也不是。长此以往，当然孩子就不愿意与你交流了。老师对待学生也是这样，要善于倾听学生的声音，平等地与学生交流。为什么学生喜欢与同伴交流、与网友交流？因为与同伴、网友是平等的。而对父母、对老师，觉得你们是大人、是权威，你们总是对的，你们总是会教训人。因此，父母也好，老师也好，要想与孩子沟通，就要放下架子，平等地对待孩子，不要摆出大人的权威，要与孩子交朋友，倾听他们的心声。如果孩子能把心里话讲给你听，教育就成功了一大半。

大家要记住：爱是教育的源泉，没有爱就没有教育。

兴趣是学习的动力[*]

苏联教育家苏霍姆林斯基说，一个孩子到十二三岁还没有自己的兴趣和爱好，做老师的要为他担忧。担心他长大以后对什么都漠不关心，成为一个平庸的人。的确，如果一个学生对学习没有兴趣，将来很难有什么成就。因此，培养学生的学习兴趣就是老师的重要任务。

我们现实中的问题是学生缺乏学习的兴趣，学习变成了完成父母、老师的任务，处于一种被教育、被学习的状态。到高中毕业的时候，还不知道选学什么专业。报考大学不是以自己的兴趣和志愿为依据，而是以考试的分数为依据。摸底考试分数高，就报考重点大学；摸底考试分数不高，就报一般院校。这样的情况怎么能培养出创新人才？

纵观历史上的大科学家、大学问家，小时候并非是如我们现在认为的好学生，往往一般功课都不算好，但总有自己的兴趣和爱好。牛顿小时候父亲早亡，家境贫寒，在学校学习成绩很差，但迷恋于机械，爱做各种实验，经过努力，发现三大定律，成为伟大的科学家。德国化学家李比希，生长在一个药剂师家庭，从小喜欢化学，上课时也想着化学，老师问他问题，他答不出来，老师很生气，但他说："我长大了要当化学家！"有一次他把炸药带到教室里表演给同学看，发生了爆炸，结果

---

[*] 原载《今日教育》2014年第1期。

被学校开除了。父亲送他到朋友家当学徒，结果因为在阁楼上做雷酸的实验，把人家的屋顶炸掉了，只好失业。后来父亲把他送到波恩上学，他经过自己努力，在化学上有多种发明，成为一名伟大的化学家。

所以，兴趣是学习的最大动力。兴趣，其实就是人的一种内驱力，是人的活动的内在动机。从心理学上来讲，人的行为总是有一种动机在驱动。动机有外部动机和内部动机之分。学生的学习也有动机在驱动。父母、老师的奖励和惩罚，迫使学生学习，这是一种外部动机。但这种动机是短暂的，父母或老师的奖惩过去了，这种动机就会消失。比如说，父母允诺，考试成绩好，奖励一辆自行车，结果考好了，自行车得到了，再学习的动机也就消失了；或者因为没有考好，没有得到奖励，学习的积极性也就没有了。可见外部动机是容易消失的。只有内部动机才是持久的。内部动机是什么？就是对学习本身的兴趣。当然外部动机也可以转化为内部动机，经过多次奖励和引导，可以使学生对学习本身感兴趣。但这种奖励应该是精神的，物质奖励容易引起负面效应。

兴趣往往从好奇心发展而来。好奇心是人之天性。孩子长大到三四岁时，对周围的事物很好奇，会向大人问这问那，这就是好奇心。父母和幼儿园的老师要保护儿童的好奇心，尽量耐心地回答儿童的问题，不要对儿童的提问不耐烦。有的父母会厌烦孩子的提问，或者搪塞他的问题，这样就会压抑儿童的好奇心，长大了就会对事物缺乏兴趣和爱好。在小学教育中要鼓励学生大胆地思考，勇敢地提问。只有会思考、敢提问的学生对学习才能产生兴趣。

兴趣是可以培养的。苏霍姆林斯基常常用阅读来引发学生的兴趣。他说，有一个学生不爱学习，他就陪学生读书，读到有趣的地方，就说我有事，你自己读吧。学生自己读下去，慢慢地对学习产生了兴趣。有时老师的课讲得好，生动有趣，会引起学生对这门课程的兴趣。师生关系的好坏也会影响学生学习的兴趣。学生往往对喜欢的老师的课感兴趣。

在实践中，最容易培养学生对学习的兴趣。20世纪80年代我听过北京市一位刘老师讲作文教学的经验。她说，小学生往往不爱写作文，她就把他们带到大自然里，让孩子们去观察，把观察的事物写下来就是作文。有一名学生最不爱写作文，但一次放风筝后，他写了放风筝的故事，写到开始风筝老放不上去，后来在风筝下面加上两条纸条，风筝就放得很高。老师觉得他描写得很真实、细致，给他这篇作文评了满分。学生很高兴，并从此对作文就感兴趣了，越写越好。我的小女儿也有这种经历。小时候我们让她学英语，她总是别别扭扭不愿意。有一次我带她一起陪外宾游故宫，他们对了几句话，回家她就自觉地学起英语来。可见通过实践可以培养学生的学习兴趣。

兴趣是学习最大的动力，所以《国家中长期教育改革和发展规划纲要（2010—2020年）》中提出"激发学生的好奇心，培养学生的兴趣爱好，营造独立思考、自由探索、勇于创新的良好环境"。

教书育人在细微处*

有一天，我的学生告诉我一个故事。

她说，她第一天送女儿上幼儿园，一进幼儿园的门，就看见一群孩子围着一位较为年长一点的老师，有的孩子拉着老师的手，有的孩子抱着老师的腿，有的孩子揪着老师的衣服，和老师亲热。她的孩子也想去和老师亲热，但挤不进去。忽然看见一位年轻老师走过来，孩子就扑过去，但这位老师没有理会就走过去了。孩子伤心得不得了，回家说："我再也不去幼儿园了！"

这个故事说明儿童的感情是很敏感的，也是很脆弱的。那位老师可能是无意的，没有理解当时儿童的行为，不经意走过去了，没有想到这无意的行为却伤了儿童的心。因此我说，老师特别是幼儿园、小学老师，在教育孩子时要注意细枝末节。

儿童有如嫩芽，碰伤了就不易生长。父母也好，老师也好，要注意呵护他们，要了解儿童的想法。做父母的常常有这样的经历，休息日带孩子到公园去玩，在家说好了，出门要自己走，不能让爸爸妈妈抱你，你长大了，我们抱不动了。在家里答应得好好的，但一出门就吵着让你抱。开始不明白，怎么说好了不算数？后来才明白，两三岁的孩子，身

---

* 原载《今日教育》2014年第2期。

高不到1米，你不抱他，他能看见什么？只能看见大人的腿。他要大人抱，不是走不动，不是不愿走，而是看不到有趣的东西，抱起来，视野开阔，可以看到许多风景。做父母的要理解他们。

老师的行为具有示范性和长效性。所谓示范性，就是学生以老师为榜样，向老师学习。老师的一言一行都在学生眼里，被学生所模仿。我过去在中学里负责过班主任工作，发现许多班风很像班主任的作风。有的班主任做事有条不紊、干脆利落，这个班就很有秩序；有的班主任做事拖拖拉拉、要求不严，这个班就松松垮垮。所谓长效性，就是老师的教育在学生身上的影响是长远的。有时老师不经意的、无心的一句话，恰好说到学生的心坎上，他就会记住一辈子，鼓励的话会记住一辈子，批评的话也会记住一辈子。所以，老师的言行要慎之又慎。

学生成长在活动中[*]

这两年一位美国教师在中国走红,他的名字叫雷夫·艾斯奎斯。他一直在霍伯特小学担任五年级的教师,曾经获美国"总统国家艺术奖"、"英国女王N.B.E勋章"、1992年"全美最佳教师奖"等。为什么能得这么多奖?因为他教书的学校处在一个很落后的社区内。社区居民有酗酒的、吸毒的、打架斗殴的,孩子受到了很不好的影响。但是这里的孩子经过他的教育,个个都获得了成功。他写了一本书叫《第56号教室的奇迹》,副标题是"让孩子变成爱学习的天使"。雷夫去年和今年两次被邀来华讲学,在北京、上海、深圳、济南等城市演讲,和我们的老师校长对话,听众往往达千人。我虽然没有亲自听过他的讲演,也没有和他对话,但我读了他的书和讲演录。我觉得他的经验无非是两条:一是信任,他相信每个孩子都能成才,因此尽力帮助每个孩子。而每个孩子也信任他,觉得在他身边有安全感。有了这种互相信任的关系,教育就变得容易了。二是活动,组织学生活动,让学生在活动中体验生活,养成良好的品质。他在书里讲到,学生一进入他的班级,首先是组织学生排演莎士比亚的戏剧,每个孩子担任一个角色。他说,孩子都有表现的欲望,都想把角色演好,从而培养了他们的责任心以及和同伴合作的精神

---

* 原载《今日教育》2014年第3期。

等品质，也培养了他们学习的兴趣和爱好。他还组织其他活动，如篮球队等。他从来不惩罚学生，而是培养学生对自己的行为负责。他举例说，有一个孩子在球队里不能与同伴合作，他就让这个孩子退出球队。并不处罚他，也不与他谈话，每天照常学习，和他一起用餐。一个月以后，这个孩子说："我想回球队。"雷夫只对他说："如果你能和同伴合作，你就回去。"他把道德自觉作为教育的最高境界，即具有自己的行为准则并奉行不悖，不需要别人监督。

实践活动是最好的老师，在活动中学生能够体现遵守规则、克服困难、对自己的行为负责、和同伴的交往等能力。我们品德教育往往停留在书本上、口头上。我在中学里工作就有过许多教训：学生犯了错误，就把学生叫到办公室谈话。开始的时候还心平气和，但学生往往不听你那一套，和你顶着。话越谈越僵，我的火气越来越大，结果不欢而散。我渐渐感到书面教育和口头教育都不是办法。当然，道理还是要讲的，但要真正让学生理解和付出行动，还必须让学生在活动中体现。因此我说，学生的成长在活动中。

回到一个称作学校的地方*

钱学森不仅是伟大的科学家，而且是伟大的教育家。他对教育有精辟的讲话。我和钱老没有什么接触，对他的教育思想更没有什么研究，只是我在师大附中工作过几年，那里是钱老青年时期读书的地方。记得1991年师大附中成立90周年的时候为了编写校史，有老师去访问过钱老，钱老有一番谈话。这个谈话很重要，不仅回忆了他在师大附中的往事，还对教育改革提出了许多宝贵意见。

我认为学习和实践钱老的大成智慧教育思想，应该从三个方面着手：一是认真整理钱老关于教育的论著、谈话，原原本本地呈现钱老的教育思想；二是联系我国当前的教育实际，按照钱老的教育思想，改造我们的教育；三是开展一些实验，特别是钱老关于大成智慧的学制改革缩短的思想，需要实验研究。

我就结合当前教育的实际谈一点自己的想法。不久前我买了一本书，叫《一个称作学校的地方》，英文名叫 *A Place Called School*，美国人约翰·古得莱得写的，西奥多·赛泽为这本书写的序言叫《回到〈一个称作学校的地方〉》。从标题就可以看出，他是在批评当时美国的学校教育，希望学校回到一个称作学校的地方。我想，我国今天的学校也

---

* 2012年12月30日在钱学森教育思想论坛上的发言。

应该回到"一个称作学校的地方"。因为现在我们的许多学校,当然不是全部,不像一个学校。像什么呢?像一个作坊,制造机器人的作坊。

学校本来是提高国民素质、培养人才的地方,但现在许多学校把学生当作提高学校所谓声誉的工具,培养应付考试的机器。有一张吓人的照片,某高三毕业班黑板上方贴了一副对联,"生时何必久睡,死后自会长眠",用来鞭策学生拼命地学习。这是教育吗?这是摧残人才。现在许多老师要求学生拿到考卷"一看就会,一做就对",这是教育吗?这是培养机器。

因此,要呼吁回到"一个称作学校的地方",回到一个称作教育的场所,也就是我们常常讲的回到教育的原点。教育原点到底是什么?教育就是传承文化,创造知识,培育人才,促进人类的发展。从个体来讲,是促进个体的全面发展;从人类来讲,是促进人类的全面发展。现在大家把教育当作工具,有些家长把儿童作为满足自己虚荣心的工具,不是为了儿童真正的成长,是一种虚荣心。从幼儿园开始就要上这个班那个班,就要学习知识,就要学奥数,而不考虑到孩子的兴趣和将来的幸福。是不是知识越多,将来就一定越幸福?我们的家长都希望自己的孩子将来有幸福的生活,但是不是知识越多,就越幸福了呢?不一定。现在是信息社会,但信息不等于知识,知识不等于智慧。在大学里面工作的人都知道,很多学生知识可能很丰富,但没有健全的人格,所以经常有一些不正常的表现。每年差不多都有研究生跳楼,遇到一些挫折就想不开,这就是没有健全的人格。

知识是需要的,但是光有知识是不行的。知识也不等于是智慧,知识要真正变成智慧,还要经过自己的思考,内化为自己的一种理念和能力。可是我们现在重视的主要是知识,很少重视儿童的能力和人格培养。其实越是小孩,对他的人格的培养越重要。这种潜移默化的人格培养,不是靠说教,不是靠书本知识。

要让学生能够真正享受到教育的快乐，享受到教育的幸福，这是儿童的权利。怎么才能做到这一点？就是我们要考虑学生的需要。还是那句话，就是要为学生提供一个最适合他的教育。我们现在讲因材施教，什么叫因材施教？就是要给学生提供一个适合他的教育，让每个学生的潜能得到充分发挥。你说我本来喜欢语文、喜欢文艺，你非要让我学奥数，是不是对我的最大的不公？反过来也是，我本来很喜欢数学，你非要让我去学艺术，不就压抑了我的数学才能？他本来动手能力很强，你非要他学理论，将来他不可能成为理论家。因材施教，还要考虑到学生的兴趣爱好，给他提供最适合他的教育。2005年，我们曾在哈尔滨呼兰区开过一次义务教育的现场会。那次现场会组织得很好，10位校长讲他们是怎么办学的，一个人讲5分钟。还有10位老师讲，10个毕业生讲。毕业生里面有的已经成企业家了，很有钱了，有的还是在当农民，还有理发师。我印象最深的是清华大学二年级的一个学生，他说读八年级的时候就辍学了，因为他的功课很不好。他说："我的爸爸就说了，你也考不上高中了，算了，还是回来种地吧，种地还可以赚钱，上学还要交钱。"那时义务教育还不免费，还要交钱。可是这个学校里面有一个老师去做他爸爸的工作，说义务教育还没有完，另外你的这个孩子喜欢画画，你还是让他上吧，说不定将来会有出息的。家长听了以后，就让他回去上学了。他因为喜欢画画，初中毕业以后就考上了艺术职业高中。毕业以后就到一个广告公司画画，赚了一点钱。过了几年以后，又考上了哈尔滨师范大学艺术系，他没有上。第二年再考，考上了清华大学的艺术学院。也就是说，如果没有那个老师发现他喜欢画画，把他要回来，那么他可能现在还是一个普通的农民。老师并不一定知道他将来能够成什么才，就知道他喜欢画画，就让他回来了。经过他自己的努力，他的爱好和特长得到了发挥，改变了人生的轨迹。

要因材施教，就要把学生放在第一位，以人为本。所以，给学生提供最适合他的教育，就是最好的教育，也是最公平的教育。

另外一个问题，我觉得我们要考虑在新的时代背景之下，在当前信息化的时代背景之下，我们怎么搞教学？信息技术的革命，一定会引起教育的革命。当然我们现在老师们都在做课件，用信息技术上课。但是我觉得做课件是最一般的应用。真正的信息化，不光是做做课件而已，而且课件既有优势也有不利的一面。我是不主张什么课都做课件的，也不主张一堂课完全用课件。用课件有它的优点，一个优点是很形象。远方的东西看不到，可以在课件里看到；古代的东西看不到，可以在这里面看到。但是课件也有它的弊端，第一，一个很大的弊端就是人机对话不如人人对话有人文感情。教师在课件上画一个圆，学生的感官就是看一个圆，如果老师当着学生的面在黑板上画一个圆，那就大不一样了，如果老师能够把这个圆画得很好，学生就对这个老师非常佩服。所以人机的对话跟人与人的对话不大一样，人跟人的对话有感情在里面。第二，有的时候束缚你的思维。我有时候做课件，本来我讲课讲到哪儿算哪儿，后来一看跟写的提纲不一样了。第三，有的时候用了课件是节省时间了，但是影响学生的思考。一个标题出来，一个概念出来，很快过去了，没有让学生思考的过程。老师在黑板上写一写，写的时候就是学生思考的过程。所以，我对用课件是有保留的。不是不赞成用，是怎么合理地用，怎么有效地用。信息化的发展，最关键的还是个性化、网络化。可以给每个学生提供个性化学习；可以通过互联网做到师生之间的对话，师生之间的沟通，老师和家长的沟通。国外出现了一种"翻转式教学"，过去是在课堂里面听课，回家做作业。将来可能要成为回家听课，到课堂上做作业。很多课程可以在网络上学习了。现在斯坦福大学、哈佛大学、麻省理工学院已经把40多门课程放到网上，回到教室干什么？跟同学讨论，跟老师讨论；回到课堂上做作业，做作业遇到困难了，老师加以辅导。可以在网上注册大学的课程学分。其实，我国师资培训也已经用上这种远程教育模式。美国还出了一种网上学习的可汗学院，与20世纪60年代的程序教学差不多，比如说给学生设定课程的10个台阶，10分。第一个台阶完了以后给你1分，第二个台阶完了以后给你2分，没有完成，退回去重新学，满了10分以后，这门课就算学完了。开始这种方法是一名叫可汗的学生为自己远方的亲戚答疑而设计的，后来成了远程教育的一种模式。据说现在已有几十万人注册。

所以，信息化将给教育带来很大的变化。首先，信息化要改变教师的角色。教师已经不是唯一的知识载体。孔夫子的时候，连课本都没有。孔夫子本身就是知识载体，靠他的智慧和知识培养学生。我们长期以来也是老师讲，学生听，老师和课本是知识的载体。现在老师和课本已经不是唯一的知识载体，学生可以从多种渠道获得知识。现在2岁的孩子玩平板电脑都已经很熟练了。平板电脑现在都可以上网，可以看电视。

老师的主导作用在哪里？就是启发学生的学习兴趣，启发学生的潜在能力。同时，设计适合每一个学生的最好的学习环境，指导学生能够正确地处理不同的信息。信息并不等于知识，现在的垃圾信息很多。我的手机经常收到卖房子的信息、上辅导班的信息。知识也不等于智慧。我们要使学生真正成为人才，就要培养学生的智慧。老师要指导学生获取正确的信息，处理好这些正确的信息，能够转化为智慧，所以老师是一个设计者、指导者、帮助者。

另外一个问题，现在大家都在讲拔尖创新人才。怎么拔尖？孩子确实有差异，有的孩子聪明一些，有的孩子智力差一些，但是我们要拔尖是在他们生长到一定的时候才能拔尖，我们现在是掐尖不是拔尖。袁隆平选稻种子，总不能把秧插进地里就选吧？只有长到一定程度以后才能看出来，这棵稻子有什么优势，能够经得住风吹，或者穗子特别大，这时候才能选好种子。我们现在是孩子生下来就要拔尖，说这是个天才。

这样怎么能够培养拔尖创新人才？培养拔尖创新人才，还是要普及大多数人的知识，要在培养一般人才的基础上冒尖出来。当然我们要及早发现，及早培养。我不反对搞一些超常儿童实验班，但不是说一开始就去拔尖。这样拔尖的并不一定真正成为拔尖人才。还是要在普遍的、提高教育质量的过程当中来发现一些人才，发现一些确实有天赋的，就像刚才讲的那个清华大学的学生一样。所以我们老师要有眼光，不要认为门门都好的学生是好学生，不一定。我们经常拿钱锺书和钱伟长做例子，钱锺书考清华的时候数学0分，清华还是收他了，后来成了我们最著名的大师级的文学家。钱伟长的母校是我们家乡梅林中学，我去过那里。他在中学里面历史学得最好，他《史记》都能够背得出来，考清华的时候物理很差，但是清华收他了，因为他历史好、语文好。以后他受到科学救国、工业救国的影响，又转学物理了，后来成为著名的物理学家。本来中学里面数理化考得并不好，但是后来还是成为了物理学家，就是因为他当时有报国的精神，发愤地学习，把报国作为他的志向。

所以，培养学生的兴趣，培养学生的志向，是我们基础教育的根本任务。同时要培养他们克服困难的毅力，经得起挫折的品德。有了这样一种健全的人格，将来就能做出成绩来。

我觉得我们现在要回到教育的原点，就是要培养人才。不是把教育作为工具，不能把孩子作为工具。

语文给我文化，给我智慧*

　　语文是工具，有了它，才能思考，才能表达，才能交流；

　　语文是基础，有了它，才能学习，才能生活，才能工作；

　　语文是文化，有了它，才有精神，才有智慧，才有品格。

　　这就是语文的价值，是学习语文的重要性所在。但是说实话，我小时候并不太喜欢语文课。原因是那时学校的语文课就是要求学生背书。上小学三年级，刚好遇到抗日战争爆发，为躲避战火，流离失所，辗转城乡南北，没有正规学校好上，只好去读私塾。私塾老师是一位乡村郎中，收了四五名学生，初入学的读《三字经》，有一名十来岁的大孩子读《孟子》，让我读《大学》。老师也不讲解，就是让我们背诵。当时似乎都背熟了，但今天也只记得"大学之道，在明明德，在亲民，在止于至善"这开篇的第一句。等到上了初中，沦陷区的奴化教育为了标榜他们的"王道"，让我们读《孟子》，天天背"孟子见梁惠王"等文章，这些不求甚解的背诵把我带到厌烦语文课的境地。但是我爱阅读，爱写作，可是那个年头没有什么儿童读物可读。还是在五年级的时候，有一次，比我大三四岁的邻居金懋鼎同学给我讲起《三国演义》中的故

---

*　原载《语文教育》2006年创刊号，曾载于《野花集》。

事，我听了很有兴趣，于是就向他借《三国演义》来阅读。虽然很多字都不认识，但我对它的兴趣极大。以后又读了《西游记》，更是爱不释手。那时候才开始对语文逐渐感兴趣了。抗战胜利后，读到了鲁迅、巴金、冰心的作品，感受到了文学之魅力。到了高中，我们的语文老师李成蹊先生（他在中华人民共和国成立后任徐州师范学院文学系教授）给我们讲《文心雕龙》，讲文艺评论，这时候对文学才有所了解。在高中，为了参加民主运动，我们办起了壁报、油印小报、杂志，开始写点小文章，逐渐地也学会了用文字表达自己的思想。从我以上的经历可以看出，我的语文基础没有打好，在现在的工作学习中常常会感到这是个缺憾。所以，我时常劝告少年儿童朋友们要从小重视语文学习。

但是，光劝告是没有用的，要告诉他们学习的方法。根据我的经验，就是"没有兴趣就没有学习"，要引发学生对语文的学习兴趣。其实语文是最能吸引学生的一门课程，因为语文的内容最丰富。因此，从阅读入手是最好的办法。我的孩子成长在20世纪五六十年代，那时也没有太多的儿童读物可读，但我等到他们略识几个字以后，大致在三年级，就让他们读《西游记》。《西游记》是我国最优秀的童话故事。他们读得颇有兴味，于是对语文也就重视起来了。其次就是作文，先从写日记开始，写身边的人、身边的事。笔头练出来以后，当他们看到一些感兴趣的事物时，就会有写作的冲动。

今天，语文学习的条件与我们小时候相比真是天壤之别，儿童青少年的读物琳琅满目、目不暇接，但是要有所选择。现代的语文读本要读，经典读本也应该选择几本读一读。在年轻的时候背诵一些名篇名句也是必要的，但这种背诵不是死记硬背，而是在理解的基础上背诵，也就容易得多。

语文不只是交流的工具，也不只是学习其他学科知识的基础，还是文化，是文化的载体。语文可以使我们更好地继承人类文明的遗产，增进我们的智慧，提高我们自身的文化素养。

《语文教育》杂志很重要，它是语文教师研究语文教育的园地，是语文教师教学经验交流的平台，也是引导青少年学好语文的航标。我祝愿它越办越好！

从小书房走向大世界[*]

　　孟彩娟校长倡导山观实验小学开展的"家庭小书房"建设活动，我很感兴趣，当年曾到过几户学生家里看了孩子的小书房。书房虽小，但确实给孩子们提供了一个好的学习环境，也给农村家庭注入了淳朴的文化气息。受此启发，我欣然题写"读书、思考、实践，从小书房走向大世界"，作为对他们的鼓励。当年不经意间的这一句感触，后来山观实验小学把它作为了学校特色办学的教育理念，并10多年孜孜以求，坚持引领学生爱读书、读好书，在读书中成长，取得了非常好的活动效果，对此我深表欣慰。

　　学习是个人成长的必由之路，读书是学习的主要途径。鲁迅先生在《读书杂谈》这篇杂文中提到，读书有两种：一种是职业的、为了谋生的读书，为了工作或升学不得不读，这种读书是"勉勉强强的，带着苦痛的"；另一种是嗜好的、为自身发展的读书，"那是出于自愿，全不勉强"。他认为，只有后一种读书，才能有浓厚的趣味，也才"可以扩大精神，增加智识"。可见读书要能成功，关键在于是不是有趣味、是不是自愿。职业的学习也是需要的，因为将来你总要就业谋生。但要想在事业上有成就，恐怕也要对该事业有兴趣，自愿地为事业而学习。勉强

---

* 原载《江苏教育研究》2012年第26期。

的学习总是难以深入，难以成功的。对于儿童来说，他们还没有职业定向，更应该让他们自愿地、有趣味地学习。同时，读书也是培养儿童兴趣的最好途径。

当然学习不光是读书，观察、思考也很重要，读了要想、要思考。我们的教育方法要注重启发式，不要灌输式。我们经常讲减轻负担，减轻负担为什么？不是说减轻了负担让学生去瞎玩，而是把时间还给学生，使他们有时间思考问题，有时间参与社会实践，有时间参加他们喜爱的活动，在有趣的玩中学习。小书房里有大宇宙，小书房里有大智慧，从"小"到"大"是一个必然过程。"教育要面向现代化、面向世界、面向未来"，今天走进书房，是为了明天走出书房。所以说，学习是一个读书、思考、实践的过程，最终要"从小书房走向大世界"。

第一环节是读书

一个人不会读书，是不会成长的，读书是最重要的。现在有很多大人都不会读书，从小没有养成读书的习惯，那他的文化素质也不可能得到多大的提高。

我一直有个观点，语文教学应该以阅读为中心。语言是思想交流的工具，它的表达形式是口头语言和书面语言。为了掌握这个工具，除了会听、会说以外，还有就是要会读、会写，因此，听说读写都是语文教学的任务。小学阶段的语文教学包括了识字与写字、阅读、习作、口语交际、综合性学习几个部分，其中阅读教学应该是中心。以前有一些小学提出语文教学以作文为中心，不适当地加大作文比重，我认为这不恰当。小学阶段，从写话开始，到要求写简单的记事作文、想象作文、应用文等，这四五百字的习作怎么能带动语文这么丰富的内容呢？写作当然也很重要。写作是一个人综合素质的最佳体现，这我赞同。但这是结果，结果并不是引领，引领和结果是不一样的。应该用阅读来引领语文教学，最后达到会表达。总之，听说读写几方面能力的培养都重要，并不是说阅读最重要，但阅读绝对是中心、是引领，读可以带给学生丰富的知识和词汇，可以促进学生的表达能力，也才能写得更好。

阅读可以增长知识，引发兴趣。没有兴趣就没有学习，这是一个很重要的教育原则。苏霍姆林斯基有这样的体验：学生不想学习，怎么办？老师就要与学生一起学习其感兴趣的知识。他提出要为学生提供丰富的科普书籍，"阅读、阅读、再阅读"，不但老师要读书，更要激发学生兴趣，使他们乐于读书。教学就应该让学生养成读书的习惯，培养学生读书的兴趣，读感兴趣的故事、童话、诗歌，等等。对读书有兴趣，对学习自然有兴趣。

第二环节是思考

中小学教育的任务是给学生打基础，这种基础不仅指掌握基础知识，而且包括基本能力的培养，其核心是创造性思维能力。我们不能要求中小学生有重大的发明创造，但我们可以培养学生独立思考能力，培养他们的创新意识。培养学生的创造精神就是要让学生思考，学会发现问题、提出问题，养成探索精神，凡事问一个为什么，可不可以从另一个角度思考，用另一种方法解释。从小有了这种创新意识，长大了，掌握的知识丰富了，他就能够在事业上有所创新。

光读书不思考是不够的，有知识并不等于有智慧，知识多不会灵活运用就变成书呆子了。学生在活动中会产生很多疑问，总想寻求答案，所以老师要通过学生的活动来建构知识，来激活他们的思维。课堂教学中如果只有老师讲，学生被动地听，学生没有活动，思维就激活不起来，学生对学习就会缺乏兴趣。好的方法总能启发学生的思维，只有通过思考才能增长智慧。

孔子说，"学而不思则罔"。学习而不思考，学习的知识就不能理解透彻，就不能举一反三。这就需要给学生留有思考的空间，在思考的过程中就能提出很多问题来。我们的教育缺乏让学生思考问题的时间，我们重结果而忽视过程，在课堂上满讲满灌，在课下又布置了许多作业，让学生用什么时间去思考？只有让学生有时间思考，有时间去广泛学习其他知识，知识面拓宽了，思路打开了，就能提出更多的问题。孩子生来就有好奇心，从会说话开始就对外部世界充满了新鲜感，总想问一个为什么。随着知识的增长，问题会更多。不会提问的学生不能算是一个好学生，课程改革应该培养学生会思考、会提问题。

第三环节是实践

教育要为发展生产力服务，科学技术是第一生产力，教育也是生产力。学校是创造知识和培养人才的地方，要想创造知识，就不能离开生产劳动和社会实践。教育与劳动相结合、与社会实践相结合，是现代教育的普遍规律。我们要培养掌握科学技术的人才，那就要把教育和科学技术与先进的生产结合起来，与社会的生活结合起来，尤其是信息社会更是如此。所以说，我们要引领我们的学生走向世界去实践。

教育应该是全方位的，过分重视书本的传授确实是中国教育的一大弊端。应该提倡给学生更多自己活动的空间，包括自学的空间。书本知识是重要的，但不是唯一的。素质教育有两个重点，就是培养学生的创新精神和实践能力。实践就是一个从知识转化为能力的过程，教学必须通过实践对所学知识加以消化、吸收、检验和批判，进而有所创造。所以，要鼓励学生参加社会实践活动，包括志愿者活动。促进学生了解社会，拥有爱心，增强社会责任感。

素质教育的核心是立德树人，道德教育不是说教，应该从一点一滴做起。我觉得道理是要跟学生讲的，但是更重要的是要在实践里面，让孩子去实行、去体验。道德教育对小孩来说首先是养成一种习惯，另外就是让他们在活动当中判断是非。道德教育的过程就是学生在实践过程当中，在活动过程当中，通过一些矛盾，通过一些斗争，使思想得到一个提升，矛盾解决了，他的道德水平就会提高一步。当然也不排除一些知识传授，这个知识的传授一定要和具体行动结合起来。

总之，在书中可以获得丰富的知识，读书也能培养一个人好的品质。但读书还得思考，读过的知识才能进一步内化为自己的知识。然后再到生活中去实践，在实践中发现问题，再通过读书来获得真知，并且在实践中不断加以改进。从这一意义上讲，"读书、思考、实践"是一个螺旋式上升，也是一个回旋的过程，它构成了一个人成长发展的基石。

第四环节是要从小书房走向大世界

教育从某种意义上说是一种环境，小书房为学生的学习提供了良好的环境。在小书房中读书，在小书房中思考问题，最终还要能走出书房，走向世界，培养有远大理想、宽阔胸怀、有国际视野的德智体美劳全面发展的社会主义公民。

我们中国的教师需要有两方面的根基：一是中国文化的根；二是国际文化的视野。这可以从两方面来理解：一是必须有中国文化的底蕴，坚持中华优秀文化的精神，如在教育上应该"学为人师，行为世范""教学相长"，重视人格素养，以自己的道德文章教化学生；二是要有开放的心态，吸收世界一切优秀的文化成果和先进的教育经验，讲民主、讲科学，尊重学生，重视学生的个性发展。随着国际交流越来越频繁，信息交流越来越快，地球变得小了，教育的开放性、国际性越来越强。教育不能不纳入全球化的轨道。教育只有加强开放的力度，才能够吸收世界优秀文化，为我所用。

山观实验小学做的是"在小书房中读书"，想的是大世界、大天地，说明孟彩娟校长和她的学校是具有开放的胸襟和国际的眼界的，是能做出学校的特色来的。什么是办学特色和特色学校？通常人们对学校办学特色有一种误解，认为学校办一些特长班，或者组织一些特长的小组团队，就认为是学校的办学特色。特色是根据学校历史、学校环境，是在长期的教育教学实践中不断发挥自身的优势所形成的独具个性的、符合教育规律的、区别于其他学校的办学模式。特色学校就是在办学方面有自己的办学理念，为全校师生认同，并朝着目标去努力，取得显著成绩，为其他学校和社会认可的学校。中小学虽然不像大学那样是文化的中心，但是由于各校的历史不同、地域环境不同、办学的理念不同，各校也会有自己的特色。山观实验小学在"小书房"中有办学的大思想，这才叫真正的特色。

文化是学校的灵魂，学校真正的特色还在于学校的文化建设上。学校文化也不是一朝一夕能够建立起来的，它是几代人的努力积淀下来的。希望山观实验小学继续把"小书房读书活动"引向深入，产生更好的办学效果，并经过全校师生长期的努力建立起具有本校独立风格的特色文化。

悼念教育家、思想家、教育革新家吕型伟老师[*]

昨天上海来电话，说吕老去世了。我先是为之一惊，然后感到无限悲痛。我们失去了一位睿智的教育家，一位良师益友。虽然早已知道他近年来身体欠佳，常住医院，但总想他这样乐观、豁达的人一定能战胜病魔挺过去，没有想到这么快就离我们而去。痛哉！哀哉！

去年（2011年——编者）12月19日我到上海华东医院去看望他，那时他精神很好，说自己没有什么毛病，但医生不让他出院，只在节假日回家。他的床头柜上、窗台上摆满了书籍和报纸杂志。他说，什么书都看，住在医院里"寂寞啊，寂寞啊"！吕老本来是一个不甘寂寞的人，一生为教育奔波，过了耄耋之年，还领衔未来教育综合改革的课题，他从南到北、从东到西，走访了我国各地的许多中小学校，具体指导这些学校的教育改革。现在把他关在病房里，他哪能不寂寞啊？

我和吕老相识在20世纪80年代初，那时他是中国教育学会副会长，我是学会的学术委员，我们经常在一起开会。特别是1986年春天，中国教育国际交流协会组织师范教育代表团到日本考察，吕老是团长，我是副团长，一个多星期的共同生活使我更加认识了这位睿智的、豁达的、

---

* 原载《中国教育报》2012年7月20日。

风趣的教育家。和他在一起你不会感到寂寞，他会给你讲许多他经历的故事。他17岁中学毕业就在浙江家乡山区当校长，后来上了浙江大学教育系，参加了地下党。他会告诉你，当年怎么巧妙地与国民党做斗争。上海解放，他接管了旧学校，当了中学校长。他还会告诉你，他曾带领上海的教师去参加土改，因为没有正式的住处，曾经一个人住在寺院中的寿材里。他风趣地说："我是睡过棺材的。"说到风趣处，让你忍俊不禁。

大约是20世纪末，他在家乡新昌参加母校的校庆，忽然头晕，说话也语无伦次，去医院发现头颅里渗血，经过引流、清洗，很快就康复了。他病后照样到处跑，看见我们就说："我是被洗过脑的，现在新的头发又长出来了，哈哈！"他就是这样一个乐观、风趣的人。

吕老是一位教育思想家，他对教育有三句极为精辟深刻的话，他说："教育是事业，其意义在于奉献；教育是科学，其价值在于求真；教育是艺术，其生命在于创新。"多么精辟！

吕老是一位教育实践家，他一生就是在践行这三句话，吕老70多年来，从来没有离开过学校的实践，他担任过小学教师、中学校长、教育局局长，从事过教育研究工作，而且取得了卓越的成绩，为我国的教育事业做出了巨大贡献。

吕老是一位教育革新家，他总是走在时代的前面，提出许多教育革新的思想。他常常讲，教育是未来的事业，要向前看，考虑未来的教育。他把他的两本教育文集分别起名为《为了未来——我的教育观》《一生为未来》，充分反映了他的教育思想。

吕老的教育思想集中在一点上，就是培养创新人才。研究儿童也好，提倡第二渠道也好，动脑动手也好，都是为了儿童的潜能得到充分的发展，成为创新人才。他认为，教育首先要把所有儿童培养成人，然后培养成才。培养成人就要重视思想品德教育，从小养成良好的思想品德和行为习惯，在这方面家庭教育起了重要的作用。

吕老非常重视拔尖人才的培养。讲全面发展，提高学生素质，不等于千篇一律，没有差异。人的能力是有差异的，他反对把人"标准化"。他说："我的60年的教育生涯，观察了成千上万名学生在离开学校以后的发展，使我形成了这样一条教育的信念，即'人人有才，人无全才；扬长避短，人人成才'。只要能扬其长而避其短，人人都可以成为出色的人才。"他认为，在讲教育平等的时候，不是用一个标准来培养人，要重视英才教育，培养大师级人才。

吕老特别重视人的个性发展。他认为，人的潜能总是蕴藏在个性里面，"有价值的人一定是有个性的人"。因此，教育要重视个性，善于发现个性，研究个性，发展个性，基础教育阶段要在教学策略上采取灵活的措施，鼓励个性的发展，只有个性得到充分发展才能出世界级的顶尖人才。

我和吕老有着深厚的友谊。可以说，我是在吕老的信任、指导、帮助、支持下成长起来的。最难忘的一件事就是编纂《教育大辞典》的工作。1986年11月5日至9日中国教育学会在武汉召开学术会议。时任会长张承先、时任副会长刘佛年和吕老提出编纂一部教育大辞典，并且提出让我任主编。我开始不敢接受，怕不能胜任。他们认为此项工程巨大，需要年富力强的学者长期努力完成，因而鼓励我把这个重任担当起来。这部书从分卷到增订合卷本共用了12年的时间。吕老作为领导小组成员，每次大辞典开编委会、审稿会都来参加，提出许多建设性的意见，使《教育大辞典》顺利完成。

2000年中国教育学会因时任会长张承先年事已高，身体欠佳，需要换届。又是吕老一再建议由我来担任会长。这10多年来，他经常参加学会的活动，不仅给学会活动增色，而且是对我个人的极大支持，也使我向他学到了许多东西。我们虽然年龄相差10来岁，但真算得上是忘年之交，我们不仅有教育实践的相同经历，而且有共同的教育理想和教育理念。我们的友谊就是建立在这种共同信念的基础上的。现在吕老走了，我们悲痛，但是寿无金石，我们只有努力工作，薪火相传，使吕老的精神永存！特作挽联如下：

教育是事业、教育是科学、教育是艺术，精辟语言论教育；

一生为人民、一生为孩子、一生为未来，贡献教育于一生。

怀念陈元晖先生[*]

陈元晖先生是我的老师，虽然我不是他直接的门下弟子，但他确实是我的老师。还是在1962年，北京师范大学办了一期中国教育史研究班，邵鹤亭、毛礼锐、陈景磐、陈元晖就是这个研究班的老师。当代教育史学界著名学者王炳照、陈德安等都是这个班的研究生。我当时刚从师大附中工作4年后回到教育系任教。因为我早年留学苏联，在国内教育系没有读完，特别是没有学过中国教育史，因此感到要补上这门课，于是抽空就到中国教育史研究班去旁听，听了陈元晖先生讲中国近现代教育史，后来又认真拜读了他的专著《中国近现代教育史》，使我对中国教育史有了初步的了解。

"文化大革命"以后我们有了更多的接触。中国社会科学院成立以后，陈元晖先生在社科院哲学研究所工作，但对教育时时关心，继续从事教育理论的研究。为了发展教育科学，他与当时的中国社会科学院副院长于光远同志一起，在社科院召开了几次教育座谈会。我当时任北师大教育系主任，他就邀请我参加。我当时年轻气盛（其实也不算年轻了，已近50岁了），在座谈会上总要发表点奇思异想，陈元晖先生不但没有批评我，还支持我、鼓励我。我当时说，我国对教育科学不够重

---

* 写于2013年4月15日。

视，养猪的有畜牧研究所，吸烟的有烟草研究所，培育人的却没有教育研究所；各行各业都有学会，连钓鱼都有协会，从事教育工作的上千万教师却没有教育学会。我强烈呼吁恢复中央教科所，成立教育学会。于光远、陈元晖非常支持我的发言，并决定开一个教育界的大会来呼吁国家和社会重视教育，陈元晖还推荐我在大会上发言。那就是1978年秋天在公安部礼堂召开的千人大会。与此同时，当时的教育部领导董纯才、张健等同志也在竭力为恢复中央教科所和成立中国教育学会向中央报告，得到邓小平同志的支持，中央教科所很快得以恢复，中国教育学会也在1979年4月成立。陈元晖先生和我都成为中国教育学会第一届理事会的常务理事。

1980年我国建立学位制度，国务院学位委员会成立了学科评议组，评审硕士、博士授权单位和专业，评审博士生导师的资格。陈元晖先生就是最早的教育学科评议组成员。1983年第一届第二次会议我也忝为评议组成员，于是我和陈元晖先生的交往就多了起来。他为人耿直、学风严肃，在学科评议组会议上，总是秉公办事，对学术问题一丝不苟，总会直截了当地提出自己的意见。

陈元晖先生是我们北师大教育系的兼职教授，经常到教育系来讲课，帮助指导博士研究生，参加博士研究生的答辩。我向陈先生学习了许多知识，特别学习了他为人治学的精神。陈元晖先生学识渊博，精通哲学、教育学、心理学。他治学严谨，在教育研究中坚持马克思主义的立场和方法；在中国教育近代史研究中对帝国主义的文化侵略作了深入的剖析；对我国革命根据地、抗日根据地的教育满怀热情，深入探讨；对新民主主义教育的形成和发展作了深刻的论述。

陈元晖先生晚年患病在家，但仍然念念不忘中国的教育事业，我们去看访他，话题依然是教育，其精神值得我们永远学习。

小学语文教学一代宗师——袁微子先生[*]

1980年夏天在大连召开小学语文教学研究会，选举郭林为会长、袁微子为副会长，不知道怎么阴差阳错地把我选为常务副会长，于是我就和小学语文教学结上了缘，更是和袁微子先生结上了缘。以后多次开小学语文教学研究会理事会时我们就会在一起。记得最亲密的一次是1981年在长沙开理事会，在湖南宾馆我们住在一起，本来是一个套间，为了工作方便，他住在外间，我住在里间。我虽然也当过小学教师，既教算术又教语文，但在中华人民共和国成立前那也只是为了混饭吃，并不知道小学语文教学的要领，更不知道小学语文教学的规律。中华人民共和国成立后，上师范大学学习、在苏联留学，到小学实习，才对小学语文教学是怎么一回事略知一二，但实在说不上有什么研究。因此参加会议我总是抱着学习的态度。长沙会议时，会长郭林同志因年事已高，身体欠安，未能出席会议。我作为常务副会长只好主持会议，但实际的研讨是袁微子先生在引领。当时正值"文化大革命"以后拨乱反正时期，新的教学计划和语文课本刚刚出版。新的教学计划怎么把握，新课本如何教学，大家还很迷惘，需要专家的指引。袁先生起到了无可替代的作用。许多老师不仅在会上研讨，而且会后来向袁先生请教。每天晚上套

---

* 《一代宗师——袁微子先生诞辰百年纪念》序。

间的外屋不断有老师来访，所以袁先生都得不到很好休息。有一次，我一觉醒来，看到袁先生还在工作。可能为了解乏，袁先生手指头上总是夹着一支香烟，桌上放着一杯浓茶。

那次长沙会议可以说是小学语文界的一次盛会，小学语文教学界的老前辈们会聚在一起，有南京的斯霞老师、北京的霍懋征老师、上海的袁微子老师，李吉林老师那时还只能算是中年教师，还有一批师范大学的小学语文教学专家。会议热闹非凡，也有许多争议，有主张集中识字的，有主张分散识字的；有主张以作文为中心的，有主张以阅读为中心的；李吉林则推出了情境教学的实验。大家本着"百花齐放，百家争鸣"的精神，互相学习，互相借鉴，会议在袁先生的引领下开得非常成功。

对我来说，和袁微子先生在一起学习了许多语文教学的知识。袁微子先生学识渊博，经验丰富，对小学语文教学有着深入的研究和精辟的见解。他以马克思主义唯物辩证法为指导，认为小学语文教学首要任务是育人，是立德树人。他还认为语文既是交流的工具，又是文化的载体，小学语文教学的任务是既要让学生掌握语文的基本知识和技能，又要理解课文的文化内涵。语文教育界常常有工具论和文化论之争，我通过向袁先生学习，认识到这两者是不可分的。语文是交流的工具，只有掌握语文的基本知识和技能才能准确地表达自己的思想感情。但是，语文只是思想的外壳，每篇课文总会有思想感情的内核，只有理解了这些内核，才能更好地掌握运用语文的技能。语文教学就是通过对课文的分析理解来掌握语文的知识和技能的。语文还是传承文化的重要载体，弘扬中华优秀文化，学习语文是不可或缺的途径。因此，要把语文教学的工具性和文化性结合起来。掌握工具，传承文化，立德树人，成为语文教学不可分割的任务。为此，编写好小学语文课本，选择优秀的范文就十分重要，袁微子先生在这方面做出了突出贡献。

袁微子先生是继叶圣陶、吕叔湘先生之后的小学语文教学的一代宗师。他在小学和中学直接从事语文教学多年，又在人民教育出版社编写小学语文教材30多年。他为我国语文教学的发展做出了巨大贡献。今天我们来纪念他100周年诞辰，我们要认真学习他的语文教学的理论，继承和发扬他辛勤耕耘、诲人不倦、为教育事业献身的精神。《一代宗师——袁微子先生诞辰百年纪念》的出版，为我们向袁微子先生学习提供了很好的资料。承蒙编者约我写序，正好给我提供了缅怀袁先生的机会。正是不尽之思，是为序。

在大乾坤里看教育[*]

傅东缨把他的大教育三部曲之二《教育大乾坤》又寄到我的案头，我惊奇他写作的神速。记得我与东缨第一次见面是在他的教育三部曲的第一部《泛舟诲海》出版之后，他拿了那本有50多万字的巨作来找我，和我讨论教育问题，那是1998年的事。他告诉我，他要写教育三部曲，第一部是歌颂教师的，第二部是歌颂校长的，第三部是歌颂教育局局长的。他当时任辽宁省铁岭市教委副主任。我当时有点奇怪，不好好当教委副主任，怎么写起教育文学来。后来他让我给教育三部曲的第二部《圣园之魂》写序，不久又很快把第三部《播种辉煌》送到我面前，并且讲述了他写这三部著作的艰辛。他说他走遍了当时全国三十一个省区市，访问了上千名教师、校长、教育局局长，听了几百堂课，一桩桩教育事迹使他激动不已。他觉得需要用全身心来写为我国教育事业贡献一生的人们。我读了他的三部曲，才逐渐体会到他为什么倾心于他的教育文学创作。

东缨是师范出身，大学在辽宁师大文学系读书，对文学创作有天然的爱好。当了教师、教委副主任以后，深刻认识到教育对国家、对民族、对儿童发展的重要，体会到教师的辛劳和大爱的精神，激发了创作

---

* 本文为作者读过《教育大乾坤》后给傅东缨的信。

热情。他这种热情像一团火在燃烧，而且越烧越旺，一发而不可收。创作完教育三部曲以后，他又开始了大教育三部曲的创作。大教育三部曲的第一部《教育大境界》是邀我写的序。我在序中这样写道："他是用心去感受教育，用脑去思考教育，用行去践行教育的人。"正如他自己所说的："视教育比生命还重要。"正是这样的人才能创作出这样的著作。

今天又读到他的大教育三部曲的第二部《教育大乾坤》。《教育大境界》写的是人，是从事教育工作的人应有的和现在一批优秀教师已有的境界，他提出了"育德（人）十大境界"，即大师无类、大爱无我、大道无为、大求无境、大净无色、大智无惑、大教无痕、大育无小、大法无术、大路无歧。可以说融入儒、佛、道三家的思想。《教育大乾坤》写的是事，是教育事业。当然事业离不开人。全书分上、下篇。上篇"乾"篇以忧国忧民的热情抨击今天的教育弊端，通过回顾教育的历史，找出教育的源头，以史为鉴；引鉴古今中外教育家、思想家的先进教育理念和他们的教育经验来分析当今的教育。下篇"坤"篇是从我国教育界的优秀教师、先进学校的经验中去寻找叩开玄牝之门、破解教育难题的钥匙。

东缨的教育文学创作不是虚构的小说，写的是真人真事，是巨型的报告文学。是用文学的语言讲述教育的大乾坤，用艺术的手法呈现教育的大道理。里面既有火热的教育情怀，又有深刻的教育哲理，也反映了东缨对教育的热爱和教育的智慧。

教育是人类的大活动、社会的大事业。认识教育，需要认识教育的大乾坤，即教育的大世界，不能就事论事，着眼细枝末节。要认识教育的大乾坤，还需要把教育放在社会的大乾坤中。教育是社会大系统里的子系统，离开了社会的大乾坤、大系统，就教育论教育是破解不了今天教育的难题的。我想，随着我国社会现代化、民主化和社会进步，教育的难题总有一天会破解。当然，教育工作者也不能等待着这一天的到来，而是要尽职尽心，办好每一所学校，上好每一堂课，教好每一个学生。每个教育工作者都要达到教育的大境界，教师要在诲海中泛舟，校长要努力建设好教育的圣园，教育管理工作者要努力播种教育的辉煌。我们的教育一定有希望。

教育的本质就是生命教育*

　　我对生命教育没有研究，但是我觉得，教育的本质就是生命教育。教育是传承文化、创造知识、培养人才的社会活动，是人类生存发展、超越自我的重要途径。人类和其他生物一样，一要生存，二要繁衍，三要发展。要生存就要解决衣食住行的问题；要繁衍就要生儿育女；要发展就要教育、学习，把前辈的生产经验、生活经验传授给下一代。而这三者也是分不开的，人类只有不断发展、创新，才能战胜恶劣的环境，获取更好的生存和繁衍的条件。可见教育在人类发展进程中的重要性。人类发展的历史就是人类通过教育，不断学习、不断创新、不断超越自我的历史。因此我说，教育的本质就是生命教育。

　　其实，自古以来的教育家们都是在追求如何使下一代的生命得到更好的发展。东西方的教育理念不同，但其理是一。无论是西方的苏格拉底、柏拉图，还是东方的孔子、孟子，都是追求人的身心的健全发展。但由于人类进入阶级社会以后，教育一方面被统治阶级所利用，另一方面被统治阶级接受不到应有的教育，教育的本质被掩盖了，教育成了各种利益集团的工具，忽视了人的生命的发展。

　　文艺复兴以来，批判了神统，打破了神权，提倡人权。儿童发展问

---

* 本文系作者为河南大学"生命教育研究丛书"作的序。

题逐渐得到教育家、思想家的重视。特别是启蒙思想家如夸美纽斯、卢梭等都关注儿童的自由发展。

20世纪以来，美国进步主义教育家杜威主张"儿童中心主义"，提出"教育即生长""教育即生活""学校即社会"，再一次引起对儿童生命发展教育的关注。陶行知先生从他的老师杜威那里得到启发，在中国创建"生活教育"，并且把老师的教育理念反转过来，提出"生活即教育""社会即学校"。他们两者的理念是一致的，就是关注儿童的生命发展，不过在方法、途径上不同。

至于"生命教育"的概念是何时、何人最先提出来的，已无从考证，也不重要。重要的是如何理解，如何实施。我觉得，近几年"生命教育"之所以热起来，是因为我们现在的教育弊端实在太严重，违背了教育的本质，压抑了儿童的发展。学生为考试而学习，不是为发展而学习，每天十几小时埋头于沉重的课业负担之中，身体健康受到伤害，思想品质得不到提高，生命受到摧残。现在正有必要再一次发出"救救孩子"的呐喊！所以有识之士发出"生命教育"的呼声，是很自然的事。因此，生命教育不是一种教育模式问题，而是教育理念的问题。我们要通过生命教育来转变教育观念，更新教育方法，使我们的孩子幸福地生活、健康地成长。

但是对生命教育怎么理解，怎么实施，确是需要认真研究的问题。河南大学一批学者较早地开展了这方面的研究。2004年河南大学成立了生命教育研究中心，这是国内尤其是高校中较早研究生命教育的专门科研机构。之后，河南大学在刘志军教授的带领下，逐步设立了生命教育方向的硕士点、博士点以及博士后研究方向，生命教育已经成为河南大学"大教育学"科研、教学尤其是培养研究生的一个特色和亮点。他们从五个方面进行了研究：一是生命教育的原教育研究，研究生命教育的本质、源头；二是生命教育发展的历史；三是生命教育的各种理论流派；四是对不同年龄群体的生命教育要求；五是生命教育在学校教育过程中的实施。经过这么多年的研究，取得了重大成果。河南大学"生命教育研究丛书"反映了他们的研究成果。我想，广大读者会从中更深刻地理解生命教育的意义和本质，从而更新观念，同时获得开展生命教育的方法和途径。

我无法通读这十卷本的丛书，但我感到了生命教育的重要，我支持他们的研究，赞赏他们的研究，感谢他们的研究。他们希望我作序，就写这几句，是为序。

不言之教*

——读《道德经》有感

夜来无事，翻读历代碑帖书法，偶得《赵文敏书道德经真迹》一册（文明书局1940年版）。除欣赏赵孟頫的书法艺术外，对《道德经》里有一句话，由于职业的敏感而有所感触。《道德经》曰："不言之教，无为之益，天下希及之。"（第四十三章）我想这很切合现代教育理念。叶圣陶先生说"教是为了不教"，与老子的说法基本一致。现代教育的一个特点，就是要从教转到学。教育不是教师施教于受教育者，而是学习者自己学习、亲身体悟。这也是《道德经》里一贯主张的自然哲学思想的一种教育观点。《道德经》认为，一切事物发生发展都有规律，这个规律就是"道"，所谓"人法地，地法天，天法道，道法自然"（第二十五章）。教育就是遵循自然之规律，自由地发展人的自然本性。

前不久，一位精通外语的老同志告诉我，我国文件中常用的"受教育者"这个词，在国外早已不用了，通常是用"学习者"这个词。这反映了一种新的教育观念。现代教育是以学生为主体，不是教师把知识灌输给学生，而是学习者自己学习、自己体悟，内化为自己的知识和

---

* 原载《光明日报》2013年10月16日。

信念。

那么，还要不要教师呢？教师的作用何在呢？教师当然是需要的，而且在教育过程中，特别在学校教育过程中是很重要、很关键、不可或缺的角色。我们经常说"教育大计，教师为本"，就是说明教师的重要性。教师重要并不等于教师要包揽学生一切的学习。教师的作用就在于启发学生学习的主体性，为学生设计适合他的学习方案，提供良好的学习环境，帮助学生解决学习中遇到的困难。《道德经》说："道常无为而无不为。"（第三十七章）通常理解道家是无为之学，其实老子认为无为才有所为，为君者无为，老百姓才有所为。所以《道德经》里又说："我无为而民自化，我好静而民自正，我无事而民自富，我无欲而民自朴。"（第五十七章）这里讲的是为政之道，但引申到教育上，也是这样。教师的无为并不是说不为，而是为了让学生有所为。教师表面上无为，其实是为了放开手让学生有所为。如果教师事事都管着学生，学生难以有为，也难以成长。

无为之治也可以用到教育管理上。教育只要遵循教育规律和儿童成长的规律（即是道），教育局局长应该放权给学校，局长的无为让校长有所为；校长要放手让老师改革创新，校长的无为酝酿出老师的新鲜经验。家庭教育也是这样，父母事事都包办代替，孩子的能力就难以发展。

我们现在的教育，层层管得太死了，所以要提倡老子的"不言之教"。

教师发展编

新世纪呼唤教师培训新变革[*]

　　当前，我国教育发展到了一个新的阶段，这个阶段有许多新的特征。

　　第一，我国教育从精英教育进入大众教育的时代。20世纪80年代，我国还没有普及义务教育，高等教育毛入学率只有2%，这是精英教育的阶段。今天我们已经全面普及了九年义务教育，高中教育也即将普及，高等教育毛入学率已达到30%，我国教育已经进入了大众教育时代，已经达到了人人有学上的目标。现在的问题是要上好学、上有质量的学，也就是说，我国教育已从普及走向提高的阶段。

　　第二，新的科技革命的到来对教育提出了新的挑战。新科技发展日新月异，传统的人才培养模式已经不适应时代的要求，教育不限于传授现有的知识，更重要的是要培养学生的批判性、创造性思维方式，培养学生的学习能力和实践能力。只有创新才能使我们在激烈的国际竞争中立于不败之地；只有创新才能促进中华民族的伟大复兴，实现百年来的"中国梦"。

　　第三，信息技术的发展正在引起一场教育革命。教育的信息化为学生自主学习、个性化学习提供了新的学习环境。教师已经不是知识的唯

---

* 　原载《中国教育报》2013年5月15日。

一载体，也不再是知识的权威，学生可以从多种渠道获得信息和知识。教师的主导作用主要体现在为每个学生设计优良的学习环境，指导学生获取有用信息的策略和方法，帮助学生解决成长中的困难。教师应成为学生学习的设计者、指导者、帮助者和学习伙伴。

第四，儿童青少年的思想、行为有了许多新的时代特点，一方面思想开放、敢想敢干；另一方面以自我为中心、缺乏责任感。加强学生的思想品德教育成为当今教育的重中之重。

以上这些时代的特征都对教师提出了更高的要求，教师只有不断学习、不断提高，才能适应时代的要求，为我们社会主义现代化建设培养合格的人才。

党和政府历来重视教师队伍的建设，"教育大计、教师为本"，教师的质量和水平直接关系到儿童青少年的健康成长，关系到人才的培养，关系到国家和民族的未来。《国家中长期教育改革和发展规划纲要（2010—2020年）》把教师队伍建设作为教育发展最重要的保障措施。近几年来，国家对教师培训加大了投入力度，并规定每5年要培训进修一次。国培计划、省培计划、地方校本培训正在轰轰烈烈地开展。我觉得，当前教师培训要注意几个问题。

第一，要以更新教育观念为先导。教师要树立全面发展观、素质教育观，努力造就德智体美全面发展的高素质人才；树立人人成才的观念，面向全体学生，一个也不放弃，促进每个学生成才；树立多样化人才观念，促进个性发展；树立学生主体观念，尊重学生个人选择，发挥学生学习的主动性和积极性。

第二，师德为先。必须重视教师职业理想和职业道德教育，增强教书育人的责任感和使命感；热爱学生，尊重学生，理解学生，善于和学生沟通；坚决杜绝体罚学生、变相体罚学生的反教育行为，不污辱、不歧视学生，公平地对待每一个学生；建立民主、平等、和谐的师生关系，用教师的人格魅力影响学生。

第三，能力为重。教师培训要以提高教师教书育人的能力为重点。培训要结合教师提出的实际需要，联系教育教学实际。要改变培训模式，改变培训老师滔滔地讲、学员静静地听的模式，增加案例教学，培训老师和学员共同讨论；把集体脱产培训和校本培训结合起来，在实践中一面学习，一面反思，学思结合，知行统一，改变培训和教育实践两张皮的现象。特别要警惕，不要像过去那样，把教师培训变成提高教师应试能力的训练场。

第四，要培养教师终身学习的意识和习惯。当今科学文化知识日新月异，教育者先要受教育，教师只有不断学习、终身学习才能满足学生渴求新知识的需求。同时只有通过终身学习，才能提高自身的文化素养。总之，在当今时代，人人都是学习者，教师应成为终身学习的典范，做到"学为人师，行为世范"。

为提高教师的综合素养服务[*]

转眼间《中国教师报》创刊已10年了，我首先要祝贺它，祝贺它为广大教师提供了丰富的精神食粮。常言道"创业维艰"，在当今教育报刊群英汇集的年代，要办出特色，谈何容易？《中国教师报》却脱颖而出，受到广大教师的欢迎，订户超过了许多大报。为什么《中国教师报》能够取得如此大的成功？我想，主要是办报的定位准确，瞄准了广大教师的实际需要，贴近教师的工作实际和现实生活，没有官话、没有教条，有的是优秀教师的经验、普通教师的体悟、教育教学的故事、校外生活的趣事，内容生动活泼，富有生活气息。

《中国教师报》取得如此巨大的成绩，与报社同人的努力分不开。他们能想教师之所想，写教师所想说的事；他们能走进教师中，体会教师之疾苦，反映教师的心声。我要向报社的同人们致贺、致敬！

当前我国教育已经处在新的转折点上。在党和政府的重视和关心下，达到了所有孩子都有学上的目标，现在是要让每个孩子都能上好学，上有良好质量的学。要实现这个转变，除了要均衡配置教育资源、促进教育公平外，关键是要提高教育质量，要办好每一所学校、教好每一个学生。

---

* 本文为作者祝贺《中国教师报》创刊十周年所撰。

要做到这一点，就要有高水平的校长和老师。校长首先要端正自己的思想，摆正自己的位置，要时时刻刻想着如何把学校办好，要走进教室、走进教师中、走进学生中，了解他们的思想、他们的工作、他们的生活，用先进的理念凝聚教师队伍，为提高质量而努力。

　　教师是学校的主体，首先要认识教师职业的意义和特点。教师这个职业不同于一般谋生的职业，教育是一种关系到我们子孙后代的幸福、民族未来的事业，教师工作是需要有点献身精神的职业。教育是传承文化、创新知识、培养人才的活动。教师就要有渊博的文化科学知识、创新的意识和能力、教书育人的技能和艺术。所以，教师专业化发展已经成为教师的口头禅。我总觉得，教师的发展不能只局限在教师的专业上，更多地要放在提高本身的修养上，有了较高的文化修养，就会悟出教育的真谛，萌发教育的智慧，创造教育的艺术。

　　《中国教师报》为提高教师的综合素养服务。它是教师的家园，它为广大教师提供广阔的园地，可以让教师在这个园地上自由耕耘，寻找自己所需要的养料，抒发自己的感情。我希望《中国教师报》多关心教师的工作和生活，特别是农村和贫困地区的教师，帮助他们解决工作和生活上的困惑。我希望报纸办得更生动活泼、丰富多彩，不仅有教师的声音，还有学生的声音、家长的声音，把《中国教师报》办成百鸟齐鸣、百花盛开的教育百花园。

《小学教师专业标准》基本精神[*]

　　小学教育是一个人一生发展的重要阶段，小学教师的质量关系到学生一生的成长，关系到亿万家庭的希望，更关系到国家的未来。20世纪80年代以来，通过明确教师专业标准来凸显教师职业的专业性、推进教师专业化进程，成为世界许多先进国家提高教师质量的共同战略，中国也不例外。2012年2月10日，我国《小学教师专业标准》（以下简称《专业标准》）正式颁布，它明确了一名合格小学教师的道德坐标、知识坐标与能力坐标，对小学教师的基本素养和要求进行了细致、专业的梳理和规范，这是我国教师专业化进程中的一个重要里程碑。既顺应了国际教师专业化的趋势，又有利于保证我国小学教师的专业地位，提升小学教师的专业素质，推进我国教师队伍的法制化建设。

　　我国虽然是首次制定《专业标准》，不过在此之前，已存在一些与此相关或部分内容相近的法律或规范。如1994年颁布的《中华人民共和国教师法》在法律上第一次确认了教师的专业地位，还有《中小学教师职业道德规范》，规范了教师的职业行为，这些法律规范为制定《专业标准》提供了法律法规依据。《专业标准》也是落实《国家中长期教育改革与发展规划纲要（2010—2020年）》中关于教师队伍建设的内容的

---

*　原载《基础教育改革动态》2012年第3期，原题《〈小学教师专业标准〉说明》。

重要举措。

为了帮助广大小学老师理解《专业标准》，这里对《专业标准》的基本精神做一些解读。《专业标准》是受教育部委托由教育部教师教育教学指导委员会组织专家制定的。制定过程经过了多年的酝酿和讨论，召开了各种座谈会和研讨会，征求了一线小学教师的意见，听取了小学教育专业专家的建议，参考了几个教育发达国家对教师专业化的要求，经过反复讨论修改而成。可以说，这是小学教育工作者多年经验的总结，集体智慧的结晶。

《专业标准》由基本理念、基本内容、实施建议三个部分组成。基本理念是精神，是指导思想；基本内容是核心，是对教师最基本的要求。

《专业标准》的基本理念是十六个字四句话：师德为先、学生为本、能力为重、终身学习。《专业标准》的基本内容由三级指标体系构成：第一级指标体系分为三个维度，即专业理念与师德、专业知识、专业能力；第二级指标体系为领域，分别规定了各个维度所包含的领域，共有十三个；第三级指标体系为基本要求，分别规定了每个领域内的若干项具体要求，共有六十项。

《专业标准》旨在进一步强调小学教师从业准则的规范性和科学性。既继承了我国原有小学教师职业的规范要求，又在具体内容上与时俱进地进行了修订、改进和发展。其主要特点体现为科学性、规范性、基础性、时代性、实践性等五方面。

《专业标准》有以下特点。

第一，强调对教师专业的理解和认识。教师对教育工作要有正确的认识，要热爱教育事业、热爱学生。教师不是一般谋生的职业，而是一种需要有点献身精神的事业，它关系到儿童的未来、国家的命运。小学教师要认识小学年龄段儿童的特点，懂得教育规律和学生成长的规律，并尊重这些规律给学生提供适合他的教育。小学年龄段是儿童成长最快的阶段，小学高年级的学生与低年级学生差异很大，要注意这种差异。但总体上讲，小学是打基础的教育，主要是养成教育。要养成良好的学习习惯、生活习惯，养成学会学习、学会做事、学会与同伴相处的能力。

第二，强调教师要了解有关教育法律、政策，了解党的教育方针，明确培养什么人、怎么培养人的重大问题。了解《教育法》《教师法》《儿童权利公约》《未成年人保护法》等法律法规。教师的责任是向学生传授科学文化知识。当前要认真学习《国家中长期教育改革和发展规划纲要（2010—2020年）》，这个规划纲要既阐明宏观的教育方针，又具体地提出对人才培养模式的改革和教育教学的要求。它是指导教师工作的指南。

第三，强调师德，把师德放在专业标准的首位，列入第一级指标体系的标题中。强调老师要爱岗敬业，"没有爱就没有教育"。我们的老师总体上说都是热爱学生的，但许多教师并不知道什么是真正的爱。前几天，有一所学校一位老师因为学生没有完成作业，就打学生的耳光，她认为这是爱学生，是教学认真的表现，但她不知道这伤害了学生的身心，损害了学生的人格，对学生成长有极不利的影响。有些教师认为爱学生就是盯着学生的成绩，而不顾学生人格的成长。真正的爱应该表现在：其一，相信学生，相信每个学生都愿意学习，都能成才。其二，了解学生的需要，学生有学习的需要，有玩儿的需要，有交友的需要，有人格和尊严被尊重的需要，有表现自己才能的需要；要理解他们的想法，他们有时会犯错误，有时学习会有起伏，要了解其中的原因，不要随便批评。其三，要善于和学生沟通，这就需要平等对待学生，平等了，学生才能对你讲心里话。为什么孩子到10来岁就不愿意和父母、老师交流？就是因为不平等，他认为你们是大人，说话总是对的，总是教训人，不能倾听孩子的诉说。因此，老师要学会倾听。

前几年，《中国教育报》上刊登了一张照片，照片说明是某校夏令营把学生分成三等：优等生为上士，中等生为中士，所谓差生是下士。上士吃饭，三菜一汤，还有代表他身份的一杯红酒；中士吃两菜一汤；下士站在一旁侍候上士，等上士吃完饭，收拾好餐具以后才能吃饭。这是对所谓差生极大的人格污辱。这就是师德问题。国家明令禁止体罚，但老师的暴力事件时有发生。体罚是有形的暴力，语言伤人却是无形的暴力，对孩子的伤害更大。学生最不喜欢的是说话损人的老师、不公平的老师。因此，《专业标准》中特别要求"不讽刺、挖苦、歧视小学生"。

第四，突出儿童本位。其一，对教师能力的要求处处体现"学生为本"的理念。如给不同的学生提供适合他的教育，要求"制定小学生个体教育教学方案""发现和赏识每一个小学生""引导学生进行积极的自我评价"等。其二，关注小学教育的独特性。小学儿童从6~12岁，跨度很大，需要根据不同的年龄段采用不同的教育方法。小学教师不仅是学科知识的传授者，而且是学生活动的组织者、指导者。小学教师常常要做班主任，要能够结合儿童身心特点和发展需要设计丰富的活动，进而促进儿童全面发展。其三，对教师能力的要求尽可能跟上时代发展的新需要，如要求教师"帮助小学生建立良好的同伴关系""把现代教育技术手段渗透运用于教学中"，等等。

第五，突出生命教育。要求教师"将保护学生的生命安全放在首位"，尊重学生的人格，尊重学生的个体差异，平等对待每个学生，不要偏爱某些学生。教师要对学生进行生命教育、安全教育，学会热爱、保护生命。教师要主动了解和满足有益于学生身心发展的不同需求，让学生拥有快乐的学校生活。《专业标准》中还提到对小学高年级的学生进行性健康教育，使学生认识性别、尊重异性、了解生理变化、保护隐私，防止性侵犯。

佳木斯十九中张丽莉老师为救学生伤残的英勇事迹，汶川地震时涌现出的舍身救护学生的英雄群体，体现了教师爱护学生生命的天职，为广大教师做出了榜样。

第六，教师要具有全面性、专业性、通识性的知识结构。全面性是指既要掌握所教的学科知识，又要掌握教育专业知识。这涉及师范教育一直争论的学术性与师范性，两者缺一不可。专业性也体现在两个方面，即学科专业和教育专业。对于学科专业，要求教师深入掌握所教学科的学科基本理论、基本体系，学科发展历史，学科发展趋势和前景。通识性指要求教师具有相关学科的知识。理科老师可以学点文学艺术，文科老师也可以读读科普读物。通识性还有利于教师的自我文化修养。

第七，强调教师要掌握具体的教育教学能力，包指教学设计能力、利用各种教育资源能力、应用信息技术能力、组织学生活动能力、表述能力、自我控制能力和团队合作能力等。自我控制的能力尤为重要。教师也有七情六欲，但在学生面前要能控制自己的情绪，不要用自己的情绪影响学生。处理学生中的问题与矛盾也不能情绪化，要冷静、理性地对待。对小学教师还提出写好黑板字、毛笔字、钢笔字的能力。

第八，要努力改进教育教学方法，改变人才培养模式。要以学生为主体，充分发挥学生的主体性和积极性；要保护学生的好奇心和创造性，培养学生的学习兴趣，"没有兴趣就没有学习"，兴趣是学习最强大的动力。兴趣是可以培养的，老师课讲得好会引起学生的学习兴趣，开展某种课外活动会激发学生的学习兴趣；师生关系好，也会激发学生的学习兴趣；鼓励和奖励固然能激发学生的学习兴趣，但更重要的是学生对某门课程自发的内在兴趣。

最近读到一本书，是著名的美国教师雷夫写的《第56号教室的奇迹》。雷夫是一名小学教师，专教小学五年级，他的教室就是第56号，他在那里教了近30年。他从教的学校在一个最底层人群的社区，居民大多是移民，社区里吸毒、赌博、打架斗殴成风，孩子受到很不好的影响。但是经过他的教育，孩子们个个都取得成功，个个都成为社会有用之才。因此，他获得美国"总统国家艺术奖""全美最佳教师奖"以及英国女王颁给的勋章。去年4月他应邀到我国深圳、上海、北京讲学，与中国教师对话。我读了他的书和演讲录，觉得他的经验主要是两条：一条是相信学生，同时得到学生的充分信赖；另一条是组织活动，让学生在活动中充分展现自己。他一开学就让孩子排演莎士比亚的话剧，学生就努力演好自己的角色，这样就培养了他们学习的兴趣、责任心、合作精神。他还组织其他活动，如篮球队等，通过活动培养学生良好的品质。

第九，强调教师自我发展、终身学习，教师要成为建设学习型社会的典范。教师要在工作中不断学习钻研，反思自己的教育教学行为，不断改进、不断提高，成为一名成熟的、优秀的教师。教师要把读书作为工作和生活的一部分，通过读书增进知识，提高自己的文化修养。文化修养提高了，不仅可以提升自己的生活品位，而且能高屋建瓴地理解教育的真谛。

希望更多的校长和教师成为教育家*

"新学校行动研究"提出要让一般意义上的优质学校成为师生向往的理想学校，使优秀校长成为教育家。联系温家宝谈到的要教育家办学，其意义是十分深远的，它将引领中国学校的办学方向、校长和老师的发展方向，从而深刻地影响中国教育的发展。

一、什么是教育家

那么，什么是教育家呢？我认为，一名教师，热爱教育事业，长期从事教育工作，做出了优异的成绩，并且对教育有研究，有自己的教育思想和先进理念，形成了自己的教育风格，在教育界有一定的影响，就可以称为教育家。教育家首先要有高尚的思想境界，有为每一个孩子的一生负责、为每一个家庭负责、为国家和民族的未来负责、为整个社会负责的高度责任感。这是教育家办学的出发点和终极目的。蔡元培、张伯苓、陶行知等人之所以成为教育家，之所以伟大，就是因为他们是为实现"教育救国"的梦想办学校、办教育，是以育人为目的。

当今的一些名校，它们对自己学校的定位就显示了它们的高度。如

* 原载《人民教育》2010年第Z2期。

北京十一学校的定位是"创造适合学生发展的教育，将十一学生塑造成为值得信任的卓越的品牌，把十一学校建设成为一所受人尊敬的伟大的学校"。这个学校的培养目标是，十一学生应该是志存高远、诚信笃志、行为规范、思想活跃、勇于实践、敢于创新的民族脊梁和社会栋梁。又如上海中学在整体构建学校课程时，把握的几个基本立足点是，关注学生的社会责任、志存高远、意志磨炼与文化认同。这就是教育家对学校的正确定位，这才是教育家应有的胸怀和眼界。

为什么这么说呢？因为教育是民族振兴、社会发展的基石。"教育者，根本之事业，基于今日而期于将来也。"培养有人格、有良知的公民，培养全面发展的人才，通过教育来改造社会，来强国富民，在任何国家任何时候，都是教育家的理想，也是教育家的责任。

教育的目的，不是为了考试分数，不是为了取得多么高的升学率和几个荣誉称号，而是充分挖掘学生的潜能，让学生的创造力得到充分的发挥，为国家培养合格的公民和栋梁之材。北京十一学校在引导学生进行职业规划与人生规划时，突出日常规范的自主管理，培养学生的自律意识；鼓励独立思考，培养有独特想法的学生；要求诚信做人，让每一个学生成为值得信任的卓越人才；启发学生确立远大目标，立志成为某一领域的杰出人才。他们没有立足于分数来培养学生，他们是带着教育家的理想来开展教育实践活动的，是高瞻远瞩的。所以，只有教育家才能够真正地站在国家和民族的高度，才能真正地为每一个学生和家庭负责，才能真正把学校办好。伟大的学校应该是一所教育者品格崇高、才识卓越、业务精湛的学校。

二、书斋里不会产生教育家

教育家不是从书斋里走出来的，教育家只能从教育实践中产生出来。教育家除了要有自己的教育理想和教育理念，还必须亲身参加教育实践。否则，自己的教育理念再高明，教育理想再宏伟，构建的教育理论体系再完善，也只能是一纸空文。只有拥有自己的教育理想，并且在实践中确实实现了自己的教育理想的人，才能真正成为教育家，才能被称为教育家。我国的蔡元培、陶行知、张伯苓是这样，捷克的夸美纽斯、苏联的苏霍姆林斯基等也是这样。

北京十一学校李希贵校长就是一个既有自己的教育理想，又勇于将教育理想付诸实践的人。他领衔的"新学校行动研究"项目提出，"把我们的行动拿出来研究，把研究的成果转化成我们的行动"。他们这个课题不是研究理论，而是研究行动；他们不搞坐而论道，而是要站起来立即行动。他不仅在自己的十一学校实践，而且把参加这项研究的每一个学校、每一个校长的实践作为他们的研究对象，他们通过对参与者所在学校及相关实验学校的测量、透视、诊断、追踪和对比，分析、研究、解决学校中课程、学生、制度、文化、教师和校长中存在的问题，努力构建理想学校的模式。这是走向理想学校的正道，也是走向教育家的正道。

一个教育者，只有投身教育的实践中，亲身接触学生，生活在学生中间，才能透彻了解当下的教育状态，才能产生对教育的正确而深刻的思考。如上海中学正在做的构建实验性、示范性高中学校课程的探索，这是一个系统性、开放性、长期性、螺旋式上升的工程，学校课程图谱需要在实践中不断发展、修改、补充、完善；它的"创新素养培育项目"课程，也必须在实践中一步步检验。试想，一个远离教育一线的教育者，没有亲身追踪实验课程的运行，没有与学生近距离地接触与了解，怎么可能细微地了解各个项目中存在的问题与缺陷？如何能让教育通过完善的课程设置来实现它的本质？学校的竞争力来自课程，教师的品牌在于教学。理想学校一定要有属于自己的课程，课程改变学校才会改变，课程有特色学校才会有特色。而这些只有在教育教学第一线的人手中才能完成。所以，当一名校长能从教育实践中贡献几个有经典意义的教育案例，他差不多也就成为教育家了，而一直在书斋中脱离实际地潜心研究教育理论的人是不可能进入教育家行列的。当然不是说教育不需要理论，教育理论也是从实践中产生的。一名教师或校长在教育实践中发现问题，经过反复实践研究，上升为理论，才有普遍的意义，否则只能是一种经验。因此，光凭经验或教龄的自然增长也是成不了教育家的。

三、教育必须从大处着眼，小处入手

生活即教育，教育即生活。教育的目的就体现在教育的过程之中，就完成在学生当下的生活过程之中。教育并不是每天做一些惊天动地的大事，不是热火朝天地盖大楼，也不是轰轰烈烈地搞改革，而是从大处着眼，从细微处入手，从生活的一点一滴中对学生进行知识的积累、人格的培养。20世纪20年代我国著名的春晖中学建校伊始，校风即概括为"人格自尊，行为自律，学习自主，生活自理"，其全面发展的教育原则与办学理念与我们现在提倡的素质教育是完全吻合的。

现在，我们一些学校在学生自我管理、变他律为自律方面做得很好。如北京十一学校"学校文化二十条"中的主体性教育，提倡"学生能做的，老师不要包办"。他们定期发布"机会榜"，引导学生参与管理，激发学生的奇思妙想；开发学校商业圈课程，在实战中催生学生的创意等。十一学校把学校大大小小的事情尽量交给学生，让学生参与到学校的管理之中，使学生在参与管理的过程中增长实际才干。此外，他们还注重对学生健全人格的培养，如教育学生尊重别人，"学会妥协，接纳别人的想法"等；如教育教学工作调查问卷的设计别具匠心，设计的十条问题全是对老师的正向评论，这样，无形中引导学生学会用尊重的、正面的眼光来看待教师，而不是养成学生挑剔苛责别人的习惯。学校充分认识到，评价最重要的目的是促进评价对象的进步，它的评价体系充分体现了教育的真谛。

山东高密一中秉承"让每一粒金子都闪闪发光"的理念，建设民主的校园，让学生担任校园文化设计师，让学生审议学校的管理制度，举办多元文化的艺术节，将教育的目的在一些微小的事中实现。一位学生给母校写信说："感谢母校开展的那些红红火火的文化活动，现在看来，面对文化多元、崇尚创造、竞争生存的时代，学校的这些文化活动，无疑给我们奠定了良好的基础和素质，让我们受益终身。"学校的文化活动，仅仅是学校生活中的一部分，学生参加的可能只是一点小事，却能给学生带来长远而深刻的影响。

跛行的教育是走不远的。春晖中学的创办者经亨颐在日记中写道："欲养成学生为社会有用之人，不患无职业，而患无人格。"春晖中学现在继承了这种传统。

这些学校的具体实践证明，将教育贯穿在生活的一点一滴、一言一行中，才能培养出真正的人才，教育应当"为学"与"做人"并重。所谓从大处着眼，就是从"育人"高处着眼。从"育人"着眼，做的事再小，也是教育；反之，做的事再大，也不是教育。所以，我常说："学校建设在细微处，学生成长在活动中。"做到了这一点，离教育家就不远了。

《人民教育》开辟"新学校行动研究"专辑，介绍一些优质学校走向理想学校，讨论一位名师、名校长走向教育家的道路，十分有意义。我国有许多优质学校，如何进一步提高，办成让学生满意、家长满意、老师满意、社会满意的理想学校；我们有许多名师，如何使他们成为教育家，是我们全社会的责任，我们要为他们提供成长的沃土。

师德：教师的灵魂[*]

最近教育部发布了有关教师职业道德建设的文件：《教育部关于建立健全中小学师德建设长效机制的意见》（以下简称《意见》）、《中小学教师职业道德行为处理办法（试行）》（以下简称《办法》）。这是贯彻落实《国家中长期教育改革和发展规划纲要（2010—2020年）》要求，加强教师队伍建设的重要举措，应该认真学习和贯彻。

教师工作是神圣的职业，说它神圣，是因为教师工作不是一般谋生的职业，是培养人的心灵的职业，是关系到儿童的成长、家庭的幸福、民族的未来的事业。教师责任重大，对儿童个体来讲，关系到他（她）的一生；对家庭来讲，一个孩子的成功，关系到一个家庭的幸福；对中华民族来讲，只有我们年青一代的健壮成长，才能实现中华民族伟大复兴的梦想。因此，传承文化，培养人才，使我们的下一代健康成长，是教师的天职，教师要有奉献的精神。

教师职业的神圣还在于它是用高尚的品德、博学的知识去感染学生。学生总是把老师看作最高尚的人、最可信赖的人，是自己学习的榜样。因此，教师是用自己的知识魅力和人格魅力影响学生，师德是教师的灵魂。

我国有1 200多万幼儿园和中小学教师辛勤劳动在教育一线的岗位

---

* 写于2013年12月27日。

上，他们敬业爱生，为人师表，为普及教育和下一代的成长做出了巨大贡献，值得全社会尊重。

但是，在教育现实中违背师德的事情也时有发生。有的老师为了个人的名利，不认真教学，而是进行有偿补课；有的老师歧视所谓"后进生"；有的老师用暴力对待学生；有的老师用语言伤害学生的自尊心，等等。这些事件不仅损害了教师的形象，而且直接伤害了学生。我把它叫作"反教育行为"。教育的本质是育人，使儿童青少年健康成长。"反教育行为"却违背了教育的本质，严重伤害儿童青少年的成长，因此我们应该坚决地反对。

关于师德教育，社会呼声很高。但不应停留在呼吁上、口号上，要在制度建设上下功夫。教育部发布的《意见》和《办法》就是从制度上加强师德建设，用法令来规范教师的行为。

教师在师德上有错失，有的是对教育事业缺乏热情；有的是对教师的神圣职业缺乏认识；有的是缺乏教书育人的能力，观念陈旧、方法落后；有的是名利驱动，知法不依。

因此，《意见》中强调，把师德教育纳入教师教育课程中，树立师范生远大职业理想；加强师德宣传，营造尊师重教社会氛围；严格师德考核，促进教师自觉加强师德修养；强化师德监督，有效防止失德行为；突出师德激励，促进形成重德养德良好风气；规范师德惩处，坚决遏制失德行为蔓延等。从师德教育入手，建立师德考核、奖励、惩戒制度。《办法》则具体罗列了违反师德的十二种行为表现，并提出了处罚规则。这两个文件不仅让广大教师认识到师德的重要，也明确了哪些是违反师德的行为，使他们能够在平时教育活动中规范自己的行为，提高师德修养，在培养人才上做出应有的贡献。

我希望每个教师都要认真学习这两个文件，加强师德修养，切不能让文件只停留在教育局局长的办公桌上。

教师发展，师德先行[*]

——答《思想政治工作研究》问

一、教育大计，教师为本。胡锦涛在全国教育工作会议上的讲话中指出："教育事业发展的关键是教师。"《国家中长期教育改革和发展规划纲要（2010—2020年）》中指出提高教育质量是今后教育发展的重要任务。提高教育质量，就要依靠教师。没有一支高质量的教师队伍，就不可能有高质量的教育，也就不可能建设人力资源强国。而师德是教师必须具有的品德。我国古代教育家韩愈说："师者，所以传道受业解惑也。"教师的职责是育人。因此，教师本身要有高尚的品德、渊博的知识、授业的技能。特别是在当今市场经济的冲击下，有些教师不是不能教，而是不好好教。最近我就遇到几位家长反映，有的老师不认真讲课，而让学生去上补习班，这就是师德问题；有的教师不热爱教育工作，不热爱学生，不尽心尽职地教育学生，这不就是师德问题吗？我国1 200多万名教师，在学历上已经基本上达到合格教师的要求，问题在于是不是都具有为人师表的师德，是不是都忠诚于教育事业、热爱学生、尽心尽职地教书育人！因此，加强教师队伍的师德建设比教师的业

务水平的提高更重要、更迫切。

二、师德既包含着每个公民都应具备的思想品德，也包含着教师的职业道德。职业道德应具有职业的特点，例如医生的职业道德就是"救死扶伤"。教师的职业道德可以概括为"敬业爱生"。敬业，就是热爱教育事业，钻研和遵循教育规律，不断提高教育教学水平。爱生，就是热爱每个学生，相信每个学生，帮助每个学生，使每个学生都能生动、活泼地发展。当然教师还要遵守教育工作者应有的道德规范和行为规则。教师的职责是育人，学为人师，行为世范，他要用自己的知识（智慧）魅力、人格魅力去影响学生。因此，教师要有比常人更高的思想境界和品德修养。

三、《中小学教师职业道德规范》提出了六条标准，基本上构成了师德的要求。爱国守法，这是每个公民必须具备的道德品质；爱岗敬业、关爱学生，是我在上面说到的"敬业爱生"，是教师职业道德的核心；教书育人、为人师表，这是敬业爱生的延伸，是教师职业工作的基本要求；终身学习，是教师不断提高的主要途径。如果能够做到这几点，就是一位很优秀的教师了。

四、前面讲到，每一种职业，都有自己的职业道德，如医生的"救死扶伤"。为什么当今社会对教师的职业道德如此关注呢？我想有这么几个原因：一是教师的职业道德不仅关系到一件具体的事情。例如，银行职员不尽心，可能会给客户造成经济损失；导游缺乏职业道德，会使游客不愉快，这都只关系到一些具体的事件。而教师的职业道德关系到孩子的一生。有些家长就反映，某某教师对自己的孩子有偏见，影响到孩子的学习、脾气和性格。可见教师的责任重大。二是确实有些教师缺乏应有的职业道德，乱收费、歧视学生、体罚或变相体罚学生等现象时有发生。特别是近些年来，学校受到市场经济的冲击，功利主义、金钱主义在学校中、在教师身上也有反映。学校本来是最神圣的地方，教师工作是最神圣的职业，但出现了以上情况，不能不引起全社会的关注。

五、师德规范如何从外在的行为约束转化为教师的内心追求？这就要全社会来努力。全社会都要树立尊师重教的社会风尚，使教师工作真正成为全社会都羡慕的职业。教师有了尊严感、荣誉感，他就会把师德规范的外在要求转化为内心追求。可是当今社会，在口头上都承认教师工作是崇高的职业，但实际上教师的地位没有得到应有的重视。社会尊重的是科学家、艺术家、企业家，却很少提到教育家。许多家长都想把孩子送到最好的老师那里上学，但很少有家长愿意把孩子送去读师范。为什么？教师远非社会羡慕的职业。我们教师队伍中确有一大批教师把教育作为自己毕生的事业，不断钻研，追求卓越。这是我国教师队伍中的骨干，是我国教育事业兴旺的智力支撑。社会要重视他们，尊重他们。

六、如何评价师德？这确是一个很难科学量化的问题。但学生心里有一本账、家长心里有一本账。在评价教师师德时要多听听学生和家长的意见。至于如何建立师德评价制度，我想各地可以试点。湖南省推出学校智能绩效考核管理系统，这是一个很好的尝试。希望他们取得经验，不断完善，加以推广。

我总认为，任何改革一开始都不是十分完善的，争论议论是好事，可以使改革更完善。但态度要积极，不要一有改革先质疑、先否定。没有改革，何来进步？因此，对改革，只要方向没有错，就要支持，然后提出改进意见。同时也要允许失败，采取一种宽容的态度，才能创新。

七、有了高尚的师德，也就超越了底线道德。师德和公民常规道德是不矛盾的。一开头我就说师德包含着公民应有的思想品德。所以无须找什么平衡点。

教学方式的一场变革*

去年（2011年——编者）11月28日我到广西玉林参加了"有效教学"现场会，听了几节课。课堂上学生渴求知识的热情、积极主动的学习，师生的互动配合，整个课堂生动活泼的气氛，吸引了来自各地的与会者，他们异口同声地说："'有效教学'确实有效。"我也为之感动，我在想，如果我们的学生都能这样主动地学习，我们老师都能这样主动地研讨，我们的教育质量怎么能不提高？现在很多地方都在推广"有效教学"。过去我不太了解"有效教学"，这次听了孟照彬教授的介绍以及他对老师的培训和要求，才了解到"有效教学"不仅有先进的教育理念做指导，而且对老师有一套严格的程序要求，按照程序进行教学，就能激发学生学习的热情，把学习和思考结合起来，不仅掌握知识，而且发展能力、培养感情。

"有效教学"的有效关键在哪里？在于它的先进理念，它强调以学生为主体，充分发挥学生在学习中的积极性、主动性。我记得，早在1980年，我就提出："学生既是教育的客体，又是教育的主体。"当时引起了教育界的争议。有人质疑，学生是主体，教师的主导作用还要不

---

* 写于2012年5月20日。

要？我说，教师的主导作用当然要，而教师的主导作用恰恰就在于启发学生的主体性。玉林那次课堂上老师出了一道题，把学生分成六个小组讨论，对这道题做逻辑思考，一步一步地画成一棵树。全班六个小组就有六棵树，每个小组派一名代表出来向全班同学解释这个"知识树"，各组互相补充，这个知识之树就茂盛起来。学生讨论之热烈、讲解之热情，使我印象很深，一改过去课堂教学"老师滔滔地讲，学生静静地听"的沉闷局面。这种学习方法，通过思考使学生不仅掌握了知识，而且发展了思维能力。

"有效教学"能够有效实施，关键还在于教师。教师要转变观念，要克服教师权威的思想，相信学生，相信学生有思维力、有创造力。特别是在当今时代，教师已经不是知识的唯一载体，学生可以从电视、网络及各种媒体上获取知识。教师的作用正在发生变化，即由过去的单向地向学生传授知识，转变为指导学生自主获取知识，指导学生之间的讨论，开展师生之间的互动。已有专家预测，未来的教学，可能听课主要在网络上，然后回到学校教室展开讨论。教室已经不是教师讲课的地方，而是教师领导学生讨论的地方。当然这种教学形式更适合高中和高等学校。但这也说明，随着信息化的加强，教学形式和方法必然会变革。

同时，时代不同了，教学目标也有了变化。传统教学只是单纯地传授知识，现代教学更要培养学生的能力，发展学生的情感，树立正确的价值观。因此，光靠教师的讲授是无法达到这样的目标的，只有引导学生自己去探究，自己去体悟。

教师观念转变是一个痛苦的过程。过去习惯于备好课以后讲课，现在要启发学生思考、组织学生讨论，就不是简单地研究教材的重点和难点，还要研究学生的知识水平和认知过程，要进行精密的教学设计。这就要求教师付出更多的劳动、更多的思考。因此，在教学改革中往往出现初试即止的现象。有些教师在改革中遇到困难，就会退缩，回到老路。所以，贵在坚持，不断地克服困难，不断地向前推进。改革成功，教师就会有成就感，就会激发起教改热情，同时不断提高自己的业务水平。

推进"有效教学"需要教育部门的支持。玉林教育局在普及义务教育过程中重视教育质量，到全国各地求经，终于在云南昆明找到了孟照彬教授有关"有效教学"的真经，坚持在全区推广，不怕困难，坚定不移，至今已有7年的时间，现在到了收获的季节，真是很不容易。玉林本是一个贫困地区，教师的学历普遍不高，但经过这几年的"有效教学"改革，教师的面貌一新。我们看到教师和学生的互动、教师之间讨论教学的那股热情，感到这是一支生气勃勃的教师队伍，是玉林教育的希望所在。

当前我国教育正处在一个由数量发展到质量提高的转变时期。深化教育改革、提高教育质量，是实施教育公平、巩固义务教育成果的主要途径。要使每个学生享受有质量的教育，才能谈得上教育公平。修订后的《义务教育法》实施以后，解决了所有学龄儿童有学上的问题，现在是要解决上好学的问题。现在农村辍学率还很高。辍学的原因主要已经不是经济问题，更多的是教育质量问题。学生学不懂、学不会，产生厌学情绪，家长也认为不如去打工挣钱，于是让孩子辍学。因此，只有提高教育质量，才能巩固义务教育的成果。要提高教育质量，就要实行教育教学改革。同时，在教育教学改革过程中提高教师的业务水平，巩固农村教师队伍建设。

《国家中长期教育改革和发展规划纲要（2010—2020年）》中提出，要办好每一所学校，教好每一个学生。要教好每一个学生，就要上好每一节课，每一节课都能让学生学懂、学会。这样不仅使学生牢固地掌握知识、发展能力，而且可以减轻学生的课外作业负担，使学生有时间思考、有时间参加社会实践、有时间参加自己喜爱的科技文化体育活动。这也是推进素质教育的要求。

因此，实施"有效教学"，从微观上讲，提高了教学质量，提高了学生学习效果；从宏观上讲，确是提高地区整体教育水平、加强教师队伍建设、巩固义务教育成果、推进素质教育、促进教育公平的有效举措。

在教学中怎样正确运用信息技术[*]

信息技术的发展及在教学中的运用，正在引起一场教学革命。它正在改变教学环境和教学形态以及师生关系，为个别化教学、个性化学习提供了有益的平台。

众所周知，传统的教学是以课堂为主、教师为主、课本为主。虽然以杜威为代表的现代教育派曾经批判传统教育，提出以儿童为中心、以儿童兴趣为主、以儿童的活动为主的主张，但是在当时的技术条件下，教学仍然离不开课堂、离不开老师、离不开课本。在当今信息化时代，情况就大不相同了。信息无处不在，学生可以通过各种媒体获得大量信息。现在两岁的幼儿就会摆弄平板电脑，从游戏中获取各种知识。互联网把信息传播到世界每一个角落。当我们许多学校还在禁止学生把手机带进学校的时候，手机上已经可以下载各种课程。面对像潮水一样滚滚涌来的信息，我们怎么办？

首先教师要转变角色。在信息化社会，教师已经不是唯一的知识载体，也不再是知识的权威。学生可以通过各种媒体获得知识。那么，教师的作用何在？教师要用信息技术为每个学生设计适合于他个性化发展的学习环境；教师要指导学生在信息海洋中采取正确的策略和方法，收

---

* 原载《新教师》2013年第10期。

集和处理有益的信息，而不至于迷失方向；教师要帮助学生克服学习中的困难。因此，教师应当成为学生学习的设计者、指导者、帮助者。

教学要以学生为主体。在信息化时代，教学正在由以教师为主导的教学转变为基于学生学习的教学。信息化的最大特点是个性化和网络化。信息技术在教学中的运用，就要抓住这个特点，为学生个性化学习设计良好的环境，通过互联网与学生沟通、与家长沟通。同时，利用大数据的方法，收集学生学习信息，了解学生学习的情况和困难，及时帮助解决。

当前许多教师把使用电脑编制课件作为运用信息技术改进教学的方法。实际上，制作课件只是信息技术最初步的运用，远远没有发挥信息化的真正功能。学校应该建立互联网的服务站，做到班班通、家家通，为全校师生、家长互相沟通、互相了解、互相支持创造条件。

教师上课使用课件要适当。课件固然有它的优势，它能够把事物生动、活泼地展示给学生。它可以把宏观的东西缩小，把微观的事物放大，把抽象的符号变为具体的事物，让学生直观地感知，可以通过画面、动漫引起学生的兴趣。但是，如果运用不当，仍然会陷入教师的独家表演。学生与课件是一种人机的关系，只有教师参与其中，才体现出人与人的交流。课件往往有以下几点局限性：第一，它会束缚教师的思维。课堂教学常常千变万化，学生学习过程中会产生不可预见的情况。而课件一旦制作完成，往往具有固定性，遇到课堂中的变化难以即时调整，缺乏灵活性。第二，缺乏人情交流。例如，课件里有一个圆，学生的感知就是一个圆。如果教师在黑板上一笔画出一个漂亮的圆，学生会感到惊奇，会有一种与教师情感上的交流。第三，压缩了学生思考的时间。一个概念出现在课件上，学生的感知往往一带而过。如果教师在黑板上把一个概念慢慢地写出来，学生会一面感知一面思考。因此，我认为，教师使用课件要适当，要根据信息技术的特点，选择自己无法表达或者能够帮助自己更有效表达的内容。虽然教师已经不是唯一的知识载体，但教师毕竟闻道在先，应该在课堂上显示自己的知识魅力和人格魅力。

今天，平板电脑已经逐渐走向课堂。据报道，荷兰已经有11所学校运用平板电脑数字化上课，不再使用纸质教材，他们认为这是将来发展的趋势。我国也有一些学校开始试用电子书包。我观看了几堂运用平板电脑的课，感到学生对平板电脑教学有极大的兴趣，教师可以与学生互动，及时了解学生学习的情况。但是我同时感到，这也是缺乏个性的学习，学生只是在平板电脑上选择老师设计好的答案，无法反映学生的个性思维。运用平板电脑上课，如何发挥信息化所具有的个性化、网络化的特点？还需要在技术上有所突破。现在国外出现一种"翻转式教学模式"。什么叫"翻转式教学"？传统的教学是学生在课堂里听课，回家做作业；"翻转式教学"是在家里网上听课，到学校教室里讨论、做作业，老师给以辅导和帮助。这种教学模式有利于个性化学习。传统教学中老师讲课的进度往往只按照中等水平的学生，这就会使一部分聪慧的学生觉得老师讲得太慢，感到"吃不饱"，而一部分学习吃力的学生又会觉得老师讲得太快，跟不上。如果把课放在网上，学习好的学生可以很快地学完应学的课程，学习吃力的学生可以反复学网上的课程。当然，网上的课程要制作得好，符合学生认知的规律，而且生动活泼，具有趣味性，能够引起学生学习兴趣。我认为可以把"翻转式教学"与传统教学结合起来，老师把课堂讲的课挂到网上，学生在传统课堂上听课，有必要的话回家还可以在网上再听课。这就要求老师把课件做得精当。北京市通过云计算已经把一万节优秀教师的课挂在网上，让学生选阅，这是使用信息化很好的实例，可以把优质教学资源运用网络传播到各个学校。这是扩大优质资源、促进教育公平、提高教育质量的很好方式。

信息技术在教学中的运用，我觉得应该正确处理好"器""技"和

"气"三者的关系。"器"指的是工具，是硬件，即电脑硬件。这是信息技术的基础，它正在日新月异地发展。这是信息技术开发研究的任务。"技"指使用信息技术的技能，包括制作软件和使用软件的能力。对一般老师来讲，主要是掌握使用已有软件的能力。"气"指的是内容及其包含的人文精神，即神气（中国传统文化很看重"气"字，如"气魄""气概""浩然正气"，就是讲一种精神，我这里为了与"器"和"技"一个声韵，所以用了这个"气"字）。教师在运用信息技术时就要着重研究这个"气"字，选择好合适的内容和方式，使它与教师的活动配合起来，真正起到教育的作用。

有些学者认为，随着信息技术在教学中的运用，教师的作用已经消退。这是不正确的。在信息化时代，教师的作用不是消退了，而是加强了。电脑要靠教师去使用，要求教师能够运用信息技术为每个学生设计个性化学习平台；要求教师能指导学生正确采集有益的信息和处理信息，把信息转化为知识和智慧。要知道，信息不等于知识，有益的信息才是知识；知识不等于智慧，需要把知识内化为自己的理念并学会应用学到的知识去解决实际问题，才能成为智慧。培养学生的思维能力和社会能力，光靠"器"和"技"是解决不了的。尤其是教师的人格魅力，是任何机器代替不了的。

信息化条件下的教师角色的变化[*]

20世纪60年代以来，随着计算机技术的快速发展，社会生产发生了重大变化。特别是90年代信息网络的发展，人类进入了信息社会，引起了社会深刻的变革。1993年9月，美国克林顿政府正式提出"信息高速公路"计划，其核心就是推进信息技术在社会各领域的应用，特别是在教育领域中的应用，成为克林顿政府实施面向21世纪教育改革的重要途径。我国从20世纪70年代末80年代初开始引入计算机辅助教学，但到1998年12月24日，国务院批转教育部实施《面向21世纪教育振兴行动计划》，才对以计算机多媒体为核心的现代教育技术的应用提出了明确的要求。2010年颁布的《国家中长期教育改革和发展规划纲要（2010—2020年）》明确提出"加强教育信息基础设施建设"，指出："信息技术对教育发展具有革命性影响，必须予以高度重视。"

信息技术在教育领域的应用，我们通常称之为教育信息化。它包含教育教学的各个方面，主要是通过充分并恰当地利用信息技术及相关信息资源，提高教育的效果、效率和效益，最终培养出适合信息社会发展的人才。教育信息化既包括信息技术在课堂教育教学过程中的应用，也包括信息技术在学校运行与行政管理方面的应用。同时，信息社会要

---

* 写于2012年7月8日。

求改变以往标准化人才的培养方式，更注重个性、创造性和合作精神的培养。

教育信息化引起的教育变革对教师提出了与以往完全不同的要求：

首先，教师已经不再是知识的唯一载体。学生可以通过各种媒体获得信息资源和知识，已经不是光依靠课堂上教师的知识传授。那么，教师起什么作用呢？教师主要是为学生的学习设计适合他的环境；指导学生在信息海洋中选择信息、处理信息的策略和方法，使他们不至于迷失方向；帮助学生解决一些疑难问题。因此，教师的角色必须由传统教育的知识传授者转变为教育的设计者、指导者、帮助者。

其次，信息社会知识更新很快。有学者认为，学生在大学学习的知识，到毕业时已经老化一大半。当然，中小学生学习的主要是最基本的、不易老化的知识，但也要教给学生新的知识，使他们了解知识的发展。但新知识不断涌现，学校教育不可能也没有必要把所有知识教给学生，更重要的是教会学生学习，使他们自己能够获取知识。因此，教师要懂得学生的认知规律，指导学生学习的方法。

再次，教学方式将发生根本性的变化。信息技术在教育中的应用为个性化学习、个别化学习提供了条件。课堂已经不是唯一的学习场所，学生可以利用计算机、网络、远程通信等信息技术随时随地获取知识。教师要善于发现学生学习的兴趣和爱好，设计个性化的学习计划。

课程可以程序化，设计成教育游戏。学生可以像玩游戏机那样对教学中的问题"过五关斩六将"。学懂了，一个概念搞清楚了，或者一个题目解开了，就可以进入下一步学习。如果概念没有搞清楚，或者这个题目解不开，计算机会给你另一个概念或比较容易的题目，这样循序渐进，每一个学生有不同的进度，真正做到因材施教，而且使枯燥的学习变得趣味化、游戏化。

最后，教育信息化是以数字化、网络化、智能化的方式，使得大量丰富的优质教育资源能为全体学习者共享，促进了传统的教学模式发生变化。同时要认识到，信息技术只是手段，其根本目的是促进学生和教师的共同发展，使得现代的教育教学方式从观念到形式再到技术能与信息时代相适应，以培养出适合信息社会需要的人才。因此，教师既要能充分利用信息技术，整合各种教育资源，又要恰当地运用信息技术于教学过程。不能迷信信息技术，毕竟机器代替不了人。师生的情感交流是不可缺少的。有时教师用粉笔在传统的黑板上画一画、写一写可能比用多媒体教具更有效果，因为教师的活动蕴含着人的感情、人文的精神。

总之，信息化正在改变着世界，也在改变着教育。教师要适应这种改变，就需要改变自己，不断学习，发展自己。

做新时代的教师[*]

《新教师》创刊了，祝贺它。《新教师》的名字取得好。新教师可以理解为新时代的教师、具有新观念的教师、有创新精神的教师。总之，落在一个"新"字上。教育大计，教师为本，历代教育都是这么说的。但时代在发展、社会在进步，每个时代对教师的要求都会有所不同。我们今天已经进入了新的时代：知识经济的时代、信息化时代、终身学习的时代。那么，这个时代对教师的要求是什么呢？我想用一个词来概括：专业化。

自从人类进入文明社会以来就有教师的职业，但教师却不是专业人才，只要有知识的人都可以当教师。即使在200多年以前出现师范教育以后，有了专门培养教师的场所，但还称不上专业化。教师专业化的概念到1966年联合国教科文组织发表的《关于教师地位的建议》中才提出来。该建议指出："应把教学工作视为专门的职业，这种职业要求教师经过严格的、持续的学习，获得并保持专门的知识和特别的技术……另外，对于在其负责下的学生的教育和福利，要求教师具有个人和集体的责任感。"对教师专业化的内涵已经说得很明白，用我们本土的话来说，就是既要有渊博的知识、先进的教学技能，又要有高尚的师德。近年

---

* 本文为作者写给《新教师》杂志的创刊词。

来，大家都在议论教育家办学，实际上就是要求有教育专业知识、掌握教育规律和儿童成长规律，而且能够不断创新的教师来办学。

怎样才能成为教育家？著名教育家吕型伟说过三句话：教育是事业，其意义在于奉献；教育是科学，其价值在于求真；教育是艺术，其生命在于创新。我想，一名教师能够做到这三句话，也就是名副其实的教育家了。而关键在于持续地学习。除了有一颗献身于教育事业的心以外，就是要靠持续学习来提高自己的专业水平和思想品德。

关于教师的学习我想多说几句。我总觉得，教师的学习要放得宽一些，不要只限于教材教法的研讨。教师学习大致可以分为以下三个方面：一是提高教学专业水平的学习，掌握学科发展的前沿，了解学科发展的最新知识。二是提高教书育人能力的学习，深入了解教育规律和儿童成长的规律，掌握先进的教育理念，不断改进教育教学方法。三是提高文化素养的学习，学文科的可以学点理科知识，学理科的也可以学点文科知识，甚至喜欢学什么就学什么，即脱离功利的学习，以提高素养，陶冶情操。只有具有较高的文化素养，才有宽广的视野，才能领悟教育的本真、人生的价值，才能有创新，才能成为教育家。教师要不断学习，结合自己的工作实际，把学习和思考结合起来，还要重视经验的总结，最好把学习的心得和总结的经验用文字记录下来。写作的过程就是一种反思的过程、深入学习的过程。

《新教师》杂志为教师学习、总结、交流提供了很好的平台。《新教师》既是一本专业性杂志，服务基础教育，传播先进教育理论，总结优秀教师经验，介绍国际国内教育改革情况；又是一本综合性杂志，反映教师的工作、生活和心声，为教师提供有兴趣的学习资料。因此，希望杂志的编辑深入教育实际，听取教师的意见，反映教师的教育教学工作的经验、学习的心得体会、生活的爱好情趣，组织经验交流，把杂志办成新时代教师的生机勃勃的新园地。

让教师在实践中成长*

《国家中长期教育改革和发展规划纲要（2010—2020年）》把加强教师队伍建设放在保障措施的第一条，说明教师在教育改革和发展中的重要。百年大计，教育为本；教育大计，教师为本。教师的素质和水平关系到教育质量的高低。也可以这样来看，对学生来说，关系到学生的前途；对国家来说，关系到能否培养出社会主义现代化建设的人才。因此，加强教师队伍建设是一刻也不能放松的任务。

当好一名教师是很不容易的，不是有了一定的学历就能当好的，也不是一走上教师工作岗位就能成为一名好教师的。要成为一名好教师，需要不断地锤炼。怎么锤炼？就是要通过学习—实践—反思—再学习—再实践—再反思的过程。

教师首先要认识到教师职业的重要性和特点，教师工作不是一般的谋生的职业，是肩负着学生前途、国家命运的岗位，需要有高度的责任心和献身精神；其次要懂得教育规律、儿童青少年成长的规律；最后要掌握教书育人的技能和方法。这不是在职前师范院校中就能学到的，需要在实践中不断领悟、不断掌握。我当过几年中小学教师，深有体会，开始时对教育教学中发生的问题不知所措，犯过不少错误，逐渐才悟出

---

* 原载《优秀教师成长解码》序，写于2013年2月3日。

一些道理。但即使在今天，也还有许多教育难题破解不了。因此，教师成长是一个不断发展的过程。

现在大家都在说教师成长，国家也投入了大量资金开展教师培训，有国培计划、省培计划等，都十分必要，这是理论学习的过程。但更重要的是要在实践中学习。教师成长要在课堂上、在学生的活动中、在实践中出现的问题里，遇到问题、遇到矛盾，进行学习和反思，长此以往，必然会悟出点道理来。现在有许多优秀教师总结了他们成长的经验，差不多都验证了这一规律。

廖良国老师的《优秀教师成长解码》也是在总结自己成长的经验。我与廖良国老师素不相识，但经积极语言教师陈虹的介绍，我对他有了一些了解。他是革命老区一名普通的乡村小学教师，经过20余年的教育职业历程，成长为特级教师，目前在四川省南江县教研室工作。他热爱教育事业，在十分艰苦的条件下，不断学习、实践、反思、再实践，对教育有了较为深刻的体会，在《教育研究》《中国教育报》等报刊上发表教育教学经验论文百余篇，2009年在四川教育出版社出版了《魅力语文教学》，2011年在陕西人民教育出版社出版了《教育科研成果表达艺术》，今天又有《优秀教师成长解码》一书即将付梓。一名边远地区的乡村教师能有这样对教育的深入思考与践行，实在是难能可贵，我非常钦佩。陈虹老师希望我为该书写几句话。我想说，各位读者一定能在该书中学习到廖良国老师热爱教育事业、关爱学生、卓实坚韧践行、深邃理性思考的精神和成长的经验。

让教师生活在快乐教育中[*]

第29个教师节到了，我向辛勤工作在第一线的老师们致以节日的问候。最近在媒体上读到最美乡村教师的事迹，我激动不已。这些最美的乡村教师在我国最艰苦的边远农村地区，有的为了那里几十个孩子的上学，不辞辛苦，坚守在教育岗位几十年。什么信念让他们这样坚守？是爱，是对孩子的爱，是对家乡的爱，是对民族未来的爱。这样的教师就是我们民族的脊梁。我们要向他们致敬！

可是，我也常常听到，有些教师有职业倦怠。原因是多方面的，升学评价的压力、家长对教师的过高要求、学生的难教、社会对教师的不够尊重等，使得有些教师心情烦躁。对他们的心情我很是理解。但是，这种情绪是需要改变的，也是可以改变的。

首先，在对教师职业的认识上要有所改变。教师职业不是一般谋生的职业，他们从事的是关系到儿童的成长、家庭的幸福、民族的未来的事业，教师责任重大。对儿童个体来讲，关系到他的一生；对家庭来讲，一个孩子的成功，关系到一个家庭的幸福；对中华民族来讲，只有我们年青一代的健康成长，才能实现中华民族伟大复兴的梦想。有了这样的认识，就会把教育作为自己人生的信念，就会像最美乡村教师那样

---

* 原载《现代教育报》序，写于2013年9月9日。

坚守这个信念，遇到困难不动摇。

其次，是要寻找教育的快乐。教育是阳光的事业，儿童在我们的教育下逐渐成长，看到他们的成长，就像看到我们亲手培植的花朵盛开，心中就有一种成就感、愉悦感、满足感。当他们成才以后，你就会为你过去的付出而自豪。

最后，要融入学生的生活中。儿童青少年生气勃勃，如果教师不是高高在上，而是能够融入学生的生活中，与学生同呼吸、相生息，就会感到自己也年轻了许多，和学生一样生活在快乐的教育之中。

总之，教育工作虽然有困难的一面，但总体上是快乐的事业，教师应该能享受到教育的幸福。

当前教师职业倦怠是"应试教育"结下的苦果。为了应付考试，教师不能主动地教，学生不能主动地学，大家陷入考试的苦海中。因此，要让教师享受教育的快乐，就要从"应试教育"的牢笼中解放出来，让学生能够主动地学习、快乐地学习。只有学生能快乐地学习，才有教师快乐的工作、幸福的生活。

教师要读点教育史[*]

非常高兴来参加"西方教育史经典名著译丛"的首发式。首先祝贺两位主编和山东教育出版社成功地编辑和出版了这套丛书,这是教育学术界,也是出版界的一件大事。

大家知道,自有人类以来就有教育。教育是人类社会延续、发展、进步的动力。历代的政治家、思想家都关心年青一代的成长,因此人类自有历史记载以来就有许多思想家、教育家的教育思想和教育经验积累和传承下来。今天的教育,无论怎样创新,总是在前人教育思想、教育经验的基础上发展起来的。因此我在20年前给《教育史研究》杂志写过这样几句话,叫作"研究昨天,理解今天,为了更好的明天;回顾过去,正视现实,走向光明的未来"。我也经常说,搞教育的不了解教育的历史怎么行。但由于语言原因,我们对外国教育发展的历史知之甚少。

今天,从世界范围来讲,世界教育正处在大发展、大变革的时期,教育的国际化、信息化正在教育领域里迅速发展,正在改变教育的生态环境和教育的手段与方式;各种教育思潮奔涌而来,目不暇接。但万变不离其宗,最终是要培养人才。在我国,教育也正处在深化改革时期,

---

* 写于2014年1月3日。

由30多年的高速发展转入到实施教育公平、提高教育质量的轨道上。面对各种教育思潮和新的信息技术，我们如何应对，如何选择？就要吸取历代教育的经验教训。因此要以史为鉴，站在前人的肩膀上，探索新时代的教育规律，创造新的教育经验。因此，我十分主张，我们的教师，特别是中小学教师都要学点教育史，这样，才能有较开阔的视野，有历史的眼光来开创教育的未来，创造新的经验。

党的十八届三中全会刚刚开过，对教育改革提出了明确的要求，核心是把立德树人作为教育的根本任务。要完成这个任务，就要在教育观念上，对教育价值观、人才观、学生观、教学观、质量观有正确的认识；对人才培养的模式有所改变。那么，我们就要看看我们的前辈是怎么思考的，有什么经验教训值得我们今天吸取。因此，"西方教育史经典名著译丛"的出版适逢其时。

我们要感谢单中惠、徐小洲两位主编及其他参与编译的专家学者，你们能在当今学术界浮躁的环境下，在工作十分繁忙的情况下，用5年的时间翻译这部巨著，为我国教育科研宝库做出了巨大贡献。

用对教育的爱谱写不平凡的人生[*]

——向最美的农村老师张伟学习

读了2014年3月19日《中国教育报》刊载的《倒在办公室的农村校长》一文，为张伟校长的事迹所感动。第一个感觉是，如果我们的农村都有这样的校长，我们的农村教育就有希望了。另外感到，张伟校长英年早逝，非常可惜。42岁，正是大有作为的年龄，但他过早地离开了我们。看了他去世前3天的活动，知道他从早到晚都没有离开过学校，可以说，他是累死在岗位上的。

今天在座谈会上听了郸城县教体局的领导、秋渠一中副校长和《河南日报》记者的发言，我了解了张伟的事迹，更加感动。张伟老师家境贫寒，师专中文系毕业后，没有留在学校工作，而是到郸城农村秋渠一中任教。这是一所农村薄弱校，但经过张伟老师的努力，现在已经成为当地的优质学校。张伟老师坚守农村教育岗位，一心扑在教育上。他在大学的同学有的已经是企业家，曾鼓动他到企业工作，年薪可达到20万元，但他不为所动，坚持为家乡培养人才。农村老师工资并不高，张伟老师家境并不富裕，但他还时时帮助贫困学生，有一位女学生就是在他的资助下才能继续学习。张伟老师把学校当作自己的家，从他去世

---

* 写于2014年6月16日。

前3天的活动，就可以看到他的心无时不在学校，他的身影一直在学校里，最后竟然在晚上倒在自己的办公桌上。他的感人事迹真是三言两语说不完。真是最美的农村老师。

毛主席在《为人民服务》一文中说，"人固有一死，或重于泰山，或轻于鸿毛。为人民利益而死，就比泰山还重"。张伟校长的死就是重于泰山的。他把一生奉献给了人民的教育事业，把全部的爱奉献给了下一代。他的岗位是平凡的，但他的人生是伟大的。

改革开放以来，特别是这10多年来，我国农村教育有了很大的发展，农村孩子已经不愁上不了学，但还期望着上好学，上有质量的学。要改变农村教育的面貌，关键在教师队伍。近些年来，在各地政府的重视下，农村办学条件有了极大的改善，但教师队伍的建设不是一朝一夕的事，需要教育部门的努力，特别希望师范院校能够培养出像张伟校长一样的教师和校长。希望在职的农村教师能够向张伟校长学习。

首先，要认识教育事业的重要和伟大。教育，从宏观来讲，关系到国家的盛衰、民族的兴亡；从微观来讲，关系到一个家庭的幸福、学生个体的一生。国家和家庭把孩子交给我们，作为教师，责任重大。教师要有很大的爱心和责任心，才能把学生教好。

其次，要不断钻研业务，提高教书育人的水平。农村学校条件差，仪器设备缺，更需要老师高超的教育技能和艺术，把课上好，不断提高教育质量。

最后，需要老师对学生有更多的关爱和帮助。在农村，许多儿童的父母都在外面打工，他们缺乏父母的爱，因此更需要老师的关爱和帮助。农村的老师比城市的老师更辛苦。我常常在电视上看到农村老师有的背着孩子走在崎岖的山路上，有的撑着小船行驶在湍急的江河上，他们冒着艰险送孩子上学，心里就很感动。他们和张伟校长一样，是农村教育的脊梁，是最可爱的人。我们要向他们学习，向他们致敬！

推动新课改的有力队伍*

上海基础教育两次在国际中学生学业能力测评（PISA）中名列榜首，世界为之惊奇。总结经验，这不是一日之功，而是多年来上海基础教育重视均衡发展、提高教育质量的成果，也是10多年来实施新课改的成果。在推行新课改中，一支队伍不能被忽视，就是教研员队伍，他们集中研究新的课程标准的精神和要求，然后帮助一线教师理解课标，改进教学，提高质量。上海的成绩有他们一份功劳。其他国家到上海来取经，很羡慕我们有这样一支队伍。

我国教研员队伍的建立可以追溯到20世纪50年代。当时为了贯彻国家制定的统一教学计划、统一教学大纲以及统编教材，保证教育质量，各地方教育局下面设立了教学研究室，简称教研室，从学校抽调一批优秀教师充当教研员，帮助学校教师研究教学大纲、研究统编教材，集体备课，在当时师资条件比较差的情况下，在保证课堂教学质量方面起到了重要作用。

20世纪末，我国开展了新一轮的课程改革，提出了以学生发展为本，不仅要让学生掌握科学文化知识，而且要发展学生的能力，培养他们的情感、价值观。新一轮课改要求教师转变观念，从以教师传授为主的教学方式转变为以学生学习为主的教学方式。教研员首先要转变观

---

* 原载《中国教育报》2014年3月5日，原题为《应重视和加强教研队伍建设》。

念，理解新课改的精神，才能去指导一线教师。开始一段时间，教研员和教师都不适应，走过一段弯路。但是经过几年的探索、研讨、试验，今天先进地区的教研室已经走出了一条路子，推动了课改的进行。上海徐汇区教师进修学院的经验很说明问题。

上海徐汇区在21世纪之初就是中国教育学会第一批教改实验区，我去过三四次，亲眼看到区教师进修学院带领全区的教改一步一步前进，取得很好的效果。他们在总结经验时讲道，转变观念是第一位的。他们感到还像过去那样忠实执行"统编教材"的运行机制已经成为新课改运行的障碍，于是在第二期、第三期课改试验中提出"忠于课标、调适教材、创生方法"的实施指导思想，进行"学期课程统整"的运行机制，取得了很好的效果。在这个过程中教师进修学院的教研员们起了很大的作用。他们改变了过去教研员的角色，成为新课改实施的专业引领者、指导者，不再是行政命令者，而是与一线教师共同研究新课改的精神和要求，改进教学，提高质量。

其他地区也有类似的许多经验。北京的教研部门以1981年以来成立的北京市各学科教学研究会为基础，开展了大量学科教学研究工作。根据"三走进"，即走进学校、走进课堂、走进教师，通过组织各类观摩课、研究课、示范课及交流研讨、学术报告、骨干教师培训等形式多样的教研活动，在研究教学管理、指导课程实施方面发挥了不可忽视的重要作用。在此基础上，各学科也开展了有特色的教改实验工作，其中"马芯兰小学数学教改实验""中学化学实验教学改革""初中平面几何入门实验""中小学'规范码'教学实验研究"等大量教改成果逐步转化为广大一线教师的共同精神财富与实践活动。[1] 再如内蒙古自治区教

---

① 梁威：《触摸中国基础教育的脉动——中国特色教研制度区域发展的回顾与展望》，6页，北京，教育科学出版社，2011。

研室采用集体或分学科形式赴各地开展调查研究，针对不同学科、不同阶段的任务，采取各种形式培训教师，不仅完成了对中小学各学科《课程标准》的问卷调查研究，而且协同自治区教育厅有关处室召开了多次全区课程改革经验现场会，推广多种先进的教学方法，如"六课型单元教学法""物理教学STS""化学微型实验"等。此外，内蒙古自治区教研室还先后编写了《内蒙古小学音乐乡土课本》等100余本教材教辅用书，为民族地区课改的推广做出了重要的贡献。①

我国教研员队伍有10多万人，这是一支很有战斗力的队伍。一是各地教研员都是从学校选拔出来的优秀教师，其中有不少特级教师，他们有专业的理论和丰富的实践经验；二是教研室设在教育局下面，具有行政色彩，因而具有很强的权威性。教研员的权力也很大，他们掌握着评价教师工作，甚至评审教师职称等权力。因此教师把他们视为权威，学校教学工作都听从他们的指挥。如果教研员的教育观念正确，能够领悟新课改的精神和要求，就能够指导和帮助第一线教师实施新的课改，我国基础教育的质量就有了保证。如果教研员还抱残守缺，坚持传统观念和陈旧的教学方法，就会成为新课改的阻力。所以，建设好这支教研员队伍对我国基础教育的改革和发展具有重大意义。

我国教研员队伍分散在最基层的各区县教育局下面，全国没有统一的领导。地方教育局重视的，就给予很多支持；不重视的地方，教研员的工作往往得不到支持，没有编制、没有职称名额、缺乏应有的待遇。另外，他们的进修提高没有一个具体部门关心和实施。

因此，我建议：

第一，教育部对教研室的建立、教研员队伍的建设应有一个明确的

---

① 梁威：《触摸中国基础教育的脉动——中国特色教研制度区域发展的回顾与展望》，44页，北京，教育科学出版社，2011。

规定，确立编制，制定一个章程，明确各级教育部门对教研室的职责，使各地教育部门有章可循。

第二，把教研员的进修、职后培训、提高纳入骨干教师培训的计划之中，使他们有提高的机会；新的教学改革应该率先在他们中研讨，使他们理解改革的精神。这样他们才能去指导和帮助第一线的学校教师。特别要加强农村地区教研员的培训。

第三，成立全国性的教研员研究组织，任何一个专业都有自己的行业组织，使他们有组织活动，互相交流和学习，建立行业的自律机制。

童心与教育编

努力办出有质量的学前教育[*]

党和国家十分重视学前教育，党的十八大明确要求办好学前教育，党的十七大提出"重视学前教育"。由十七大提出的"重视"，到十八大提出的"办好"，这两个字的变化，意味着不仅仅要积极发展学前教育，提高普及程度，解决"入园难"的问题，而且要办出质量，促进儿童身心健康和谐的发展。

有质量的教育才能促进孩子健康成长

2010年公布的《国家中长期教育改革和发展规划纲要（2010—2020年）》（以下简称《规划纲要》），专门有一章谈学前教育。这一章明确指出："学前教育对幼儿身心健康、习惯养成、智力发展具有重要意义。"要"遵循幼儿身心发展规律，坚持科学保教方法，保障幼儿快乐、健康成长"。所以，幼儿教育的目标主要在于对幼儿进行身心健康的教育，养成良好的习惯以及开发智力等方面。

《规划纲要》公布后不久，国务院就召开常务会议专门研究发展学

---

[*] 本文根据作者在2013中国学前教育年会上的发言整理，原载《中国教育报》2013年9月15日。

前教育的问题。会议指出，学前教育是国民教育体系的重要组成部分，是重要的社会公益事业。办好学前教育，关系亿万儿童的健康成长和千家万户的切身利益，关系国家和民族的未来。

《规划纲要》确定了到2020年基本普及学前教育的发展目标，国务院印发了《国务院关于当前发展学前教育的若干意见》（简称学前教育"国十条"），出台了一系列加快发展学前教育的重大举措。各地以县为单位实施学前教育三年行动计划，学前教育改革发展取得了前所未有的历史性成就。

2012年，教育部印发《3～6岁儿童学习与发展指南》（以下简称《指南》），对于有效转变公众的教育观念，提高广大幼儿园教师的专业素质和家长的科学育儿能力，防止和克服"小学化"倾向，全面提高学前教育质量具有重要意义。这是一个非常重要的文件。

根据孩子的成长规律来办好学前教育

《指南》从五个方面描述幼儿学习与发展，分别是：健康、语言、社会、科学、艺术。每个领域按照幼儿学习与发展最基本、最重要的内容划分为若干方面。分别对3～4岁、4～5岁、5～6岁三个年龄段末期幼儿应该知道什么、能做什么，大致可以达到什么发展水平提出了合理期望。同时提出教育建议，根据幼儿的学习与发展目标，针对当前学前教育普遍存在的困惑和误区，列举了一些能够有效帮助和促进幼儿学习与发展的教育途径与方法。同时，也指出了错误做法对幼儿终身发展的危害，为广大家长和幼儿园教师提供了具体、可操作的指导，共八十七条教育建议。

《指南》主要有以下几个突出的特点。

第一个特点是幼儿是积极、主动的学习者。促进幼儿学习与发展最重要的是要为幼儿创造机会和条件，注重激发和保护幼儿的求知欲和学习兴趣，调动幼儿学习的积极性和主动性，鼓励、支持和引导幼儿去主动探究和学习。

第二个特点是珍惜童年生活的独特价值。要充分认识生活和游戏对幼儿成长的教育价值，把握蕴含其中的教育契机，让幼儿在一日生活中、在与同伴和成人的交往中，感知体验、分享合作、享受快乐。

第三个特点是尊重幼儿的学习方式和学习特点。要最大限度地满足和支持幼儿通过直接感知、实际操作和亲身体验获取经验的需要，严禁"揠苗助长"式的超前教育和强化训练。要尊重幼儿自己学习，要尊重他自己学习的方式，帮助他、指导他，而不是强迫他。

第四个特点是尊重幼儿发展的个体差异。幼儿的学习方式和发展速度各有不同，在不同学习与发展领域的表现也存在明显差异。孩子年龄越小，个体差异就越明显。成人不应要求孩子在统一的时间达到相同的水平，应允许幼儿按照自身的速度和方式到达《指南》所呈现的发展"阶梯"，不用一把"尺子"衡量所有幼儿。

第五个特点是重视家园共育。强调要重视家庭教育对幼儿终身学习和发展的重要影响，倡导建立良好的亲子关系，营造平等、温馨的家庭环境，注重家长对孩子言传身教和潜移默化的影响。只有家长和幼儿园共同努力，才能有效地促进幼儿身心健康成长，否则就会事倍功半。如果幼儿园要求一套，家长要求另外一套，幼儿就会在矛盾当中生活，对幼儿的成长是非常不利的。

《中国儿童发展纲要（2011—2020年）》指出："儿童时期是人生发展关键时期。为儿童提供必要的生存、发展、受保护和参与的机会和条件，最大限度地满足儿童的发展需要，发挥儿童潜能，将为儿童一生的发展奠定重要基础。"虽然《指南》里有明确规定，但许多幼儿园仍然存在"小学化"的现状，过早地用小学课堂教学的形式来组织幼儿活动。许多家长也要求幼儿园早一点教幼儿学识字、学数学、学外语，这对幼儿的健康成长是不利的。

幼儿教育的基本是养成教育。最重要的是培养他们良好的习惯。以良好的习惯为基础，养成良好的习惯以后，逐渐养成良好的品质，如讲卫生、懂礼貌、与小朋友合作。在幼儿时期要注意培养孩子良好的性格。培养孩子健全的人格，在幼儿阶段非常重要。有的家长认为学的知识越多越好，这实际上是一个很大的误区。知识并不等于智慧，知识也不等于一切。比如数学知识是很抽象的，孩子年龄小的时候不一定能接受，但年龄大一点时自然就会接受了。所以，有些知识并不是学得越早越好，一定要注意孩子身心发展的规律。

现在的父母唯恐亏待孩子，因此过度地增加孩子营养，反而影响孩子的健康。肥胖孩子主要是由于吃得不健康、营养过剩引起的。过早地让孩子学这学那，扼杀孩子玩的天性，容易造成孩子教育上的营养不良，会使孩子产生厌学情绪，不利于他们的发展。

去年，联合国教科文组织和布鲁金斯学会发表了一份报告《向普及学习迈进——每一个孩子应该学什么》。这个报告对儿童从0～18岁提出了七个维度的要求：身体健康；社会情绪；文化艺术；文字沟通；学习方法和认知；数学和数字；科学和技术。这些都值得我们借鉴和深思。

教师是办有质量的学前教育的关键

教师是办好幼儿园的关键。幼儿园老师要认识幼儿教育事业的重要性和幼儿园老师的职责。幼儿教师职业不同于一般职业，是关系到我们民族未来的事业。国家颁布了《幼儿园教师专业标准》，对幼儿教师的专业化提出了以人为本、师德为先、能力为重、终身学习的指导原则。我的教育信条是，没有爱就没有教育；没有兴趣就没有学习；老师育人在精细处；孩子成长在活动中。教师能做到这些，学前教育质量就能大幅度提高。

幼儿园老师要热爱每一个孩子。幼儿园老师不能对孩子有偏爱，要对每一个孩子负责，因为每个孩子未来都是建设国家的栋梁。我们要相信每个孩子都有他自己的特点，他们都能成才。幼儿有丰富、细腻的感情。要注意保护他们的感情，不能轻易伤害他。一个学生告诉我，几年前她带女儿第一次去幼儿园，看到一个老师走过来，孩子们都拥上去，去拉她、去亲她。她女儿也想过去和这位老师亲热，但没有挤进去。忽然，有一位青年老师过来了，她女儿就扑上去要跟这位老师亲热，结果这位老师没有理她，匆匆离去。她女儿回来以后非常伤心，说再也不上幼儿园了。其实，这位青年老师可能也不是故意的，但确实伤害了孩子。孩子是非常敏感的，他们的感情是非常脆弱的，就好像幼苗一样，我们不能伤害他们，要时时注意保护他们的情感。

在教育过程中，教师要注意保护孩子的好奇心，没有兴趣就没有学习。我经常讲两句话，一句是没有爱就没有教育，一句是没有兴趣就没有学习。好奇心是每个孩子的天性，是学习的源泉，也是创造力的原动力。在保护孩子好奇心的基础上培养他们对学习的兴趣，兴趣是学习最好的动力。

幼儿园老师要善于组织孩子游戏，使孩子在游戏中学习，在玩耍中成长。让孩子在游戏、玩耍中认识周围的自然环境、人文环境，认识与同伴的关系，养成合作的精神。这样，一个孩子就逐渐地从一个自然人变成一个社会人。

从舌尖上的传统想到从小培养良好习惯*

最近一段时间，中央台不断在播放《舌尖上的中国》。我国确实是美食大国，全国有八大菜系，如粤菜、川菜、湘菜、鲁菜、苏菜、浙菜，等等，《走遍中国》栏目里还介绍许多少数民族的美食，看了真是垂涎欲滴。但是恐怕最爱吃的还是家乡菜。特别是人到老年总想着吃到小时候吃过的东西，总是觉得妈妈做的饭菜最好吃。所以我说，传统最容易巩固在舌尖上。也就是说，小时候养成的习惯最不易丢失。这使我想到，为什么幼儿园、小学阶段的主要任务是养成教育，要培养孩子良好的习惯。

我自己就有亲身体会。我出生在江南的一个小县城，抗日战争时期，为了躲避日本侵略军，逃到农村，小学阶段大多数时间是在农村度过的，知道农民的疾苦。我的母亲也经常教育我，一是不能浪费粮食，粮食是农民辛辛苦苦种出来的，饭粒掉在地上应该捡起来吃掉；二是打碎的玻璃杯子瓶子一定要捡干净，否则会扎伤赤脚的农民。从小养成了这个习惯，至今看到浪费就从心底里不舒服，同时也养成了同情心，凡事总要为别人想一想。看来这都是小习惯，一旦养成，就会变成一种信念。

---

* 原载《中国教育报》2013年11月17日，原题为《小时候养成的好习惯最不容易改变》，并有所删节。

什么叫习惯？心理学上的界定是，经过反复练习逐步养成的不需要意志努力和监督的自动化行为模式……这种行为模式若受到破坏，会产生不愉快感（《教育大辞典》第5卷第256页）。可见，习惯的特征一是自动化行为；二是不易改变；三是受到破坏会产生不愉快感。良好的习惯是这样，不良的习惯也是这样。我们常常把习惯看成一种个人小节，不太重视良好习惯的养成。其实习惯养成以后，就会变成一种信念、一种自动化行为。一个人的道德信念也是这样养成的。中国文化传统中讲"慎独"，就是在没有人看到的情况下也能遵守道德规则。这是道德的最高境界。这种境界也是要通过行为习惯逐步形成的。可见，从小养成良好的习惯是多么的重要。这其实是很普通的常识，无须多少理论来论述。

但是，现在不少父母缺少这个常识，不知道从小培养孩子的良好习惯是多么重要，于是小孩子就养成了不良的习惯，这种不良习惯伴随他（她）一生，能有幸福的生活吗？举几个父母育儿的误区。

误区之一，父母都把自己的孩子当天才，很小就让他（她）读书识字，但很少关心他（她）的良好习惯的养成。孩子力所能及的家务事，一概由父母包办。结果孩子缺乏自我管理的能力。

误区之二，认为学习的知识越多越好，现在牺牲了幸福的童年，将来能有幸福的一生。结果知识可能学多了，但养成孤僻的性格，缺乏健全人格，不知道关心别人，不会与别人交往共处，成了书呆子。

误区之三，孩子要什么就给什么，从此养成孩子以自我为中心的习惯和思想。有个例子，孩子要吃大虾，妈妈买了15只虾，孩子吃了14只，剩下1只妈妈吃了。孩子就大吵大闹起来，说："这是你给我买的，怎么你给吃掉了？！"这样的孩子长大了能关心别人吗？当前的应试教育、激烈的学习竞争，也养成孩子唯我独尊、妒忌别人的不良习惯。

误区之四，家长护短。小时候与同伴玩耍时总难免会磕磕碰碰，甚至打起来。我们小时候，父母总是先责怪自己的孩子。现在许多家长却是帮着自己的孩子与对方吵架，养成孩子唯我独尊、有恃无恐的思想。不少富二代为什么老在外面闹事闯祸，就是父母管教不够的必然结果。

误区之五，家长总把子女看成不懂事的小孩子，成天唠唠叨叨教训孩子，不愿意倾听孩子的诉说，不能平等地与孩子对话，于是不能和孩子沟通。结果养成孩子对大人的不信任，或者养成孩子不诚实的行为，甚至背着父母做出一些不当的事情，那时父母悔之晚矣。

可以再举出许多例子，都是常见的现象，我们不能视而不见。要唤醒年轻的父母，切实关心孩子良好习惯的养成。

定向越野运动值得在青少年中提倡[*]

最近知道北京市海淀区在中学生中开展定向越野运动的项目，我觉得很有意义。它既是一项体育运动，又是一项智力运动。说它是体育运动，因为它在野外进行，走步、爬坡都需要体力，锻炼了身体，增强了体质；说它是智力运动，因为它要学会识图、辨别方向、开动脑筋、独立思考，可以培养学生分析、判断的能力。

这项运动有很多优点：第一，它在野外进行，可以培养学生亲近大自然、爱护大自然的思想意识和感情；第二，可以享受阳光、呼吸新鲜空气、调节脑力；第三，这项运动可以进行团体比赛，可以培养学生团队协作的精神；第四，它适合于体力不同的学生，使每个学生都能力所能及地参加活动。学生的先天体力是有差异的，有的身材魁梧，有的身体弱小；有的体质强壮，有的体质虚弱。体育的目的主要是增强学生的体质，不能用竞技的标准来要求学生。我小时候身体很虚弱，体育成绩不佳，但我喜欢运动，打乒乓球、踢小足球。今年已82岁，身体还较灵活。

我在苏联学习时，就看到他们每年夏令营都组织各种越野运动。每年的暑假有3个月之久，一部分时间是在夏令营度过。夏令营都建在森

---

* 写于2014年1月17日。

林边上，有林有水，学生在夏令营开展各种活动。师范学院二年级学生必须到夏令营担任辅导员。大学工会、团组织也组织教师、学生参加越野运动。1955年暑假我参加了他们的越野旅行，用5天时间在深山密林里走完200公里，翻过了五六个山头，受到很大的锻炼。当然这是针对大学生的，但可以组织中学生做微型的越野运动。其实，许多国家都有这种运动，在西方是童子军运动，中小学生参加童子军，有一套装备，如绳索、小刀、指南针，学习生活生存技能。日本设置有一门叫"特别活动"的课程。《学习指导要领》中规定，"特别活动"的教育目的是通过集体活动对学生进行智、德、体和谐发展的教育，发展个性特点并培养作为集体一员的自觉性、主动性和协作精神。《学习指导要领》规定，从小学开始到初中，每学期35～70学时。一般是小学一二年级在附近远足，在野外住1夜，学生自己搭帐篷，自己做饭，做各种游戏；二三年级组织到外地远足，住2天，学生自己集合，自己出行，没有父母送行或陪行，也是到野外生活；五六年级叫"修学旅行"，到较远的地方，如神户小学曾组织学生乘火车到北海道游学，在那里住3天，参观访问。这样一些活动可以使学生获得许多从书本上得不到的知识，特别是培养了学生自主、自立的能力，同学之间互相谦让、互相帮助的协作精神。我国课程设置中就缺乏这样的活动要求。

我希望像北京市海淀区这样的定向越野运动能够坚持下去。

关爱儿童，保护童真，激发童趣[*]

    一个朋友送来一部著作，是首都师范大学附属小学校长宋继东老师撰写的《必须保卫童年》。一看书名，我就十分感兴趣。因为童年太重要了。如果把人生比作一棵大树，那么幼苗时候的灌溉营养就十分重要，幼苗受到损害，肯定成不了大树。记得前年日本教育学会前会长、93岁高龄的大田尧先生在清华大学做报告。他把教育比作给儿童本身的种子施加有机肥料，让他自然成长。说现在的教育却给儿童施加无数的无机化肥，不但不能促进儿童的健康成长，反而会伤害儿童。最近，我国江苏瓜农不是给西瓜施加膨化剂嘛，结果西瓜都裂开了。我们可不能把学生培养成"瓜裂裂"。

    童年是人一生最有生气的时期，最有乐趣的时期。我经常看《动物世界》，发现任何动物在幼年时期都是活泼、可爱的，它们经常嬉戏打闹。我们人类的童年却失去了童心和童趣，今天的教育把童年埋在大量作业练习中，压得孩子喘不过气来，没有时间嬉戏，没有情趣玩耍。

    童年又是最娇嫩的时期，最需要爱护的时期。我们今天的教育却在伤害着娇嫩的幼苗。把学生分成三六九等，用分数来评价儿童，使大多数儿童失去了信心，丢掉了童趣。

---

[*] 本文为作者为《必须保卫童年》所做的序。

童年是最敏感的时期、最天真的时期，也是最喜欢模仿的时期。成人却不断用世俗陋习来污染他们的心灵。

因此，今天不仅要保卫童年，还要拯救童年，使孩子们健康地成长，幸福地生活。教育就是要给儿童创造这样的环境。

宋继东校长认识到这一点，从学校教育现实问题出发，转变观念，改进方法，提出"童心教育"的理念，突出"率真、关爱、求索"的教育价值观，引领全校教师关爱儿童、保护童真、激发童趣。不仅使儿童享受教育的幸福，而且为儿童的成长打好身心健康的基础。

洋洋数十万字的巨作，可惜我没有时间读完，只读了几章。朋友要我为这本书写几句话，我只好顺着作者的话题发表了一点感想，更多的评论还是留给广大读者吧。

学前教育是基础教育的基础[*]

学前教育是人生接受最早的有计划、有组织的教育，是基础教育的基础，对人的一生发展具有极为重要的影响。中国古话就有"3岁看大"的说法。学前教育对幼儿身心健康、习惯养成、智力发展、人格形成具有重要意义。学前期是一个人一生中身体形态、结构、机能、大脑发育最为迅速的时期，同时也是行为习惯养成和智力发展的最关键的时期。大量研究说明，学前期是儿童身心发展的关键期，是个体终身发展的奠基期。

我国党和政府十分重视学前教育。2010年颁布的《国家中长期教育改革和发展规划纲要（2010—2020年）》（以下简称《规划纲要》）中就专列一章"学前教育"，要求到2020年基本普及学前教育。为此，国务院还专门召开了常务会议，发布了《国务院关于当前发展学前教育的若干意见》。各地方政府积极性很高，采取各种措施，多方筹集资金发展学前教育。《规划纲要》中制定的学前教育发展目标有望提前实现。

学前教育在得到极大发展的大好形势下，也未免令人有点担忧，主要是我们学前教育的体制机制还没有完全理顺，学前教育是什么、为什么，谁来办、如何办，谁来管、如何管，谁出钱、如何出，幼儿园教师

---

[*] 本文为作者为《美、英、日、印四国学前教育体制的比较研究》一书所做的序。

应达到何种要求、如何达到这种要求，幼儿园的质量标准是什么、如何办好学前教育等一系列问题都还应该是我们今天政策研究、理论研究和实践研究的重大课题。从相当意义上可以说，对学前教育体制机制的系统研究，特别是对学前教育的性质、地位和功能，学前教育的办学体制，学前教育的管理体制，学前教育的投入体制，幼儿园教师的培训体制，幼儿园的质量标准等的研究，还没有跟上我国学前教育发展形势的新要求，以至于出现了因为对学前教育性质认识不清而导致的学前教育异化为小学教育的问题，出现了学前教育谁来办、谁来管、谁投入等重大问题上的模糊认识和难以抉择，出现了新形势下思想和行动上一系列的新困惑和新挑战。

现在世界各国都十分重视学前教育，发达国家的学前教育比我们发展得早，而且比我们发达，发展中国家的学前教育近年也有不少新政策和新举措，他们学前教育的体制和经验值得我们研究和借鉴。霍力岩教授主持的国家哲学社会科学基金项目"美、英、日、印四国学前教育体制的比较研究"不仅为我们了解世界学前教育体制机制的发展和经验提供了丰富且翔实的材料，也为我们借鉴世界学前教育体制机制提供了重要的方法与路径参考、框架与指标参考、思想与观点参考。这一研究成果是国内首次对世界部分国家学前教育体制的系统研究，在问题研究与国别研究相结合、方法研究与指标研究相结合、循证研究与因素分析相结合等方面都做出了重大贡献，对于推动我国的学前教育体制建设具有重要的参考价值和积极意义。获知霍力岩教授的这一研究成果得到"国家哲学社会科学成果文库"评审专家的高度评价，并作为唯一一本教育类著作入选2012年度国家哲学社会科学成果文库，我认为实至名归并感到欣慰。相信这本著作的出版会对推动我国学前教育事业的改革和发展产生重要和积极的影响。

党的十七大报告提出"重视学前教育"以来，我国学前教育获得长足进步，今天党的十八大报告又提出了"办好学前教育"的新战略。如何在学前教育大发展的新时期"办好学前教育"，特别是办好人民满意的学前教育，我们现在还面临很多挑战。希望我国的学前教育研究者在新的历史时期能够不辱使命，以科学发展观为指导，继续为"办好学前教育"做好政策研究、理论研究和实践研究。

霍力岩要我写几句话，是为序。

班主任是走进孩子心灵的人[*]

我的孩子每年从国外回来都要去看望她的班主任，经常来看我的也大多是我做过班主任和辅导员的学生，可见学生与班主任最亲。所以我说，当教师就要当班主任。

班主任是学生最信任的人，他不只是一个德育工作者，还是对学生全面负责的人。学校每一个老师都应该是德育工作者，都要教书育人。但班主任有所不同，他不仅要重视学生思想品德的培养，还要为学生的全面发展负责，他要关心每个学生健康成长。班主任是班级的组织者、指导者，他要组织班集体，让每个学生在集体中愉快地生活和学习；他要与任课教师协调，互通学生的情况，统一对学生的要求；他要经常与家长联系，统一观念，沟通情况，共同教育。可以说，班主任在学校里虽不是学生的父母，但胜于父母，他是走进孩子心灵的人。

做好一名班主任，重要的是要树立"学生是主体"的思想，信任每个学生，充分发挥学生的主体作用，让学生自己教育自己。班主任责任重大，但不能包办代替学生自己的活动。班主任是学生活动的指导者，不是指挥员。在每个班上都会遇到个别顽皮的孩子，班主任往往把精力集中在个别孩子、个别事件上。这种方式其实不可取。班主任应该把精

---

* 本文为作者为《走进孩子的心灵》一书所做的序。

力放在班集体的建设上，有了健全的、朝气蓬勃的班集体就会融化个别孩子、个别事件。从这个意义上来说，班主任工作是一门艺术，需要教育的智慧和创造。

当今时代，新生代儿童青少年在新的环境中生活，带有时代的烙印。"90后"不同于"80后"，21世纪儿童又不同于"90后"青少年。班主任工作不能墨守成规，需要研究新形势、新特点、新问题，创造新经验。所以说，班主任工作是一门很深的学问。

杭州市西湖区的学校长期重视班主任工作。10多年之前我就参加过他们课题研究的评审工作。10多年来西湖区的班主任研究和实践又有新的创造和发展。西湖区教育局领导十分重视班主任专业化成长，2011年9月10日批准了六位优秀班主任为西湖区首席班主任，并以他们各自的名字命名，成立了首席班主任工作室。在此基础上，2011年12月21日，又成立了"杭州市西湖区班主任发展联盟"。八十八位来自全区各中小学的班主任成为该组织的第一批成员。他们学习理论，更新观念，努力实践，走进孩子的心灵，为每一个孩子的健康成长保驾护航。

本书88个案例，就是88位班主任面对一个个不同孩子发生的一件件不同的事，深入孩子的心灵，用情去理解孩子，用教育智慧和艺术去感化孩子的活生生的故事。从案例中读者可以分享到他们工作的苦和乐，领悟到教育爱的所在，教育幸福的价值。主持这项工程的黄黎明老师就是一位有丰富经验的老班主任研究工作者，她退而不休，一直在为西湖区班主任专业化努力。她嘱我为本书写序，使我有机会深入了解他们的经验，写这几句，是为序。

图书在版编目（CIP）数据

顾明远文集／顾明远著. —北京：北京师范大学出版社，
2018.10

ISBN 978-7-303-23976-4

Ⅰ. ①顾… Ⅱ. ①顾… Ⅲ. ①教育理论－理论研究－中国－现
代－文集 Ⅳ. ①G52-53

中国版本图书馆CIP数据核字（2018）第176353号

营　销　中　心　电　话　　010-58805072 58807651
北师大出版社高等教育与学术著作分社　　http://xueda.bnup.com

GUMINGYUAN WENJI

出版发行：北京师范大学出版社 www.bnup.com
　　　　　北京市海淀区新街口外大街 19 号
　　　　　邮政编码：100875

印　　刷：北京盛通印刷股份有限公司
经　　销：全国新华书店
开　　本：710mm×1000mm　1/16
印　　张：30.75
字　　数：400千字
版　　次：2018 年 10 月第 1 版
印　　次：2018 年 10 月第 1 次印刷
定　　价：1980.00 元（全 12 册）

策划编辑：陈红艳　　　　　　　责任编辑：齐　琳
美术编辑：李向昕　　　　　　　装帧设计：王齐云　李向昕
责任校对：段立超　丁念慈　　　责任印制：马　洁

版权所有　侵权必究